南京理工大学知识产权学院文库

基于技术正义的科技异化法律治理研究

韩 兴◎著

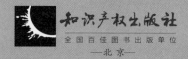

知识产权出版社
全国百佳图书出版单位
—北京—

图书在版编目（CIP）数据

基于技术正义的科技异化法律治理研究 / 韩兴著 . —北京：知识
产权出版社，2022.12

ISBN 978-7-5130-8460-4

Ⅰ.①基…　Ⅱ.①韩…　Ⅲ.①科技法学—研究　Ⅳ.①D912.17

中国版本图书馆 CIP 数据核字（2022）第 224200 号

责任编辑：刘　江　　　　　　责任校对：谷　洋
封面设计：SUN 工作室　　　　责任印制：刘译文

基于技术正义的科技异化法律治理研究
韩　兴　著

出版发行：知识产权出版社 有限责任公司　网　　址：http：//www.ipph.cn
社　　址：北京市海淀区气象路 50 号院　　邮　　编：100081
责编电话：010-82000860 转 8344　　　　责编邮箱：liujiang@cnipr.com
发行电话：010-82000860 转 8101/8102　发行传真：010-82000893/82005070/82000270
印　　刷：三河市国英印务有限公司　　　经　　销：新华书店、各大网上书店及相关专业书店
开　　本：720mm×1000mm　1/16　　　印　　张：14.75
版　　次：2022 年 12 月第 1 版　　　　　印　　次：2022 年 12 月第 1 次印刷
字　　数：248 千字　　　　　　　　　　定　　价：78.00 元
ISBN 978-7-5130-8460-4

前　言

人类科学技术的发展与进步，除了带来各种各样的机遇和挑战之外，同时也附带了大量非主观意愿的风险和不确定性。自现代始，这些风险和不确定性远远超出了工业化初期，它们迫使人们在哲学领域不断做出以伦理学反思为重要内容的理论研究，并逐渐形成以法律规制为主要手段的治理实践。及至当代，科学技术进一步走向跨学科领域的综合发展模式，技术开发与使用所涉及的相关道德争议愈加频发，科技活动及其成果所引起的问题不时地对道德与法律进行挑战。习近平同志曾指出，人工智能是新一轮科技革命和产业变革的重要驱动力量，加快发展新一代人工智能是事关我国能否抓住新一轮科技革命和产业变革机遇的战略问题。❶ 面对这些科技新趋势，特别是其中的新风险和不确定性，以"技术正义"为进路的理论分析就显得尤为重要。在很大程度上，这种理论分析并不完全以获得某个特定实践领域的具体责任规范为目标，而是侧重于研究那些最根本的挑战，即人、技术以及自然三者关系中的价值取向和各自实践定位问题。显然，它们既与马克思主义传统中人的异化理论有关，也与当代科技异化的现实紧密相连。

对此，当下广义哲学研究中的"科技异化"概念，应当围绕技术的伦理维度及其法律治理问题展开。更确切地说，对技术的哲学反思，其核心并不完全在于确保技术不会对人类有害，或者人类能否以道德上公正的方式控制技术，而是如何切实地使"技术正义"成为当代科技发展的一个显性要素。正是基于这一论断，对"技术"与"技术正义"的多种含义及其争论便凸显出来。在马

---

❶ 习近平主持中共中央政治局第九次集体学习并讲话 ［EB/OL］．（2018-10-31）［2022-08-01］．http：//www.gov.cn/xinwen/2018-10/31/content_5336251.htm.

克思主义语境中，技术的资本宰制是技术非正义性的历史性渊源。马克思通过批判技术的异化现象揭示了私有制度的非正义性原罪，同时依托科学技术的发展与变革私有制的实践，使技术正义的最高价值境界在现实维度上得以出场，即在最高阶段的共产主义社会实现每个人自由而全面的发展。从历时性视角而言，以法律规约方式对技术发展进行规范古已有之，形成促进行业发展的技术性约定与价值性导向。在现代社会科学技术突飞猛进的背后，是人的生存状态逐渐被科技宰制而发生异化的现实，这也呼唤对科技发展进行法律治理的出场。

在当代科技异化问题上，存在"伦理转向"和"法律治理定位"这样两个基本论题，而"技术正义"是当今技术时代理解"科技异化"不可或缺的分析进路，也是科技异化法律治理的一个根本实践导向或定位。与此同时，从问题表现到症结所在、从治理理念到实现路径一再表明：法律规制不能简单地就技术而论技术，而是应该始终以具体环境下的技术为着眼点，针对使用技术达到的目的、实现目的采用的手段与后果，基于正义的伦理要求而做出具体规制。面向技术正义的理论场景，核技术、生命科技与网络科技成为对当代科技异化进行治理的典型领域。当代科学技术发展的辩证效应，使得我们必须从"风险""安全"或"责任"的角度考察异化成因等，尤其是从"技术正义"方面对科技异化现象进行法律治理的探究。我国在以"科教兴国"战略推动发展科学技术的过程中，也积极对科技异化问题的治理展开理论探索，不断地超出那些针对单项技术开发和使用所造成后果的具体思考范围，既关注科技发展本身给社会带来的福祉，又聚焦科技在人、自然、社会的相互关系中所扮演的角色。对此，我们要树立"以人民为中心"的科学理念，朝向科技发展需求抓好法律治理关键工作作为行动路径，以完善法律治理的条件建设作为综合保障，切实通过对科技异化的治理推动技术正义得以实现。

当代科学技术的发展与进步，的确极大地改变了人类生存状况，人类对大自然和自身文明的依赖形式与程度也在不断发生变化。在这样一个由技术所塑造的生活世界，"人化自然"不断侵蚀"自在自然"，人的自由而全面发展在科技进步中依然尤为重要。关于"科技异化"法律治理的理论研究与具体实践，必须在技术发展中不断进行深刻的伦理反思与适度的法律规制。

目　　录

第一章　技术、技术正义与科技异化

当代科学技术，与许多人的直观看法并不一致，它们早已不再只是让人类的生存和生活变得便利的中立工具。这至少是因为，在这些复杂科技实现它们功能的同时，已经产生了更多的效应：它们框定着我们该做什么以及我们如何体验世界，并且以此方式，它们积极参与到我们的生活中。❶ 当今时代是一个科学技术突飞猛进的时代，网络技术、信息技术、生物技术等高科技的发展促使社会生活包括思想政治教育发生深刻而全面的变化，而思想政治教育的有效展开与所处的时代环境及对这一环境的正确分析密切相关。因而，欲增强新时期思想政治教育的实效性、针对性，就有必要研究和探讨科技发展对现代人的诸多影响，为做好新时期的思想政治教育工作打下良好的基础。

第一节　技术：一个事关人类生存与发展的命题

随着科技革命的深入发展，整个世界的面貌发生了前所未有的变化，而这些变化必然直接或间接地影响着人们的生产方式、生活方式和思维方式，从而不可避免地带给思想政治教育多方面的影响。因此，在这个高科技时代，科学技术丝毫不是与价值观念、价值道德无关，而是有着非常密切的关系。由于受历史条件和科学技术的限制，人的自由也是具有历史性的，科技的每一次进步，都是人类迈向自由个性的一步。科技的发展，使人的自主性和创造性能得以最大限度地发挥。因此，人的全面发展问题，既是科学技术发展的核心问题，也

---

❶　Verbeek P P. What Things Do：Philosophical Reflections on Technology，Agency，and Design ［M］. Philadelphia：Pennsylvania State University Press，2005.

是思想政治教育所要关注和解决的中心问题，这从根本目标上决定了技术发展与思想政治教育的高度契合。

然而，两百多年前，法国近代启蒙哲学家卢梭（Jean-Jacques Rousseau）在其成名之作《论科学与艺术》里激昂慷慨地陈词："科学与艺术都是从我们的罪恶诞生的"，它们并不能给人类带来进步和幸福。❶为此，他甚至援引一个古埃及的传说，声称是一个十恶不赦的魔鬼发明了科学。也就是说，至少在表面上，科学技术很长时间以来一直背负着恶名，它们对人类的存在，被认为是一种威胁。这种观念肇始于近现代西欧，如今科学技术被弄得声名狼藉却是全球性的问题了，"只是到了 20 世纪，由于技术令人眼花缭乱的胜利进军，人们对技术的彻底批判才达到了一场空前未有的规模。我们在报纸上天天都能读到下面这些呼声：保护环境吧！城市建筑把人都弄得支离破碎了！电视机毁灭了我们孩子的心灵！官僚主义及其管理技术都把人当作计算机数据来处理了……环境保护和对现代技术的批评（譬如对核力发电的批评），在资产阶级民主政治中，也正在成为政治斗争中的一张王牌。"❷毋庸置疑，在当今的技术时代，科学技术早已渗透到人类生活的方方面面，业已改变了人类行为，它们以多种多样的方式调节人类的实践和体验。与其视技术为一种威胁或异己性力量，不如视其为一种塑造性力量，后者更契合我们的直观经验，这至少是因为，没有技术的生活根本就是不可想象的。显然，在我们批评科学技术与全面使用技术之间，存在某种不可调和的分歧。在这里，笔者将首先从澄清"技术"概念开始，进而检讨人们对"技术的价值属性"等问题的伦理反思。

一、关于"技术"的多维辨析

"技术"这一词汇，在现代英语里，作为一个集合概念的 technology 指的是与工程师有关的技术以及科学的技术，它区别于表示有规则的、方法上的 technique 一词。作为哲学概念的"技术"，可以追溯至亚里士多德对"自然的"和"人工的"这两个范畴所做的区分与规定。不过，就此而言，当代德国哲学家汉

---

❶ 卢梭. 论科学与艺术 [M]. 何兆武，译. 北京：商务印书馆，1963：20-21.
❷ 萨斯. 人与技术 [J]. 哲学译丛，1979（5）：48.

斯·约纳斯（Hans Jonas）则认为，亚里士多德式的自然和技术的对立已经过时，工匠（homo faber）战胜了智者（homo sapiens）；自由的大自然遭到无处不在的城市的排挤，即"被人造的空间所吞噬"；如今，"危险……更多的是在于［技术］的成功之中，而非在于失败之中（比如事故和灾难）"，因此，技术就有了一种"内在的多义性"和无法消除的矛盾性。❶ 这与美国学者安德鲁·芬伯格（Andrew Feenberg）的看法不尽相同。芬伯格认为，我们可以在这个纷争的技术定义领域找到某种条理，并由此作出分类。他认为，已经建立的大多数技术理论，要么属于"工具理论"（Instrumental Theories），要么属于"实体理论"（Substantive Theories）；而他自己提出了第三种理论，称作"批判的技术理论"（Critical Theories）。❷ 对于这些聚讼纷纭的概念辨析，笔者将作出以下检讨。

第一，技术概念的历史性辨析。在西方哲学史上，（科学）技术并非真的如卢梭所杜撰的那样，它实则源自古希腊哲学中的 techne。一般而言，techne 概念包括两个层面的内容❸：其一，techne 是指人类技艺（Kunst，即艺术）活动及其产物，是经由人类所创造生产出来的事物，与原本自然界既有的事物，即 physis 相互对立区别。其二，在亚里士多德的哲学体系里，人类的活动形式区分为 theoria、poiesis 与 praxis 三种。theoria 指理论的活动，是对事物客观认识的态度。poiesis 为生产的活动，是先预定某种欲追求达到的目标，再以特定的方法来达成目标，因此目的与价值是外于 poiesis 而必须在其产物中才能获得的行动。而 praxis 则是一种将目的与意义包括在内的人际互动形式，是一种严格意义上的行动，亦是亚里士多德实践哲学的研究主题。大致来说，按照亚里士多德的观点，自然之物本身载有自己产生和变化的内因，所以是"变化而来之物"，而技艺（techne）指的是人在制造活动（poiesis）中，以人工的方式制作出来的东西。如此一来，技术概念，就被放到了人类文化的范畴之中。

---

❶　约纳斯. 责任原理：技术文明时代的伦理学探索［M］. 方秋明，译. 香港：世纪出版社，2013：7.

❷　芬伯格. 技术批判理论［M］. 韩连庆，曹观法，译. 北京：北京大学出版社，2005：1-40.

❸　颜厥安. 法与实践理性［M］. 北京：中国政法大学出版社，2003：314.

自 19 世纪中期以来，西方哲学中出现了各种不同的既相互补充，又相互排斥的技术概念。技术社会学和技术科学都在使用它们各自的，甚至经常是相互冲突的概念。一种在哲学上获得普遍认可的"技术概念"并不存在。即便是在技术伦理学里也从未使用过统一的技术概念，而往往是采取一种功利主义的做法，即附和于各种现有的语言词汇。例如，德国学者玛丽·泰尔斯（Mary Tiles）在其《技术哲学》一文❶中就曾指出，目前已经提出的技术定义主要有：①"服从于为了实践目的的知识体系"（梅塞尼，1969）；②人类创造出来用于完成他们以别的方式所不能完成的任务的系统（克兰和卡什，1992）；③"建立在应用知识基础上，为了达到特定目的，而显现于物理客体和有机组织形式上的系统"（沃尔特，1992）；④"由少数技术熟练者通过有组织的群体去理性化地控制更大的群体、设备和机器的系统"（麦克德莫特，1969）；⑤"人类和非生命客体以多种方式相互关联的生活方式"（温纳，1991）；⑥"在人类活动的各个领域中（和在已达到的发展水平上）以理性方式获得并绝对有效的方法的总称"（埃留尔，1964）；⑦"一种社会建构的社会实践"（斯坦普，1989）。概括地讲，在绝大多数的定义尝试中，我们都能发觉一个核心的二元论：一方面把诸如机器、工具和基础设施等由人制造出来的产品称作"技术"；另一方面把诸如外科手术、数学证明或者演奏音乐和玄想思辨这类有规则的方法也看作"技术"。

总之，在当代广义哲学中，学者们通常认为，"技术"概念不是同社会脱节的，而是置身于社会之中，它常被理解为包括技术发展和制造，使用和从使用过程中移除（比如回收或填埋）在内的技术的制成品。❷ 这一如"工艺"一词的用法，始终不脱离具体环境，它常被用来指称那些科学创作出来的，或者是特别综合复杂的技术，同时也被用来统称不同门类的技术领域。在这里，值得注意的是，"工具自身并非技术，而是对工具的应用，并且是'人'为了某种目

---

❶ 泰尔斯. 技术哲学 [J]. 欧阳康，孟筱康，译. 自然辩证法研究，1997（6）：66.

❷ 格伦瓦尔德. 技术伦理学手册 [M]. 吴宁，译. 北京：社会科学文献出版社，2017：21.

标而进行的对工具的应用，才将技术的标志凸显出来"❶，诸如此类的观念与我们的主张不尽相同。这至少是因为，我们认为，技术概念不是关于单个技术的集合概念，而是一个反思性概念。

第二，技术概念的反思性辨析。就本质特性而言，技术即意味着"制作而成"。这使得技术概念与目的、手段的理性之间建立起了一种直接的联系。按照传统的一般哲学观念来解释，技术——不论是作为有规则的方法，还是诸如工具和机器这样的人工制成品——都是为它们自身以外的目的服务的。在这个意义上，技术代表的就是一种"手段的体系"。申言之，如果为了达到某一目的需要在若干项技术中做出选择，那么效果，即使用某种技术达到所预期目的的前景，以及效率，即达到目的和使用手段（比如资金或者材料）之间的一种恰到好处的比例关系，就是理解技术手段的两个根本标准。❷ 也就是说，经济学上的成本与效益分析一定有助于我们深化对技术的认知。此外，在这一"手段的体系"里，技术评价和技术后果评估，这两者把技术及其后果置于一个更广泛的社会和伦理的关联体系中，同时又将技术开发和使用中非主观意愿的后果展现在社会公众的视野之中。

同样，按照传统的一般哲学观念来分析，技术，"就其自身来看，成品或结果都不是手段"❸；手段特征只有在反思的意义上，并作为目的和手段关系中的一个组成部分才好去理解，而对于这种关系存在各式各样的不同解释，有时甚至是完全相反的解读。实际上，一种新技术的开发、生产和使用，不仅是出于事先已经确定的目的，而且围绕已经拥有的技术，人们也同样会想出各种新的目的，这就会导致目的之间的相互转换等情形。有时甚至会完全出乎最初确定的目的，实现了未意图的目的。比如，美国辉瑞公司研发的万艾可（Viagra，西地那非），本作为治疗心绞痛的药物，却开创了治疗男性勃起功能障碍的新时

❶ 皮特. 技术思考：技术哲学的基础 [M]. 马会端，陈凡，译. 沈阳：辽宁人民出版社，2012：12.

❷ 格伦瓦尔德. 技术伦理学手册 [M]. 吴宁，译. 北京：社会科学文献出版社，2017：22.

❸ 格伦瓦尔德. 技术伦理学手册 [M]. 吴宁，译. 北京：社会科学文献出版社，2017：22.

代。有时为了同一个目的会有不同的手段，而同样的一个技术产品也可以是实现各种不同目的的手段。因此，反思意义上的技术概念内涵十分丰富。我们甚至可以说，技术的开发、生产和使用超出了原先预设的目的和手段关系，多会蕴含着某种令人意想不到的潜力。鉴于此，如果从本体论上把世界泾渭分明地划分为技术的和非技术的两个部分是不可能的。取而代之的可行之法是，通过对目的和手段关系的识别，可以确定某些产品或方法的"技术特征"，然后确认它们就是"为了某个目的"的技术；而对于另一些特定产品来说，它们并不一定就被确认为技术，可能是艺术品、个人纪念品或者其他。正因为如此，技术概念不是关于单个技术的集合概念，而是一个反思性概念。反思可以用不同方式进行❶：经由界定差异来区分技术与非技术，经由阐释功能来说明技术的作用，经由确定技术在行为关联体系中和文化中的位置——包括阐明它与可再生产性和规则性的关系，来理解技术概念的"内在多义性"和无法消除的矛盾性。对此，本书依据德国学者阿明·格伦瓦尔德（Armin Grunwald）主编的《技术伦理学手册》的相关内容，将其概括成如下几个方面。❷

（1）经由界定差异来定义技术。通过区分差异这样的方法，我们可以对各种包含性关系与排除性关系进行定义：就某个技术概念来讲，什么应包含在其中，什么应排除在其外，两者之间的特殊差异便能够得到确定；同时，不仅这些特殊差异反映了人们进行区分的观察角度，而且人们特殊的认识和区分兴趣也构成了这些特殊差异的基础。亚里士多德对"自然"和"人工"（技术）的区分，就是一种经典的特殊差异之区分。这种方法的思考对象，乃是技术制成品和自然的变化结果之间的区别。举例来说，人们可以针对自然的变化结果（如自然资源）在技术制成品中的作用问题进行探讨。面对人类对大自然愈演愈烈的侵入行为及其导致的严重后果（如温室效应、转基因动植物等），有学者甚至将这将方法进一步极端化，并把技术视为一种反自然的现象。这种方法也常被用来识别技术的工具特性与艺术的自身目的性，即艺术品（如某件青铜雕

---

❶ 格伦瓦尔德. 技术伦理学手册［M］. 吴宁，译. 北京：社会科学文献出版社，2017：22-23.

❷ 格伦瓦尔德. 技术伦理学手册［M］. 吴宁，译. 北京：社会科学文献出版社，2017：22-28.

像）虽然是人工制品，但其功用是审美欣赏，而非当作工具使用。尽管如此，这种方法也绝不能生搬硬套。

事实上，在现实生活世界里，人们经常通过"技术的"与"非技术的"这两个形容词来使用差异区分方法。所谓"技术的"，通常意味着"技术的理性"问题，即它常常使人联想到技术本身的可控性、可预测性、成本收益观念以及冷静的逻辑等因素，并且与情感、移情、冲动和惊喜相对立。技术世界即为"冰冷"世界，从而与温暖人道的生活不相调和。例如，现代医学常被贬斥为技术加理性的"设备医学"，与人们需要的更多的人性关爱和情感投入相冲突。

（2）经由阐释功能来定义技术。一般而言，人们通过阐释功能或者说定义作用来界定技术概念时，所要回答的问题往往包括：技术承担的任务是什么，什么情况下技术是必不可少的，技术对历史和文化进程的特殊贡献是什么。这些问题围绕的不是单个技术产品和方法的作用（功能），而是抽象意义上"技术的"作用。举例来说，在人类学中，把技术视为人类存在的充分必要条件。这样的解释是基于对人类自身内在缺陷的认知。依据这样的解释，技术的作用，就是对人类天生不完善的"基本条件"进行弥补；技术即是器官替补、器官延长和器官的超能化，技术是人类身体的具体化和物化。技术增强了人类不完善的行动能力，因而它是广义上的对世界的征服。在这样的解释中，技术不仅扩展了人类个体能力的功能，而且它在文化和社会方面同样做出了巨大贡献。在经济学中，重点强调的是技术作为重要的社会生产力的作用，这种生产力又被历史哲学所采纳，并且被用来思考人类的未来命运。另外，历史哲学、文化哲学和社会哲学多把"技术"同人类的文明发展相联系。既有各种版本的技术悲观论者，视技术为对人类的一种威胁与奴役、压迫与统治等；也有对技术可能性的狂热追捧者，认为技术发展到极致将成为人的"自我解救"，甚至成为神或精神世界的一种表现。在马克思看来，人在实践的、现实的世界中，自我异化只有通过对他人的实践的、现实的关系才能表现出来，异化借以实现的手段本身就是实践的。尽管现代技术已经体现为一种"超现实"的统治力量，成为一种新的神话，但它的本质仍植根于现实生活中。

值得注意的是，经由阐释功能来定义技术，这样的论述其实只是在描述与解释"技术的"作用。而如果要对技术的作用（不论是出于主观意愿的，还是在历史发展过程中逐渐表现出来的）下定义，就必须先明确"技术"是什么。就这一方面来说，在这类定义中通常并没有明确说明。

（3）经由阐明规则性来定义技术。在很大程度上，技术的制成品和方法，包括与之相关联的人的活动方式，都有规则性和可再生产性的特征，即规则性是技术的一个核心标志。技术的规则影响着技术的开发和制造，并且是技术科学和手工艺知识不断传承的核心要素。与技术的关联条件直接相关，规则也同样影响着技术的使用。技术使用规则的普遍适用程度之高低能够说明相关目的与手段关系的稳定与否，以及对周围环境的依存度。技术规则与技术使用规则分别在各自的有效范围内产生效力。如此一来，我们可以把技术概念理解为对其有效范围的影响程度的反思概念。经由阐明规则性来定义技术，使我们能够将目光越过"工程师技术"，从而投向文化和社会中"技术的"作用和矛盾体。毫无疑问，活动的可重复性（比如在方法上）和状态的可重复生产是技术制成品在生产、使用和处理上的一个要素。然而，规则建立在社会的关联体系中，各种组织机构是受到规则调节管理的行动关联体，从中产生可靠性和期待的确定性。正因为对技术在行动和决定上的反思涉及规则的问题，所以这就把可靠性、可预见性和期待的确定性当作协调性行动的基础来讨论。行动的规则，不论它们是与工程技术相关也好，还是以规则主导的组织形式出现也罢，将人们从必须在任何情况下都不断地对行动的可能性、必要性和理智性进行重新思考的负担中解脱了出来。

除上述辨析之外，对于当代科学技术来说，更重要的则是，技术多被理解为一种媒介。比如说它是"社会和自然的工具式的调解关系"，或者是按照德国哲学家恩斯特·卡西尔（Ernst Cassirer）的学说，技术被作为人的活动的形式来加以讨论的。❶ 按照这一理论，技术是占有世界的媒介，同时也是人类活动的一种形式，尤其是在社会化再生产的范畴中，它涉及个体活动与社会关系的特定方面。如此一来，经典的目的理性理论（在主体和客体相对立的框架中）就无法解释技术的新内容，技术不再是技术制成品和方法的总和，而是一种媒介，

---

❶ 格伦瓦尔德. 技术伦理学手册 ［M］. 吴宁，译. 北京：社会科学文献出版社，2017：26.

人类个体和人类社会的发展过程中伴随着它的可能性，但也是在它的界限和限制内进行，同时又反作用于那一技术媒介本身。

总结而言，在当今技术时代，科学技术业已形成一个系统的、涵盖人类全部生活环境并对其打上深深烙印的世界。人早已是一种技术存在，人所遇见的不再是个别的技术制成品，而是在一个被技术预先基本设定的"第二自然"中活动。例如，从某种意义上来说，普适计算（pervasive computing）这样一个既充满技术，又让我们毫无觉察的世界，就是一个完全技术化的第二个自然界观念的现实表现。对于技术的这些内容，在美国学者阿瑟看来，当代人都很熟悉，但对技术整体又很生疏，"我们对单个技术（individual technology）的历史以及它们是如何生成的都知道得很详细；我们可以对设计过程进行分析；我们在经济因素如何影响技术设计、采购过程以及技术是怎样在经济中扩散等方面的研究都非常精彩；我们对社会如何形塑（shapes）技术以及技术如何形塑社会进行了细致的分析；我们深思技术的意义，追问技术到底是否决定人类的历史。但是关于'技术'到底是什么，我们并没有达成共识。这里还没有一个关于技术是如何形成的完整理论，没有关于'创新'由什么构成的深刻理解，没有关于技术进化的理论。"❶ 总之，关于"技术概念"的辨析，与诸多类似问题的哲学理解一样，它并不在于增加新知，而在于澄清并纠正我们已经掌握的那些知识的逻辑地理格局（logical geography），即我们关于"技术概念"的检讨及其进一步的阐释，比如对"科技异化"现象的描述与解释，都必须有一个明确的哲学立场。

不难看出，在人类社会发展的历史进程中，技术一直是战胜愚昧迷信等伪科学的锐利武器，是开启自然界和人类社会历史领域迷宫的钥匙。技术犹如一道永不落的"普照之光"，照耀着人类社会的发展和人类自身素质的提高。技术荡涤了附着在人类身上的野蛮、愚昧、迷信和污浊，又能排除在一定条件下沉渣泛起的封建迷信的遗毒，直接改造人们的精神世界。

---

❶ 阿瑟. 技术的本质：技术是什么，它是如何进化的 [M]. 曹东溟，王健，译. 杭州：浙江人民出版社，2014：43.

二、技术的价值反思与伦理审视

一如前述，人类文化范畴里的"技术概念"繁复多义。如若暂且悬置这些争议，包括不去甄别"文化"与"文明"这样的概念，那么我们会发现，但凡涉及争论人类文明史中是否存在进步的地方，人们常会毫不犹豫地回答，只要看是否存在技术进步就足够了。即人们会根据效率、增长、不同功能、生产和使用费用的减少、体积减小、产品和生产的持续性等标准一一列举出何谓技术进步。由此，我们能够看到技术作为区分不同文明形态的作用、价值与意义。具体就价值来说，在伦理学的范畴里，技术和价值联系紧密，它们之间存在错综复杂的关系。在现实生活世界里，技术危及某些价值的事件时有发生，比如健康和安全，就如同 2011 年日本福岛核电站泄漏的情况一样；同样，技术也可以为价值提供某种支持，比如对人的康泰、民主或隐私的保护等。在此，我们将遵循广义哲学对价值的常见理解，首先对价值的一般含义作出检讨，并由此来阐释技术的几种价值区分；然后，重点检讨与评价"技术的价值中立性"观点；最后，结合当代若干具体技术实践来阐释技术的伦理价值维度上的内涵与意义。

（1）价值的一般含义。在传统道德哲学上，价值（value）这一概念可以从两个基本的方面来理解：第一，价值是一个表征关系的范畴，它反映的是作为"主体"的人与作为"客体"的外界物即自然、社会等的实践—认识关系，揭示的是人的实践活动的动机和目的。在价值所表征的这种实践—认识关系中，作为实践—认识活动中两个既相对立又相联系的实体性要素："主体"是指实践者、认识者或实践—认识活动的行为者本身；"客体"是指实践对象、认识对象或主体行为的对象本身。简言之，主体是指某一关系行为的行为者，客体是指这一关系中的行为对象。❶ 在人类的实践—认识活动中，外界物不仅是被感知、被反映、被作用的对象，而且更成为满足人的需要的对象。人之所以要去认识客观世界及其事物，是为了对客观世界及其事物进行改造；而人之所以要对客观世界及其事物进行改造，又是以满足人的自身需要为最终目的。所以，归根

---

❶ 李德顺. 价值论［M］. 北京：中国人民大学出版社，1987：57.

结底，人的一切实践—认识活动无不是为了把客观存在的对象改造成为满足人类自身需要的事物。人和物之间的这种需要与满足的对应关系，就是价值关系。在传统理论中，就这一关系来说，人是价值主体，外界事物是价值客体。

第二，价值是一个表征意义的范畴，是用以表示事物所具有的对主体有意义的、可以满足主体需要的功能和属性的概念。从源起的意义上看，价值经常被界定为客体满足主体需要的积极意义或客体的有用性。因此，在人类的实践中，凡是对人有用、有利、有益的，能够满足人的某种需要，有助于实现人的目标的东西（如各种技术），就是有价值的，就会得到人们的肯定性评价。反之，那些不能满足人的需要，无助于实现人的目标，对人无用、无利甚至有害的东西，就是无价值的或负价值的，必须受到人们的否定性评价。如正义、美德、自由以及福利等，就是人们所希望的东西，因而被人们视为价值的存在形态。

总之，在传统道德哲学上，作为表征关系与表征意义的价值，始终处在一种二元论的理论结构之中。即在任何场合，当人们说"某物具有某种价值"时，也就意味着该事物具有某种"好"的属性：在主体与客体的关系中，主体的需要能够被客体所满足，客体对主体具有积极的意义。就此而言，法国哲学家拉图尔甚至宣称，囿于传统二元思维的，包括那些抱怨我们的文化道德衰败的人都是以错误的方向、简单的方式看世界；我们不应该仅仅关注人，而应当开始认识到非人类的实体充满了道德、具有多个层面的价值，或者说，我们应该像对待人一样对待技术。❶ 这是一个令人深思且富有挑战性的言论。在此我们暂且存而不论，毕竟传统道德哲学、主流的伦理学未曾给物质客体留有道德余地，人们通常认为伦理学是人类独有的事物。

实际上，无论我们如何对待技术这样的事物，"技术的价值"一般都可以因如下三种不同的使用方式而有所不同：①用"技术的价值"来指称技术在发挥其实际作用的过程中能够实现、促进或增加哪些外在价值。举例来说，公民的出行安全、社会的公共福利、经济的持续增长以及自然环境的保护与改善等，

---

❶ 拉图尔. 我们从未现代过［M］. 刘鹏，安涅思，译. 苏州：苏州大学出版社，2010：121.

诸如此类的社会生活中必不可少的价值。②用"技术的价值"来指称技术所包含的价值评价标准。例如，与技术相关的一系列内在价值，功效和效率、可靠性、坚固性、易维护性、兼容性、质量和合理性，诸如此类的受到工程师们高度重视的价值评价标准。③用"技术的价值"来指称技术自身应当具有的值得追求的品质和属性。此种意义上的技术价值，可称为"形式价值"，它与技术的"目的价值"不同，并不是技术所预设的目标，而仅仅是指技术在形式上应当具备哪些值得肯定的或"好"的品质或属性，如基于实用特性的简约品质。值得注意的是，无论是何种使用方式，上述几种"技术的价值"都不可能独立于"技术"而存在，因为那样根本就无所谓"价值"的意义了。

（2）技术的价值中立性。相对于其他观点，技术的价值中立性观念相当流行。正如美国步枪协会（National Rifle Association of America）所宣扬的那样："武器并不杀人，杀人的是人自己。"支持这个观念的主要理由是，技术只是实现某种目的的一个中性手段，并且它既可以被用来做有利的事情，也可以做不利的事情。❶ 因此，相关的价值是在使用中产生的，而不是产生于技术本身。也就是说，技术的负面影响是使用者造成的，而不是技术制成品或设计制造者本身造成的。对此，美国学者安德鲁·芬伯格认为，建立在常识观念基础上的这些技术工具理论，其所谓技术的"中立性"，至少暗含着四种观点：技术作为工具手段只是偶然地与它们所服务的实质价值相关联；技术与政治没有关系，尤其是与资本主义和社会主义没有关系；技术在社会政治上的中立性，通常归因于技术本身的"理性"特征；技术在任何情境里都能在本质上保持同样的效率标准；等等。❷

若与价值的一般含义相联系，技术的价值中立性观念之所以相当流行，一种可能的解释在于：人们把这个问题解读成了技术制成品仅仅具有外在价值。然而，我们之所以认为技术是价值中性的事物这样的观念是不妥当的，原因在于，技术制成品一定都具有相应的物理的或物质的组成部分，一定都是物理学

---

❶ 皮特. 技术思考：技术哲学的基础 [M]. 马会端，陈凡，译. 沈阳：辽宁人民出版社，2012：68.

❷ 芬伯格. 技术批判理论 [M]. 韩连庆，曹观法，译. 北京：北京大学出版社，2005：4-5.

上的物体。作为达到目的的手段，物理学上的物体，其价值的基础乃是建立在自身的内在特性之上的。举例来说，一块石头，依据其内在物理特性可以用来敲开一个核桃，从而被当作工具，具有工具价值。一片树叶，就敲开一个核桃的用途来说，其作用或者价值可以忽略不计，甚至可以说它根本不具备工具的价值。也就是说，由于技术的价值中立性观念并不能明确解释，一个物理学上的物体的工具价值只取决于其某些特性的原因，因此，其错谬之处就在于，一个技术制成品的工具价值并不仅仅等于一种外在价值。另一种可能的解释在于：技术制成品的价值始终有一部分取决于其外在特性。这样的解释需要我们必须首先对技术及技术制成品进行定义，因为技术和技术制成品从根本上说，是构成我们所认为的技术产品的内在和外在特性的决定因素。一个最低限度的技术定义必须涉及功能概念或者可比较的概念，如目标、目的和意图等。技术自有其功用这个事实本身也表明，技术具有工具价值，即它可以被应用于一个特定的目的。然而，这并不意味着工具价值对技术制成品来说是内在的，即它只取决于技术产品的内在特性。总之，技术的价值中立性观念及其解释皆严格遵循着：价值判断与技术是两个完全截然不同的领域。即一个是人类的，另一个是非人类的；伦理价值被定位为人类"社会"领域所专有，技术及其制成品被定位为非人类的"物质"领域所专有。因此，技术的价值中立性观念之典型的理论前设，即道德性（价值）必须是人类所独有的事情，因为技术缺乏意识、理性、自由和意向性。然而，只要技术有助于道德决定，技术也就是社会的；与此同时，人类也属于物质领域，因为人们生活的塑造与其使用的技术密切相关，只有跨越那一理论前设并将它们整合在一起，才能真正理解技术的伦理价值维度和伦理相关性。❶

　　总之，技术的价值中立性观念由来已久且影响广泛。一般认为，英国经验主义哲学家大卫·休谟（David Hume）阐释的"事实与价值"相分离的命题，为诸种中立性观念提供了根本性的智识支撑。不过，约纳斯认为，倘若我们今天把行为理解成由人归属给人的功劳或失误（有别于单纯的自然行为）的话，

---

❶　维贝克. 将技术道德化：理解与设计物的道德［M］. 闫宏秀，杨庆峰，译. 上海：上海交通大学出版社，2016：69.

那么，那些专属于人类（作为生产［poiesis］及实践［praxis］）的技术文明成就便具有了伦理学蕴含，就需要我们打通"是"与"应该"间的界限，直面技术的各种价值负载。● 在这种意义上，阿明·格伦瓦尔德指出："直到进入 20 世纪 90 年代，技术还一直算是个'中性价值'的事物。'技术仅具有工具的特性，至多是技术的使用才会有道德的问题。因此，技术的开发和生产，包括前期的科学研究，在道德上都是中性的；只有技术的使用，才提出了伦理学的问题。但是在现今的理论分析和案例研究中，人们已经认识到对技术做出决定的道德含义，并将其变成了反思的命题'。"●

（3）当代技术实践的伦理学意蕴。客观地讲，倘若抛弃技术，人类失去的将不仅是文化与文明，而且是人类自身存在的基础："人为了具备生存能力，其构造是以改造和征服自然为目的的，因此，也是以有可能去体验自然为目的的。因为他没有专门的技能，所以免除了要对周围环境自然而然的适应。他将自然改变为服务于自己的生活之物，这个总概念叫文明，文明世界就是人的世界。……所以，文明，即'第二自然'，或者说：它是人的、自己加工了的和他可以单独生活在其中的自然。'非自然的'文明是这个世界上唯一的、本身是'非自然的'，亦即有别于动物而创造出来的人的作用和影响。"● 一句话，人无外乎是一个技术存在。或者说，属于人类的技术文明（技术进步）毕竟不是由其自身的抽象模式所带来的，而是由将模式付诸实践的个人及社会行为所引起的。因此，我们既应当慎重地使用伦理学范畴（无论是传统的，还是现象学的甚至"后现象学"的）去理解人的技术行为，比如目标制定、手段选择、结果、后果和附带影响等，也应当注重结合当代技术的具体实践切实地考察技术的伦理价值维度问题。

当代技术实践的伦理学意蕴问题，实则与我们如何理解和分析技术的道德意蕴有着千丝万缕的联系。或者说，"如果伦理学是关于'如何行动'的问题，

---

❶ 约纳斯. 技术、医学与伦理学：责任原理的实践［M］. 张荣，译. 上海：上海译文出版社，2008：108.

❷ 格伦瓦尔德. 技术伦理学手册［M］. 吴宁，译. 北京：社会科学文献出版社，2017：3.

❸ 霍克海默. 批判理论［M］. 李小兵，等译. 重庆：重庆出版社，1989：38.

且技术促进了关于此问题的回答，那么，技术就显示出其有道德意蕴；至少，技术帮助我们从事伦理学，尽管这是相当激进的一步。"❶ 因为几个世纪之前，以康德为主要代表人物的启蒙运动，通过将道德之源从上帝转移到人，带来了伦理学的一次迄今为止都无法超越的大颠覆。不过，在今天关于技术的社会和文化作用的分析，迫使我们不得不更进一步将道德之源转移到技术人工物上。❷

第一，当代技术在我们的日常生活中发挥着不可替代的建设性作用。它们有助于塑形我们的行动和体验，既为我们作出价值判断提供信息，也影响着我们的生活质量。当我们使用技术时，就必然塑形着该技术发挥功能的场景，即技术帮助人与现实形成某种关联，并共同塑形着新的生存方式。例如，移动电话不只是一种帮助我们与他人进行对话的技术装置，而是一旦它履行了通话功能，就会立即产生新的交流和互动方式，创建处理事务的新方式。特别是其中的短信功能，带来了新的交流形式，甚至可以说带来了一种新的"语言"。

第二，技术的道德相关性与技术对人类实践和体验的积极作用紧密相关。一方面，我们可以用道德的术语对技术实践的具体案例予以评价：鉴定它在道德上是好的或者是坏的。对此，美国哲学家兰登·温纳关于纽约长岛通往海滩的低悬天桥的分析，应该算是一个相当不错的案例。建筑师蓄意建造如此低矮的天桥，致使公共汽车不能在这些景观大道上行驶，进而以隐含的方式限制那些买不起私家车的人进入海滩。另一方面，在技术实践中，具体技术可以促成人类的道德行动和道德决定。例如，乳腺癌遗传形式的基础诊断检测技术，就是一个特别典型的案例。此类检测聚焦于乳腺癌易感基因 BRCA1 和 BRCA2 的突变，可预测某人罹患此类癌症的可能性。此类基因的携带者需要做出选择，或者什么都不做，顺其自然；或者继续做常规检测，以便在早期检查出是否罹患癌症；或者干脆进行预防性的双乳切除手术，如同美国好莱坞著名女影星安吉丽娜·朱莉（Angelina Jolie）所选择的那样。

第三，在当代技术实践中，道德或价值不应仅在人类中寻找，也应在事物

---

❶ 维贝克. 将技术道德化：理解与设计物的道德 [M]. 闫宏秀，杨庆峰，译. 上海：上海交通大学出版社，2016：15.

❷ 维贝克. 将技术道德化：理解与设计物的道德 [M]. 闫宏秀，杨庆峰，译. 上海：上海交通大学出版社，2016：110.

中寻找。或者，可以说，道德或价值判断并不专属于人类，技术人工物同样具有。正如拉图尔所指出的，一旦我们能明白物的道德承载性，就能看到一个充满道德的社会。❶ 举例来说，乳腺癌遗传基因检测技术意味着，这一技术不仅将健康的人转变为潜在的病人，还可将先天缺陷转换为一种可预防痛苦的形式。因此，当该技术被使用时，它已经织就了选择的情境。这种选择因其涉及一个新的范畴而变得复杂，这个新范畴就是因新技术的介入而产生的，即在健康和生病之间，基因检测带来了"未病"这样一个区域。事实上，基因检测技术使得知道一个人即将生病成为可能，增加了预防性移除器官的可能性，使这个人能对他或她自身的疾病承担责任。因此，基因检测技术创建了一个道德困境，同时，也为应对这种道德困境给出了建议。申言之，该案例表明，医疗技术通过创建选择的情境和为应做出的选择提供建议，既对医生做出的道德决定予以调节，也对患者做出的道德决定予以调节。也就是，"技术通过调节我们的行动和体验，来促进我们对生活的质量、道德行动和决定的质量的塑形。因此，为了充分应对技术的道德相关性，技术伦理学应当将技术调节现象纳入其中。"❷

　　总之，我们关于当代技术实践的伦理学意蕴，具体如当代技术实践的伦理价值维度问题，或者说技术的道德相关性问题，都是以"人的技术存在"相关联的具体实际为切入点，否定了技术仅仅是中性工具的观念，摒弃了将技术完全视为对现实的异化之径而对技术持单向度的反对观点；并且，经由对人与技术关系结构的分析、对技术在人类经验和存在中实际作用的考察，我们开始将技术作为生活世界的一个不可或缺的构成部分、一种塑造性力量，而非对生活世界的一个威胁、一种压迫性力量。一句话，"在人与现实的这种相互关系中，一种具体的世界'客体性'产生了，恰如同一种人的具体的'主体性'产生了一样。"❸ 也就是说，在当代的具体技术实践过程中，作为技术存在的人与各种实际技术的复杂联系，事实上是以互相建构的方式不断彼此影响。

　　❶ 拉图尔. 我们从未现代过 [M]. 刘鹏，安涅思，译. 苏州：苏州大学出版社，2010.
　　❷ 维贝克. 将技术道德化：理解与设计物的道德 [M]. 闫宏秀，杨庆峰，译. 上海：上海交通大学出版社，2016：7.
　　❸ 维贝克. 将技术道德化：理解与设计物的道德 [M]. 闫宏秀，杨庆峰，译. 上海：上海交通大学出版社，2016：19.

总结而言，无论是在广义哲学上，还是基于技术的社会和文化作用之分析，我们已经表明"技术"概念的基本内涵：技术乃是由人以特定目的制造出来的物体，这些物体不仅有自然方面的内容，还有伦理价值（道德相关性）方面的内容。技术有可能会很好地完成自己的使命，即履行其功能，也可能会表现得很糟糕。由于这两种可能性尤其取决于其设计者和制造者的本领，所以技术不仅被运用在人工产品上，也被用于生产本身。概言之，技术的确是一种"手段的体系"，但它绝非中立性工具或与价值无涉；技术的道德相关性充分表明，当代技术塑形着一个深刻的文化形而上学问题。❶ 对此，哲学家们已经逐渐形成所谓"技术伦理学"领域，即经由追求对实际技术实践和发展的不断理解以及与实际技术实践和发展的联系，进而分析当代技术实践的价值属性问题，等等。例如，阿明·格伦瓦尔德这样总结道："自 20 世纪 80 年代以来，技术伦理学文献的数量在两个方面有大幅增加：一是探讨这个职业特点及其特殊挑战的、狭义的工程师伦理学；二是新技术及其后果的伦理学问题研究。其间，人们达成了科学伦理学和技术伦理学之间的部分共识：由于科学从根本上讲是现代技术的基础，因此，越来越难把科学和技术明确区分开来。纳米技术和合成生物学即所谓技术科学的两个典型范例。鉴于此，科学伦理学和技术伦理学今天经常被人们相提并论，视为一宗。"❷ 显而易见，在这里，我们关注的是"新技术及其后果的伦理学问题研究"，分析的是具体技术的社会和文化作用，并以此来展现技术的伦理学意蕴。

第二节 技术正义：当代社会进步的理性装置

在今天，"新技术及其后果的伦理学问题研究"不是将伦理学置身于技术领域之外，而是开始重点强调与技术相关的实际伦理问题，如生命伦理学、信息技术伦理学、纳米技术伦理学等应用性分支学科的出现。这些分支学科侧重于

---

❶ 约纳斯. 技术、医学与伦理学：责任原理的实践［M］. 张荣，译. 上海：上海译文出版社，2008：45.

❷ 格伦瓦尔德. 技术伦理学手册［M］. 吴宁，译. 北京：社会科学文献出版社，2017：3-4.

研究与技术的设计、使用和社会影响相关的具体道德问题，并借此不断拓展分析具体技术的社会和文化作用等。在这些研究中，值得注意的是，当代科学技术与正义问题有明显的相关性，特别是在技术被资源化、资本化和权利化的情况下。按照约纳斯的看法，这里的"相关性"实则在于，"首先，我们共同的技术实践形成了一种新的人类行为，这不仅是因为技术方法的新颖性，更是因为它的一些对象的前所未有的特征、它的大多数工程十足庞大以及它的影响的无限扩大。由于上述三个特点，我们又得出第二个前提：我们以这种方式正在做的事情，无论其任何直接目的有什么特殊性，它们作为一个整体在伦理上再也不是中立的了。在摆出了这些伦理学的问题之后，寻求其解答，首先是为了探寻理性原理的任务才刚刚开始。"❶ 也就是说，技术与正义的"相关性"绝不能等同于因果关系，但这里确实提出了一些重要的值得进一步探讨的问题，包括"技术正义"概念本身以及其实践意义，特别是马克思主义视域的"技术正义"概念之发展等问题。

一、理解技术正义的多重视角

若仅与工程师责任的概念相比较，那么"技术正义"的概念也只不过是人们为了能够对技术进行以标准和价值为导向的伦理反思，以及在广义上对技术进行理性控制所做的各种努力的一个组成部分。在伦理学上，工程师的责任指的是其行业责任。它强调的是，伦理学反思的聚焦点乃是一个特殊的职业群体。因此，它只是提出了一个必要但又不充分的研究伦理学问题的视角；同时，这些伦理学问题都与技术——特别是与技术的创新和应用——密切相关。相比之下，除了提供一个审视当代技术新发展与新进步的进路之外，"技术正义"所指的是什么就有不少模棱两可的地方，如其被运用的场合众多、其被运用的可能性十分多样化、其概念的含义也可以有几种普遍性的解释。❷ 这恰恰正好如技术概念、技术价值概念的界定那样，一如前述歧义频仍。但"当谈到一种特定的

---

❶ 约纳斯. 责任原理：技术文明时代的伦理学探索 [M]. 方秋明，译. 香港：世纪出版社，2013：21-22.

❷ 格伦瓦尔德. 技术伦理学手册 [M]. 吴宁，译. 北京：社会科学文献出版社，2017：313-324.

技术时，如飞机技术，我们有时指它的范式（paradigm），有时指它的装置（device），有时两者都包括。技术范式（technological paradigm）是描述一种技术特征的一套概念、理论方法。对飞机而言，技术范式包括飞行机器的概念、空气动力学理论以及利用机械的方法实现和控制飞行。技术装置（technological device）是一种特定的技术，莱特（Wright）兄弟的飞机和商用喷气式飞机是技术装置的例子。技术装置是技术范式的实例或实现。当就改良的概念、理论和方法而言详细制定技术范式，或者就效率、有效、安全而言改进范式的实例时，技术进化（technological development）就得以发生。当然，几千年来，技术进化已经发生在很多技术之中。"❶　一句话，在技术创新（进化）和应用的意义上，"技术是人类以取效为目标的理性活动"❷。该种场合之下的"技术正义"概念，就是以一切技术创新和应用必须经由经济可行性的过滤，并且这种过滤装置主要由市场体系构成为前提，其含义主要着眼的是"分配正义"。鉴于此，我们将首先梳理正义概念，其次结合正义概念来阐释"技术正义"概念，最后论证我们所持"技术正义"概念的合理性问题等。

（1）正义概念的流变。可以说，"正义有着一张普洛透斯似的脸（a Protean face），变幻无常，随时可呈不同形状并具有极不相同的面貌。"❸　它是一个古老而又常新的概念。从字面上来说，在中文里，正义即公正、公平、公道。在西方语言里，正义一词源自《荷马史诗》中的 dike 和 themis；dike 由词根 deikumi 推导而来，意思是"我表明""我指出"，由此转意为判官对争论做出的判断，或争论一方提出的主张；themis 一词由词根 tithemi 推导而来，意思是"我提出""我制定"，作为名词时，themis 意为"正义女神"。拉丁文中的 justus 兼有正义、合法、合法性等含义。现代英文里的 justice、法文里的 droit、德文里的 recht 等均含有类似的语义。

从理论内涵上来说，早在古希腊时期，人们把关于正义的问题首先理解成

---

❶　维克特．信息技术与道德哲学［M］．赵迎欢，宋吉鑫，张勤，译．北京：科学出版社，2014：5.

❷　朱葆伟．科学技术伦理：公正和责任［J］．哲学动态，2000（10）：9-11.

❸　法理学：法律哲学与法律方法［M］．邓正来，译．北京：中国政法大学出版社，1999：252.

品行端正的生活和行为问题；但在当今时代，人们更多的是将政治和社会的正义作为探讨的主题。❶ 比较而言，有影响力的正义概念大致如下❷：①正义指一种德行。这种德行的经典表述就是"己所不欲，勿施于人"，"己之所欲乃施于人"，或者说，"只照你能意愿它成为普遍律令的那个准则去行动。""正义就是人们避免彼此伤害和受害的互利的约定。"②正义意味着各得其所。根据每个人的品质、才能、地位、身份、贡献分配机会、财富和权利（权力），使人们能够各得其所。《查士丁尼民法大全》和古罗马的很多法学家都奉行这种正义观——"正义是给予每个人他应得的部分的这种坚定而永恒的愿望"。正义就是"使每个人获得其应得的东西的人类精神意向"。③正义意味着一种对等的回报。中国古代谚语"以其人之道还治其人之身"，以及中西刑罚理论与实践中的报复主义都是这种观念的体现。④正义指一种形式上的平等。比利时哲学家佩雷尔曼（C. Perelman）认为，不管人们出于何种目的，在何种场合使用"正义"的概念，正义总是意味着某种平等，即给予从某一特殊观点来看是平等的人，或者说属于同一范围或阶层的人同样的对待。⑤正义指某种"自然的"，从而也是理想的关系。不过，人们对什么是"自然的""理想的"关系的理解是不同的。古希腊思想家认为，社会成员划分为自由民与奴隶、"治人者"与"治于人者"，这是"自然的安排"，若遵从这样的关系，正义当然能够实现。近代思想家认为，"自由、平等和博爱"是理想的关系。马克思主义者则认为，正义意味着消灭阶级和阶级差别，首先是消灭阶级剥削和阶级压迫。⑥正义指一种公正的社会体制或者说"法治状态"。美国法学家罗斯科·庞德（Roscoe Pound）指出，从法律的角度，正义并不是指个人的美德，也不是指人们之间的理想关系；它意味着一种社会体制，意味着对关系的调整和对行为的安排，以使人们生活得更好。美国政治哲学家约翰·罗尔斯（John Rawls）也持类似的观念，他信奉并坚定地捍卫着这种社会正义理论，"正义是社会制度的首要价值，正像真理是思

---

❶ 罗尔斯. 正义论 [M]. 何怀宏，何包钢，廖申白，译. 北京：中国社会科学出版社，1988：52.

❷ 张文显. 法理学 [M]. 2 版. 北京：高等教育出版社，2003：410.

想体系的首要价值一样。"❶ 总之，一般而论，正义概念常被视为历史的产物，并会随着历史的变迁而不断发展，正如"希腊人和罗马人的公平认为奴隶制度是公平的；1789 年资产者的公平要求废除封建制度，因为据说它不公平"。❷ 其中，从对正义的分类来看，亚里士多德的分类被视为经典，他把正义分为分配正义与校正正义。分配正义涉及财富、荣誉、权利等有价值的东西的分配，并且在这个领域，对不同的人给予不同的对待，对相同的人给予相同的对待就是正义。

（2）"技术正义"概念的内涵。与正义概念相联系且从技术领域来说，所谓"技术正义"，在概念内涵上，主要牵涉如何处理技术创新和应用所带来的利益、责任及风险的分配正义问题。即便是立场不同，通常人们也会同意追求效益是技术活动的特征之一。恰恰是这一特征，内在地规定着技术，使其更多地被看作经济系统的一个不可或缺的组成部分。特别是"二战"以来，经济社会发展越来越依赖于技术创新的驱动，或者说，技术创新给经济社会带来了诸多分配难题。与此同时，科学技术活动越来越社会化，从研究到应用的进程越来越紧凑❸：一方面，科技的发展方向和具体形态取决于市场的需求。实际驱动技术发展的，绝非抽象意义上的所谓"人类需要"，而是具体的经济、政治、军事及文化的需求，尤其是市场的"有效需要"。另一方面，科技的发展，尤其是特定科技项目的研发愈加依赖于来自政府和企业的资金，它们也成为国家创造财富的主要工具、综合国力竞争的核心要素。简言之，传统上认知科技活动的模型，如"技术价值中立""无功利研究"等不再奏效；科技活动中的分配正义问题（比如，技术创新往往使相关利益集团而非整个社会受益，承担技术后果及其代价的却是其他人或整个社会）越来越需要人们去关注、去分析研究，其牵涉的不止是利益、责任及风险之分配的正当性与合理性问题，在根本上它涉及的是"人的全面发展问题"，即"关心人的本身，应该始终成为一切技术上奋斗的主

---

❶ 罗尔斯. 正义论 [M]. 何怀宏，何包钢，廖申白，译. 北京：中国社会科学出版社，1988：3.

❷ 马克思，恩格斯. 马克思恩格斯选集：第 3 卷 [M]. 北京：人民出版社，1995：212.

❸ 朱葆伟. 科学技术伦理：公正和责任 [J]. 哲学动态，2000（10）：9-11.

要目标；关心怎样组织人的劳动和产品分配这样一些尚未解决的重大问题，用以保证我们科学思想的成果会造福人类，而不致成为祸害"。❶

抛开爱因斯坦的上述理想目标不谈，在今天伴随着现实技术的进一步资源化、资本化和权利化，从技术创新与应用本身而言，所谓"技术正义"，在表现形式上，实则主要是两个方面："一方面，研究所需的精致而复杂的技术使得几乎所有的研究都需要公共或私人基金的资助，而社会资源是有限的，这就提出了在科学家之间、学科之间、社会的不同需要之间如何分配资源才是公正的问题；另一方面，研究的过程、研究的成果及其应用常常是有利于一部分人而对另外一些人形成负担或造成损害（这在医学和生命科学领域最为明显，因而'公正'久已成为生命医学伦理学的重要原则）。"❷ 也就是说，为了不轻易丧失技术创新上的重大机遇，同时也为了合理分配技术利益、分担技术责任以及规避技术风险，我们必须让伦理学上的正义标准像技术研发那样从一开始就做到恰当分配，做到细致入微、形式多样和适应性强。

在这种意义上，所谓"技术正义"，就再次佐证了约纳斯的主张——既富有洞察力又相当准确可信。也就是说，当代技术的确塑形着一个深刻的文化形而上学问题——技术不仅开启了积极的可能性，而且带来了消极的可能性，因此，我们不能把技术看成没有价值的东西，必须在新的维度上展开对技术的伦理价值评判。这样的维度并不在于给出正义的各种可能性解释，而在于不断把握技术本身的特性，或者干脆说，在于揭示"人类是技术的产物"这一特定的时代性命题。

（3）"技术正义"概念的合理性。"技术正义"问题引发的疑虑，同人们对科学之真理性的争议一样，充满了悖谬感。在近代科技滥觞之际，人们曾因科学与宗教真理相冲突而质疑科学的真理性，继而又有浪漫主义对科学世界观提出强烈的抗议。❸ 半个多世纪前，则爆发了所谓人文文化与科学文化的争论，即1959年英国学者C. P. 斯诺（C. P. Snow）在剑桥大学做了一场演讲，题目叫作

---

❶ 爱因斯坦. 爱因斯坦文集：第3卷［M］. 许良英，范岱年，译. 北京：商务印书馆，2009：93.

❷ 朱葆伟. 科学技术伦理：公正和责任［J］. 哲学动态，2000（10）：9-11.

❸ 陈嘉映. 哲学·科学·常识［M］. 北京：中信出版集团，2007.

"两种文化与科学革命"，他站在科学文化一边，对人文学者的流行态度提出了质疑，认为科技与人文正在被割裂为两种文化。❶ 吊诡的是，一段时间以来，并未出现斯诺担忧的局面，反而是科学主义大行其道，追逐技术效益甚嚣尘上，由此，技术正义的合理性问题日渐成为人们关注的焦点。

实际上，自从人类发明和制作了最简单的工具以来，就一直存在一般性的关于技术属性问题的悖论。随着从机器工业时代到高科技时代，技术制成品发展得越来越复杂，这个悖论变得越来越大，即科技进步是否包含人文社会进步，或者说，科技与人文怎样融合的问题。在我们看来，这个问题并没有像斯诺所论述的那样泾渭分明，存在不可调和的、对立的宏大立场，而是应该具体深入评判特定情境里的技术价值问题。例如，第二次世界大战之后，关于核武器爆发了一场关于（工程师）科学家伦理责任的大辩论。这场辩论以特别的方式，展现了如何处理核能技术正义问题才会达致某种合理性。也就是说，作为一种伦理学视角、一种理论和方法，"技术正义"着眼的，不是事实上存在的经济和政治协商权及（核能）推行权的分配正义与否的问题，而是着眼于以一种普遍论和理想主义的视角看待事物：它首先提出的实体方面的问题是，在全球化以及同时考虑未来子孙后代可预见的利益的情况下，例如，核能的利用在什么条件下从伦理学上说是合情合理的；其次提出的程序方面的问题是，我们应当怎样设计流程，从而在关于实体问题尚存在意见分歧的情况下，讨论决定核能的认可度问题。

毋庸置疑，以"技术正义"为分析进路，若以能源技术的开发与应用来说，必须根据长期的未来使用潜力标准对各种能源生产技术进行评价。例如，我们完全可以将开发核聚变发电技术视为能源短缺情况下的储备技术。这种对未来负责任的态度或者说价值诉求还体现在：为了保证长期的能源供应，科研能力强的国家继续开发备选的能源技术，尽管这些技术并不一定在自己的国家投入使用，或者基于当下的情形来说，这些技术尚不具备使用的经济性。在这个意义上，"技术正义"的合理性就在于，为能源技术开发和应用提供了一个长期标

---

❶ 斯诺．两种文化［M］．陈克艰，秦小虎，译．上海：上海科学技术出版社，2003：102.

准视角，为人类能源利用状况阐释了一种对未来负责任的价值诉求。

总结而言，"技术为现代性提供了物质框架。这个框架不是一个人们可以追求他们的美好生活概念的中性的背景，而是自始至终影响着这种生活概念。"❶在这种意义上，技术正义构成了一个类似于海德格尔意义上的"世界"，即一种实践得以产生和知觉得以整合的"框架"。从不同的技术正义中会产生不同的世界，在终极存在的意义上，它们分别强调了人的某些方面，同时忽视了另外一些方面。因此，人意味着什么，这是由我们的技术或者说工具形态决定的。申言之，以"技术正义"为分析进路，使其变成技术创新与应用的一个显性要素，这不仅是一种以技术的事实有效性为据的分析，更是一种以普遍论和理想主义来审视技术发展的研究，并最终要在人与人、人与自然的关系之中建立起某种责任关系。诚如约纳斯所言："人要自己控制他自身的进化，目标不仅仅在于完整地维持他的种类的存在，而且还在于根据他自己的设计去改善和改变他的种类。我们是否有这个权利，我们是否能够胜任这个创造性的角色，这是摆在突然具备了极大力量的人面前的一个最严肃的问题。"❷

二、马克思主义视域的"技术正义"

从古希腊时期开始，关于人这一"斯芬克斯之谜"的思考就从未停息，不同的思想流派都给出了各自的解答。作为自我创生、不断超越的类存在，人类在长期的物质生产活动中借助技术这一外在力量，在改造世界的过程中不断增强自身的本质力量。关于技术的合理运用，旨在促进人类摆脱客观外在条件的束缚，推动人类从"必然王国"走向"自由王国"。在马克思主义的理论视野中，技术具有属人的性质从而服务于人的本质，规定了"技术正义"的核心要义。

无论是在《资本论》这一鸿篇巨制中，还是在其序曲《政治经济学批判》里，马克思早就阐明了"科学技术是生产力"这一著名论断。他指出，劳动生

---

❶ 芬伯格. 技术批判理论 [M]. 韩连庆，曹观法，译. 北京：北京大学出版社，2005：21.

❷ 约纳斯. 责任原理：技术文明时代的伦理学探索 [M]. 方秋明，译. 香港：香港世纪出版社，2013：101.

产力将随着科学技术的不断进步而逐步提高。❶ 并且基于机器大工业生产中的自动化趋势，马克思还进一步预见到了科学技术在未来社会生产力发展中的决定性作用。也就是，他认为，未来社会的生产过程将日益自动化，社会财富的创造会愈加取决于一般的科学水平和技术进步，或者说依赖于科学技术在生产中的创新与应用。❷ 申言之，马克思立足于人类实践和科学技术实际发展情形，早就为我们提供了一种以普遍论和理想主义为特质的观念——生产力的发展取决于科学技术的应用，科学因素将渗透到物质生产的所有环节，并使物质生产成为科学生产，最终为人类的需要服务。邓小平一贯重视科学技术在社会发展中的重要作用，改革开放以来，他多次论述"科学技术是第一生产力"的重要思想。在马克思主义语境中，技术的资本宰制是技术非正义性的历史性渊源，马克思通过批判技术的异化现象揭示了私有制度的非正义性原罪，同时依托技术实践与变革私有制使技术正义的最高价值境界在现实维度上得以出场，即在最高阶段的共产主义社会里实现每个人自由而全面的发展。

正是基于马克思所强调的"人类实践"和当代科学技术实际发展情形这样的认知前提，我们认为，所谓马克思主义视域的"技术正义"，主要不是用来表明某种特定的技术状态，或者简单局限于技术创新与应用领域，而是要求技术师和工程师、政治家、使用者和其他决策者对受牵连者承担责任，并且在多层次社会体系里（比如，从国家之间到区域之间再到世界性的组织机构之间，关于氟利昂的使用、二氧化碳气体的排放或维护生态多样化方面的分配正义问题）力图减少不公正现象。换言之，"技术正义"把技术领域的多个层面的不同意义上的利益、责任和风险的分配问题摆在了我们的面前。举例来说，我们应该按照哪些原则把具有权利要求资格的不同主体的利益（如专利权）整合到一个法律体系当中❸，如何对某一项技术产生的风险合理地进行分配（比如，在贫困国家设置生产工厂，或把垃圾运往那里，从而转嫁了自身的技术风险和责任），等等。正是在这种实践意义上，从长期和全球范围内跨越领域的正义性要

❶ 马克思，恩格斯. 马克思恩格斯选集：第 23 卷 ［M］. 北京：人民出版社，1972.
❷ 马克思，恩格斯. 马克思恩格斯选集：第 46 卷 ［M］. 北京：人民出版社，1980.
❸ 韩兴. 专利制度危机背景下的技术正义原则 ［J］. 知识产权，2016（11）：71-76.

求来看，马克思主义视域的"技术正义"实则既是人类共同生活秩序的正确性，又是一种以方法为主导的理念学说。它代表的是不同主体之间的利益、责任和风险的必要平衡观念及方法。特别是在技术飞速发展的今天，各种不同版本的技术规范、多元化的技术价值诉求（包括技术价值中立性的主张）之间的角逐竞争现象十分激烈，我们迫切需要借助"技术正义"谨慎且合理地化解之。鉴于此，这种"技术正义"就会与罗尔斯所言的"公正方法"的观念相通❶，它们都致力于一种描述性的内容和方法，在这样的学说中，正义或者说公正性的实践意义得以重建。因此，我们将首先明确马克思主义视域里的"技术正义"的实践内容，接着阐释在社会发展与技术选择之间影响正义权衡的主要因素，最后检讨寄希望于纯技术解决方案的可行性问题等。

（1）"技术正义"的实践内容。从内容上讲，技术正义是一个可标准化的目标。从性质上看，马克思的技术哲学是一种现代技术批判哲学，批判的目的是澄清现代技术的历史性前提，划定技术批判问题上的两条界限。马克思追问了现代技术的本质，揭示了现代技术的历史性质和社会形式，揭示了技术与现代社会的生产方式、人的存在方式之间的关系。马克思阐释了技术与人类生活世界的关联性，揭示了前现代社会、现代社会和未来社会三种不同类型的"人类生活世界样式"。关于"技术正义"的含义，我们可以借助"可持续性"来说明（如果说某项技术实现了可持续性的开发及应用，那么可以说其即是一种技术正义）。一般而言，可持续性指的是，我们应当在重视再生率的情况下使用可再生资源，节约使用非可再生资源，重视自然资源的使用界限，尤其要避免对气候及臭氧层的损害。除此之外，在物质保障意义上，对所有人的基本生存保障，包括养老、教育、享受清洁的饮水和医疗保障，以及没有战争和战乱等，这些都是可持续性应有之义。更进一步的具体内容，包括技术伦理学上的内容，可以概括为，在怎样的程度上可以让自然资源和经济财富取得平衡。在这里，技术正义与可持续性一样，是否可以用单个数字指标进行度量呢？也就是说，借助这些数字，我们是否就可以对单个的技术及其技术成果进行评价。事实上，

---

❶ 罗尔斯. 正义论 [M]. 何怀宏，何包钢，廖申白，译. 北京：中国社会科学出版社，1988.

许多国家和公司企业都在朝这样的指标方向努力，并试图寻求针对技术可持续性的数字化测量标准，其目的是用简化的方式，通过一些从诸多重要因素中遴选出来的、可以量化的切入点，让可持续性的指标能够一目了然，如二氧化碳的排放、土地的消耗、人均能源消耗、可再生能源在发电量中的比重或者河流的水质等。同时，人们还在谋求制定出一种真正的可测量标准，用来对所有技术或事物进行相互间的量化计算。对此，美国学者温纳曾经追问道，我们正在创造什么类型的世界？政治到底对技术创新与应用负有哪些责任和义务？❶ 也就是说，人们对于技术正义的实质内容及其论证，一直存在比较大的争议。通常认为，在实践过程中，实质性的技术正义（或者可持续性）标准产生的首要伦理基础，就在于能否实现对人权的自由保障。❷

（2）社会发展与技术选择之间的正义权衡。在社会发展过程中，我们到底应该以何种方式方法影响技术创新与应用，这在很大程度上取决于相关规范标准是否明确。在阿拉斯戴尔·麦金太尔（Alasdair MacIntyre）看来，当代的社会发展与技术选择实际上处于不断权衡的螺旋式变化的状态之中❸，即"超越自然的技术力量的持续扩展来源于传统的规范共识的崩溃和更新的生产效率，因为生产效率是现代社会唯一共有的价值。因此，以民主的名义对精英设计所提出的异议没有真正指明现代性的根本问题之所在，对满足日益增长的对物质财富的需要的技术力量来说，它是一条永无止境的螺旋线。"❹ 这也从另一个侧面反映出当代社会发展所牵涉的技术正义问题范围的广度和深度。抛开现代性不谈，在当今社会对技术做出选择，实现某种技术正义，从具体的实验室研究到科研经费投入，从关于具体技术应用的公开辩论到科技政策决策，从经济领域到对可持续发展的探讨，诸如此类的具体实践操作纷繁多样。结合它们各自不同的

---

❶　温纳. 自主性技术：作为政治思想主题的失控技术［M］. 杨海燕，译. 北京：北京大学出版社，2014：39.

❷　格伦瓦尔德. 技术伦理学手册［M］. 吴宁，译. 北京：社会科学文献出版社，2017：239-247.

❸　麦金太尔. 追寻美德：伦理理论研究［M］. 宋继杰，译. 南京：译林出版社，2003.

❹　芬伯格. 可选择的现代性［M］. 陆俊，严耕，等译. 北京：中国社会科学出版社，2003：14.

问题意识、人们参与的背景和相关技术的综合特征等，笔者认为，关于技术的正义权衡包括以下几个具体方面。

①政治方面。在一个伦理道德多元化的社会里，国家制定的技术政策对所有人都具有约束力。因此，国家技术政策对技术的影响始终是一个有可能出现规范标准不明确问题的最大渊源。在社会发展与相关技术选择之间做出某种正义权衡，从政治决策的角度来说，应当杜绝一刀切的模式，对具体技术应当做具体分析。比如，在某项技术政策出台之前，决策者需要通过伦理学反思对所涉及技术标准进行解释和说明，需要遵循技术规律与政策制定流程等程序性规定，从而最终确定技术科研补贴事项，等等。也就是说，经由政策调控技术选择首先应该符合程序正义，但这也并不能确保实质性技术正义的实现。②经济方面。至少自产品开发之初，技术研发者就应针对该技术品的消费群体进行一系列的市场预测和推广。在市场预测和推广过程中，必然会设定好技术目的和用途，但这些内容也一定会随着市场的变化而不断变化。③科研方面。通常来说，由于同技术的研究、开发、生产、使用和处理过程有密切的联系，工程师和科学家所承担的责任不同寻常。他们的工作会产生规范标准的不确定性问题，比如，作为雇员的工程师与雇主之间在对生产安全和环境问题的判断上，往往会存在不一致的看法。因此，对不同人的行为道德基础的反思，也同样是正义权衡的必选项。④使用者方面。作为技术设备和产品的使用者与消费者，一般会在两个方面影响技术创新与应用：一是他们实际的购买和使用技术品的行为；二是他们在市场调查时所发表的意见。这些内容也在一定程度上左右着技术选择。⑤公开讨论方面。关于技术发展的未来走向，特别是诉诸媒体的公开讨论也制衡着技术选择。例如，关于核能核电的公开辩论，往往会对政府的决策产生影响，并决定性地导致某一核电项目的去与留；同样地，公众对转基因生产的讨论，也影响了政府管控的立场，从而促使政府用法律条文把预防原则正式确定下来，等等。总之，在社会发展与技术选择之间做出某种正义权衡，其通行方法，一般是通过专门委员会建立议事规则或法律准则。

（3）纯技术解决方案的可行性问题。严格地讲，尤其是当代前沿技术都有一个共同的特点，即具有争议性。争议的焦点常常有如下几个方面❶：①可能造成的负面影响和风险有多高？哪些有效的措施可以降低这些风险？（认识论的争议）②这些技术有什么分配效应？谁是获益者，谁是风险承担者？有无第三者受到牵连（比如，化工厂偷偷排放有毒废气对周边住户的影响）获益者能够对风险承担者进行补偿吗？（分配的争议）③获益和风险的比例是否合理？技术是否能够被认可？怎样的安全才算是足够安全？谁有权来做这个决定？怎样才能找到一个对集体有约束力的决定（标准的争议）。进一步讲，在一个多元化的社会里，这些关于技术的问题从来都不会只有一个答案，而是有诸多答案，而且所有答案都会强调自身的正确性和真理性。这些问题往往也无法依赖纯技术解决方案予以最终化解。比如，气候变化和重大核事故都不会只对一个国家产生影响。因此，寄希望于纯技术解决方案往往只是技术专家的幻想，实际情况往往既要求跨学科的和标准化的令人信服的解决方案，又要求国与国之间的协调合作等。总之，即便不是从技术正义的角度来思考，但若要解决技术发展中的实际问题，可行性的方案应是：一方面，在两个极端的对立面之间采取新的可选方案，有助于打开看似只局限于输与赢两种答案争论的局面；另一方面，尽可能多地将争议双方都纳入政策制定过程，经由透明的决策程序来选择最终的技术方案。

总结而言，如果说我们想对自然科学知识、技术、生产方式，抑或今天人类的健康、能源、交通和通信领域的进步与否进行确认，那么我们就需要具有以标准和价值为导向的相关观念。这些观念必须能够说明一种技术是否促进了某种技术变化或社会发展，且是否符合人类的长远利益。即马克思主义视域的"技术正义"，更多的是一种以权衡当代技术创新和应用所带来利益、责任及风险为主要内容的、以技术标准与技术价值为导向的分析进路，它不是纯粹从外部立场（如经济利益分配）去评估新技术能从伦理上被调整到什么程度，而是意图发展一种"内在立场"的伦理学观念，使技术正义（以技术的道德相关性为重要内容）成为技术创新发展的一个显性要素。特别值得说明的是，马克思

---

❶ 格伦瓦尔德. 技术伦理学手册 [M]. 吴宁，译. 北京：社会科学文献出版社，2017：123-124.

主义视域的技术正义绝不是某一个固定的绝对客观的标准或价值，它应该总是就某个特定的技术而言的恰当价值。更为明确地说，以"技术正义"为分析进路，这至少意味着，一个从事技术开发的个人或者团队用来衡量一项技术成果的标准，不仅应该是这项成果是否服务于技术进步，而且应该包括这项技术成果的具体功能，滥用的可能性，后果和附带后果能否由它的制造者、运营者、使用者以及全社会来承担。技术本质上是一种社会范畴，有其特定的历史性质和社会形式，不能离开历史性和人与人的社会关系，尤其是社会生产关系抽象地、孤立地看待技术。马克思不是反对把技术看作一种生产力，而是反对把技术只看作一种生产力，而没有将其看作一种历史性质和社会形式。总之，从当今时代"人是一种技术存在"这一基本事实出发，"技术正义"指向的就是与技术相关方的诸问题，即技术参与者和受牵连者在现在和今后都能够负责任地对待技术及其带来的所有问题。

第三节　科技异化：技术正义的内在自反

一般而言，在不同历史时期，科技对人类生活的影响程度不一，并且各具特色。"值得怀疑的是，一切已有的机械发明，是否减轻了任何人每天的辛劳"❶，这是工业革命时代约翰·斯图亚特·穆勒在其《政治经济学原理》中检讨的问题——机械工具（科技）与劳动的关系。同样是关注科技问题，却有云泥之别，在约纳斯看来，"现代技术几乎与所有人类生存的——物质的、心智的、精神的——必需品都息息相关。确实，人的哪一方面不涉及技术呢？人类生活和观察对象的方式、与世界及他人之间的交道往来、人的力量和行为模式、目标的种类、社会的状况及其变革、政治（涉及战争不亚于涉及福利）的目的和形式、生活的意义和质量，乃至人的命运及其环境的命运——所有这些都随着技术在深度和广度上的不断扩展而牵涉其中。"❷ 约纳斯还进一步明确指出，

---

❶ 吴国盛. 技术哲学经典读本［M］. 上海：上海交通大学出版社，2008：78.

❷ Hans Joans. Towards a Philosophy of Technology ［C］//David M. Kalpan. Readings in the Philosophy of Technology. Ind Edition. Lanham：Rowan & Littlefield Publishers，2009：17.

技术是一项持续的集体事业，按其自身的"运动法则"发展；在实质内容上，技术包括诸多方面，如技术给人类带来的用具，赋予的力量、启示或规定的新目标，以及实现这些目标所需要的人类行为方式的变化等。❶ 简言之，关于科技问题的考察与批判，若以研究者的目的性问题来总结，那么工业革命时代的学者可以被区分为：一种批判究竟是对技术化的自然发展过程的敌视，还是针对变化中的生产关系的社会后果？人们敌视的是技术，还是工业化过程中与机器化相联系的（技术只是其中一部分的）各种现代化进程？事实上，无论基于何种研究目标，工业革命时代的学者更倾向于使用"异化""对象化""外化"及"物化"这样的规范性概念来描述科技实践。

与此同时，无论是约纳斯还是米切姆等诸多当代学者，通常并不局限于以"异化"理论来谈论科技问题。他们更倾向于认为，技术不应该只是被简化为需要限制的压迫性力量或者异己性存在，而应该被看作借助它们来塑形人类存在的媒介。例如，米切姆结合对技术史的考察认为，当代学者的研究可以这样区分："如果在主观的意义上将'技术'理解为主体或动因，那么技术哲学就是指技术专家或工程师所详细阐述的一种技术上的哲学。如果在客观的意义上将'技术'理解为对象，那么技术哲学就是指哲学家以技术为主题进行的系统性反思。"❷ 也就是说，至少在当代技术哲学（包括技术伦理学等）的视域，人们早已赋予技术问题尤其是科技（异化）问题以崭新的维度与意义。现代技术的作用的历史性限度主要表现为：自然界沦为了人类的"有用物"；技术使用人和支配人，人最终从属于技术；人的生活过程被抽象化、空虚化和被纳入可计算性，最终导致技术理性的异化状态，出现"死的物质对人的统治"的情况。正是基于此，在这里，笔者将阐释关于科技异化概念的当代理解，或者说对其展开再思考，即结合当代技术实践活动来解释"技术正义"与"科技异化"的一般理论关系，同时也会扼要阐述为什么我们应以"技术正义"为进路来分析当代科技异化问题等。

---

❶ Hans Joans. Towards a Philosophy of Technology［C］//David M. Kalpan. Readings in the Philosophy of Technology. Ind Edition. Lanham：Rowan & Littlefield Publishers，2009：18.

❷ 米切姆. 技术哲学［C］//吴国盛. 技术哲学经典读本. 上海：上海交通大学出版社，2008：21.

一、当代社会科技异化的再思考

如今我们生活在一个科技时代、一个技术化世界里。今天的科学技术业已形成一个系统的、涵盖人类全部生活环境并对其打上深深烙印的世界；人早已是一种技术存在，人所遇见的不再是个别的技术制成品，而是在一个被技术预先基本设定的"第二自然"中活动。在这样的世界里，传统上为数不少的学者会通过强调技术对人的某些威胁或压迫，来阐释所谓科技异化的一般理论内涵。这些研究多认为，科技发展在给人类带来福祉和便利的同时也造成了无尽的麻烦，尤其是层出不穷的自然灾害和变幻多端的对人的奴役。科技异化还带来了劳动异化，马克思就曾指出："劳动不是满足一种需要，而只是满足劳动以外的那些需要的一种手段。"❶ 对此，当代学者并不会直接否认，但他们多会认为，今天的所谓科技异化问题，实质上是如何处理那些最根本的挑战——人、技术以及自然三者关系中的价值取向和各自实践定位问题。其主要理由就在于，我们除了必须应对面对人类自身可持续发展所面临的各种挑战之外，还必须克服来自技术发展的惯性以及错综复杂的、由大型技术变革所引起的短期和长期影响所造成的各种危机与灾害、风险与不确定性。比如，如果抛开始于欧洲 200 多年前的工业和技术革命，我们就无法解释当今世界范围内的"生态危机"和"气候灾难"。正如德国著名社会学家贝克所指出的那样，当今科学技术活动作为一股最重要的社会推动力量，毫无疑问正将人类社会推进某种不可预知的"风险社会"。❷

在这种意义上，当今学者更重视的是科学技术活动本身的性质与特征、内容与方法等方面的知识及其之于人类社会的意义。换言之，当今学者几乎都确信，"科学技术活动的本质特征是创造或创新，而创新本身就是一项冒险的事业——它不断打破现有的稳定和平衡，把我们带到一个新奇的世界；科学技术的发展和应用又具有长期的、不确定的和不可预见的后果，从而使我们置于巨

❶ 马克思，恩格斯. 马克思恩格斯全集：第 3 卷［M］. 北京：人民出版社，2002：270.

❷ 贝克. 风险社会［M］. 何博闻，译. 南京：译林出版社，2004：145.

大的风险之中。"❶ 特别是"二战"以来，人类愈发生活在一个"人工世界"、一个复杂的"第二自然"的系统中。这一复杂系统本身具有耦合、放大等诸效应，并且充斥着脆弱性、易受攻击性和不确定性。在高亮华看来，"的确，在今天，在极端的意义上，我们甚至可以认为我们的制品的自主性不再只是从负面作用、异化，或规定我们的社会体制与生活方式来言说了，它们开始拥有只有生命才具有的活力（vitality），——不然的话，便不会有什么所谓电脑、机器人的概念及诱发的机器反叛的想象。正如马克思所意识到的那样，资本主义社会的劳动产品却与工人相疏离，以至于成为工人的一种异己的存在物，并同劳动相对立。易言之，劳动产品作为自己的对象物存在，原本是为了实现人自身的本质确认，现在却反过来作为一种异己力量压迫人自身，并同自己相对立。除此之外，凭借利用生命有机体及其组成来发展新产品或新工艺的技术体系——生物技术，今天的人类已经不仅能够培育既像马铃薯又像番茄的新植物、能吐出蜘蛛丝的细菌以及长出鲤鱼胡子的鲫鱼，而且，'多利羊'的成功已从技术上预示着人类完全能够创造出自身的复制品——'克隆人'。在古希腊传说中，造物主的造物——人类曾经几次因为走向邪恶而带来世界的混乱。在《圣经》中，造物主的造物在走出伊甸园后也走向了邪恶。因此，我们不妨设问：当人类成为造物主的时候，其造物是否也会走向邪恶，甚至反过来挑战作为造物主的人类呢？更重要的是，人类将如何反制其造物的挑战呢？"❷ 也就是说，一方面，人类对自然的干预和开发越来越趋于某种极限，我们并不能明确地知道这一切最终将会导致何种局面；另一方面，如今绝大多数人都在使用的技术本身，包括其意义在内并不为使用者所理解，同时考虑到经济的、政治的等因素，我们实际上不得不进入一个高度的"技术社会"、一个超大规模的"风险社会"。

正是由于现代科技的这种巨大发展、潜在风险，并且日益渗透到生活世界的各个层面，它们迫使当今学者不断反思科技本身的哲学意蕴。技术的经验转向、伦理转向或者说哲学的技术转向，诸如此类的研究一再被论及。在一定程

---

❶ 朱葆伟. 关于技术伦理学的几个问题 [J]. 东北大学学报（社会科学版），2008（4）：283-288.

❷ 高亮华. 技术失控与人的责任：论弗兰肯斯坦问题 [J]. 科学与社会，2016（3）：128-135.

度上，这些崭新的研究内容和研究方式或许正如哥尼亚克·科西科夫斯卡（Gorinak Kocikowska）所指出的：“对于地球的历史来说，伦理和价值将第一次在一种语境中被争论和改变，该语境不局限于特定的地理区域或被特殊的文化与信仰所局限。其中，技术变革无疑给新的伦理分支的诞生提供了动力，如生物医学伦理、计算机伦理、环境伦理以及工程师的职业伦理是最为人们所知晓的。在这种语境下，伦理或多或少被成功地分成不同的、有详细观点的学术领域。”❶ 面对科技所引发的这些巨大变化，约纳斯也认为，当今科技的确开拓了一个崭新的伦理学维度；同时，他还明确指出，当今科技也创造了一个新的义务种类，它不是作为个体而是作为社会政治整体的责任。❷ 对此，德国哲学家阿佩尔则认为，由于我们发明的技术，人类历史上的第一个矛盾出现了：我们处于为地球上所有的人提供适当的生存条件的地位，但我们又处于以一种不可撤销的方式破坏着所有人的生存环境的地位。由于技术本身不拥有任何自我调节的内在标准，技术发展的利用过程中对伦理指导的需要在今天比以往任何一个时代都显得急迫；而且，科技文明使所有民族、种族和文化面临共同的伦理学难题，不管它们各自的特定群体和因文化而异的道德传统如何不同，人类在历史上第一次面临为其全球规模的行动后果负共同责任的重担。❸

因此，综合来看，如果我们今天一定要用“科技异化”来描述科学技术活动所引起的诸多问题，那么它至少应该有一个多维度的内容：一方面，它包含人对自然的介入，包括介入方式、程度及深度等；另一方面，它也强调人在技术创新和应用过程中的特定能力与特殊责任，尤其强调形态各异的技术实践如何塑形人的自我实现。在这种意义上，我们若以“技术正义”为进路来分析“科技异化”问题，其实质就是要求对人类进行科学技术实践活动（人类改造自然、创造人工自然）的一种合乎理性的价值诉求之理论反思。即

---

❶ 盛国荣. 作为当代西方技术哲学问题域之一的技术伦理：兼谈技术伦理的控制目标 [J]. 科技管理研究，2010（10）：231-234.

❷ 约纳斯. 责任原理：技术文明时代的伦理学探索 [M]. 方秋明，译. 香港：世纪出版社，2013.

❸ 阿佩尔. 哲学的改造 [M]. 孙周兴，陆兴华，译. 上海：上海译文出版社，1997：259.

它应当着重阐释如何理解——人类是技术的产物，就像技术是人类的产物一样——技术的伦理维度及其法律规制（治理）问题。这样的理解恰如美国国家工程院院长沃尔夫（W. A. Wulf）所坚持的那样：当代工程实践正在发生深刻变化，带来了过去未曾考虑的针对工程共同体而言的宏观伦理问题，这些问题导源于人类越来越难以预见自己构建的系统的所有行为，包括灾难性的后果。由此，工程将成为一个需要更加密切地与社会互动的过程。❶ 更明确地说，在当今技术时代，我们至少应该更紧密地联系技术现实去反思科学技术活动中所蕴含的各种伦理问题，并且以法律规制的方式去实现某种合乎理性的正义价值。

二、马克思主义观照下的"科技异化"

众所周知，在马克思的思想体系中，技术既被作为客体化和提高人类力量的工具（作为人的自我实现不可缺少的媒介），又被作为社会历史发展的动力（作为战胜资本主义路途上的必然因素），自有其内在的积极意义。马克思在《1844 年经济学—哲学手稿》中明确表示，我们应当从生产方式的总体上来把握技术整体，把握技术与人、社会和自然的内在关系。他认为，人与自然、人与人之间的关系都可以表征为生产关系，技术作为一种生产手段，就应当被纳入整个生产过程中去加以考察。他说："如果把工业看成人的本质力量的公开展示，那么自然界的人的本质，或者人的自然的本质，也就可以理解了。"❷ 正如许良教授指出的那样，"马克思不把技术肤浅地看作游离于社会之外的抽象的某物，而是某种深沉关系的体现"，马克思始终把技术与生产过程相结合，与现实的社会因素相联系，从技术对人的依存性去考察它，进而把握技术对于人类生活的意义。因为，"就对社会历史的本质分析而言，客观存在物只有从人与人之间的社会关系的维度才能得到深刻的剖析，才能获得理论上的

---

❶ Wulf W A. Engineering ethics and society［J］. Technology in Society, 2004（26）：385-390.

❷ 马克思，恩格斯. 马克思恩格斯全集：第 42 卷［M］. 北京：人民出版社，1979：128.

意义。"❶

在《哲学的贫困》（1847 年）、《机器、自然力和科学的应用》（1861—1863年）和《资本论》（1867 年）这些著作中，马克思清楚地阐释道，在任何具体的历史阶段和社会形态中，技术都是知识和理论的物化，是人类智力的造物；这些造物既代表了人类解放自身劳动的诉求，又伴随着生产力的进步而不断地改进、更新，但其在本质上始终是人自我异化的外现，是人类社会独有的产物。因为自然并没有制造出任何机器、机车、铁路、电报、自动纺棉机等。它们都是人类工业的产物；自然的物质转变为由人类意志驾驭自然或人类在自然界活动的器官。也就是说，"无可争辩的事实是，机器本身对于把工人从生活资料中游离出来是没有责任的，因为这些矛盾和对抗不是从机器本身产生的，而是从机器的资本主义应用产生的"；技术只不过是依附于人、服务于人的工具，技术的责任实质上是人自身的责任，技术的本质与人的本质具有内在一致性。作为人的本质的物化，技术体现的是一种关系，"一方面体现着人与自然界之间的一种客观的物质、能量和信息的交换过程，另一方面也反映着技术形态中人与人及人与社会的关系。"❷ 在马克思看来，现代技术文明作用的历史性限度的突破，现代技术给人类带来的困境的破解，取决于资本主义生产方式的改变，即取决于一种新的、不同于资本生产的技术利用方式的出现，取决于由"新生的人"来"掌握现代技术"。

申言之，马克思的的确确是一位眼光犀利、思想深邃的观察家，他敏锐地洞察到了在资本主义条件下技术进步所带来的非人道的方面和社会后果。"劳动和资本的这种对立一达到极端，就必然是整个关系的顶点、最高阶段和灭亡。"❸如此一来，技术便处在两个相互矛盾的位置上❹：其一，作为提高生产力和减轻劳动负担的手段，技术服务于人类对自然的干预；作为人的客体化和自我实现

---

❶ 许良．技术哲学［M］．上海：复旦大学出版社，2004：53.

❷ 许良．技术哲学［M］．上海：复旦大学出版社，2004：52-54.

❸ 马克思，恩格斯．马克思恩格斯选集：第 3 卷［M］．北京：人民出版社，2002：283.

❹ 格伦瓦尔德．技术伦理学手册［M］．吴宁，译．北京：社会科学文献出版社，2017：159.

的媒介，技术又是人与其自然本性媾和的一部分——马克思将其理解为人和自然同时实现的一场运动。其二，如同人作为自然之物的生命表现一样，劳动和技术可以在还原论的意义上被理解为纯粹的自然现象；同时由于人的社会特性，劳动和技术又显现出一种不可还原的社会和历史的意义。总之，这些复杂的思想观念及其关系结构，需要我们特别谨慎地对待，尤其是在面对已然成形的各式各样的技术理论和异化理论的时候。我们绝不能基于某一论断或目的而忽略马克思理论的其他方面，甚至是牺牲其理论深度和丰富性。我们应该结合当今技术实践来具体地发展马克思关于技术的观念。

当今的技术活动，在一定程度上可以说，被美国科普作家蕾切尔·卡逊（Rachel Carson）所撰写的《寂静的春天》真切地描绘了出来。[1] 在那里，她表达了一种对剥夺自然特性和自我价值的土地过度利用活动的深切忧虑，她传递给我们一个重要信息，即整个人类"从客观上"已经在扮演一个糟糕的角色。在整体上，《寂静的春天》就是对弗朗西斯·培根"控制自然"之迷梦的棒喝，对所谓人类现代性事业和"西方理性化"过程的一种反思。培根极力捍卫由科学、技术和生产构成的人类工程，他认为，物质生活条件的改善理应会带来道德生活状况的改善，因为如果匮乏和困境得以减少的话，那么宽宏大量、心系他人和助人为乐就会蔚然成风。但事实上，这种早在文艺复兴时期就已经开始起步的西方理性化进程并未如愿地给人们带来美好生活，反而导致了一系列恶果，至少造成了对大自然规模越来越大的利用和过度改造。为了改变这样的局面，约纳斯认为，我们必须抛弃培根式的理念——"自然"与"技术"是对立的，"人"是它们的主宰者，必然要肩负起对人类自身（作为一种可预见且不可逆转及全球化文明）未来的继续发展所不可推卸的高度责任，使"自然"和"技术"在概念上联系在一起，并以之为出发点来开拓人类新纪元。更准确地说，近代工业社会以来的人类技术创新和应用，所牵涉的不是一种纯粹的自然现象，而是可做评判的人类实践活动。如今这样的探讨争论，发展出一种涉及如何对待"自然资源"、对待"自然"和"技术"的责任伦理学。总之，当今人们的技术实践活动，尤其是具体技术行为应该围绕伦理正义价值做出目标和

---

[1] 卡逊. 寂静的春天 ［M］. 吕瑞兰，李长生，译. 上海：上海译文出版社，2007.

手段的调和。

在一般理论关系上，我们认为，"技术正义"概念占据了那些伦理正义价值的核心位置，因为它与"科技异化"紧密联系在一起，将人、技术和自然共生和共同进化的和谐发展理念展现了出来。它们所要回答的问题主要包括：当今技术到底应承担什么样的任务或应具备哪些功能，什么情况下正义权衡是必不可少的，技术对人类历史和文化进程的特殊贡献是什么。所有这些问题围绕的并不是单个技术产品和方法的功用，而是要处理抽象意义上的与"技术相关的"多重理论关系。比如，人们可以从哲学人类学角度或从社会学和经济学的层面抽象地给予某种解释，以及赋予"科技异化"以相关理论和学科的特定内涵。"通过异化劳动，人不仅生产出他对作为异己的、敌对的力量的生产对象和生产行为的关系，还生产出他人对他的生产和他的产品的关系，以及他对这些他人的关系"。❶ 更为明确地说，若从克服当今技术时代所带来的各种具体问题出发，那么"技术正义"就是人类多种理性和价值按照特定方式的抽取与组合，是以整合的形式贯穿科学技术活动中的人类的特殊实践。即它是一种追求合理性、规范性、有效性、功能性、理想性和条件性的人类智慧、能力和责任之体现，与此同时，它还不断形塑着扎根于人类物质需求及人对自然界永恒依赖的实践理性和技术精神。

在这样的当代理解中，"技术正义"观念一经产生，便带有普遍论和理想主义的特质。然而，这样的当代理解尽管赋予人类技术实践以崭新的维度和意义，但其来有自，并且具有深远厚重的思想根基。一般而论，我们可以在古希腊哲学里寻根溯源，发现并总结出先贤们关于技术的微言大义。对此，我们将在接下来的章节予以阐释，并将着重解释如何形成了本书所谓"技术正义导向下的科技发展"，或者说怎样为"科技异化法律治理"提供了一种观念史上的理论基础。在这里，我们在强调技术是一种塑造性力量的同时，也毫不否认，它的确又是一种对人的限制以及人的发展可能性的条件。基于此，本书所谓"技术正义"与"科技异化"之一般理论关系的主要内容，其所涉及的不仅是技术本身，

❶ 马克思，恩格斯. 马克思恩格斯选集：第 2 卷［M］. 北京：人民出版社，2002：276.

更重要的是对与技术打交道，以及对技术的后果和掌控的伦理学反思与法学或社会学治理之检讨等。这样做的主要目的则是，按照理性论证的标准尺度，重建技术评价和技术决定的标准背景，以求通过此种方法来树立经得起反思和契合当今技术现实的价值、责任和规范，最终形成一种技术文化。进一步讲，只有当人们在使用技术时，知道如何恰到好处地运用规律（如自然的、物理的）和规范（如工程的、行为的），才会呈现出一种同技术打交道的文化：不仅包括把与"技术相关的"那些可接受与不可接受的区别对待，也将与"技术相关的"可为、能为与勿为进行对比考量，还包括将理论与实践谨慎地加以甄别。总之，一场关于技术的伦理学、法学和社会学等方面的讨论是必不可少的。这些讨论应当深入"技术本身"和具体的技术过程中，检讨当今技术发展的新特征、提出的新问题。

技术和其他事物一样，具有正面和反面作用。技术可以减少人类体力劳动的消耗，使劳动卓有成效，但是，它也引起了人类的饥饿和人的过度疲劳；技术可以成为财富创造的新源泉，但是，它也变成了贫困的源泉。因此，技术的节节胜利，似乎是以道德的败坏为代价换来的；技术的进步标志着人类控制自然的能力日益增强。但是，在技术的支配下，个人似乎又沦为别人的奴隶和自己的奴隶；科学技术的纯洁光辉没有驱除愚昧无知的黑暗；一切技术发明和进步，造成了人的异化状态，即物质力量变成了对人的生命的统治，而人的生命反倒被物质力量所支配。关于技术、技术正义与科技异化的探讨，我们至少应当在这个问题上达成共识，即技术是属人的，科技的进步应该服务于人的自由而全面发展。当技术的不当使用导致科技异化时，思想道德、社会伦理、法律规制等围绕人的存在意义的治理举措便随之而来，其目的是人能够更好地利用技术服务自身的全面发展。

第二章　科技异化法律治理的理论衍化

正如人类文明的许多重要成就一样，西方科学技术的思想渊源也可以溯源至古希腊。作为西方文明的发源地，广义上，古希腊的哲学活动孕育并萌生了关于人类科学技术的早期思想观念。对此，恩格斯曾严肃地指出："在希腊哲学的多种多样的形式中，差不多可以找到以后各种观点的胚胎、萌芽。"❶ 英国诗人雪莱曾经赞颂道："我们全是希腊人的；我们的法律，我们的文学，我们的宗教，我们的艺术，根源都在希腊。"❷ 不过，一般而论，在文艺复兴之前的时代，系统反思人类制作或制造活动的理论并不突出，"在古人看来，制造，哪怕是艺术形式的制造，往往都是有害于德行的。它不利于追求最高的善，因为它所关注的是物质现实。唯一能为技术革新辩护的是贫困和军事需要。人们并不认为制造活动有助于我们理解人的生活目的或者关于存在的第一原理。"❸ 由此来看，若要全面把握科技异化法律治理问题，我们至少需要从理论渊源与理论形态上来细致分析关于技术问题的历史观念或者说理论演进。在很大程度上，这样的分析既要梳理哲学史，又应考察技术发展史。

第一节　科技异化法律治理的理论溯源

与形而上学、伦理学和法学这些学科的重大论题相比较，技术作为广义哲

---

❶ 恩格斯．自然辩证法［M］．北京：人民出版社，2018：287.

❷ 拉尔夫．世界文明史：第1卷［M］．罗经国，陈筜，莫润先，等译．北京：商务印书馆，1987：143.

❸ 米切姆．技术哲学［C］//吴国盛．技术哲学经典读本．上海：上海交通大学出版社，2008：21.

学的反思命题在整个西方哲学史上常常只是被轻描淡写地一笔带过。当代美国技术哲学家米切姆甚至认为，西方近代早期才开始对人类制作或制造活动进行系统反思。❶ 个中缘由，不外乎是在古希腊哲学传统里，与被称作"理论活动"（theoria）的对真实知识的精神探索相比，技术本身是与技艺（techne）、制造活动（poiesis）以及在某种程度上受轻视的"大老粗的"（banausoi）手工业有关的。例如，柏拉图在其《政治家篇》里曾轻蔑地指出，没有一个有理性的人会为了织物的构造而去研究织物的构造。❷ 也就是说，至少自柏拉图始，古希腊哲学似乎就在明确贬低与具体技术相关联的技术思想，甚至认为其根本没有继续思考的价值。吊诡的是，柏拉图也郑重指明，解释织物的构造完全可以当作解释困难的理论问题之模式来运用。由此，他开拓出一种方法论的模式，形成了许多实例，它们一并造就了对技术的传统细致分类和认识，正是这种认识历史性地将人的手工和智慧的能力都归纳到技艺（techne）概念之中。❸ 在这种意义上，我们可以说，柏拉图把"技术"纳入"人的能力"，这也是"人的技术存在"这一观念的历史渊源，它们一并构成了本书以"人类是技术的产物"为基本问题导向的所谓科技异化及其法律治理（规制）问题的最初理论形态。

一、关于"知识"与"技艺"的哲学之思

技术与人类始终相伴而生。通常，人们会根据不同的技术来标识历史分期。比如，在人类漫长的史前时期，从出现人类到石器、红铜器的使用来标识新旧石器时期，继而以青铜器和铁器等为主要标志进行历史分期，等等。事实上，自有文字记载的历史始，技术对人类社会的发展越来越具有不可估量的巨大作用。特别是近代科学诞生后，技术对人类社会的改造愈加全面而深刻，其造就的人类社会文明日新月异。接踵而至的当代科技革命，在某种程度上促使人们扭转了思考方向，不得不去系统反思——人类是技术的产物，就像技术是人类的产物一样。这些反思既与当代科技特性密切相关，也与当代广义哲学（包括

❶ Carl Mitcham. Philosophy of Technology［C］//Paul T. Durbin. A Guide to The Culture of Science, Technology, and Medicine. The Free Press, 1980.

❷ 柏拉图. 政治家［M］. 黄克剑，译. 北京：北京广播学院出版社，1994：75.

❸ 颜厥安. 法与实践理性［M］. 北京：中国政法大学出版社，2003：314.

技术伦理学、法律治理理论等）的基本发展趋势保持内在一致。换言之，由于当代技术涉及对物体进行科学制造，并且以物质的方式调节道德决定、塑形道德主体以及在道德能动性方面发挥着重要作用❶，所以对技术的哲学反思，即本书所谓"科技异化"问题，同时会涉及理论与实践两个基本层面的描述和理解。本章节主要阐释"科技异化法律治理"的理论演进，首先谈的将是其理论渊源问题。

肇始于古希腊的哲学传统，尽管并未专门就技术问题做出过深入思考，但它提供了思想雏形。一般而论，连同本书所谓关于科技异化的法律治理学说，或者说广义的技术哲学，也不曾在整个古代思想观念史上占有过一席之地。这种轻视技术的哲学态度和观念始自苏格拉底，发展于柏拉图，成形于亚里士多德。在古希腊哲学里，从苏格拉底起，技术就被认为是一种缺乏内在性的东西，并因此被贬低、被忽视。"理性主义兴起于希腊民主政治热烈论辩的土壤之中。讨论、辩论、争论是否没完没了？是否'公说公有理、婆说婆有理'？苏格拉底一反智者们为辩论而辩论的风气，要把辩论引向一个崇高的目标，在那里道理显明而又有约束的力量，并且这种力量并不来自你的能言善辩，而来自道理'自身'。道理显明地拥有'自身'，因而'自足'、'自主'、'自律'。这就是本质世界的'内在性'原则，而满足内在性原则的'自身'就有规约性的力量。"❷ 由于缺乏自身固有的目的，在某种程度上，技术就被古希腊的先哲们认定欠缺"规约性的力量"，很长一段时期以来，它都未能成为广义哲学的重要反思对象。

尽管如此，柏拉图在《普罗泰戈拉篇》中还是试图通过援引神话——普罗米修斯盗取上帝技术（火种）——来回答，人类为什么要拥有技术，进而为我们提供了一个文明产生的理论，附带着他关于工匠与技术的管控理念。柏拉图借普罗泰戈拉的口述版本之普罗米修斯神话指出，"普罗米修斯看到的'是一群赤身裸体光着双脚、一丝不挂和手无寸铁的人类'。为了拯救他们，普罗米修斯

---

❶ 维贝克. 将技术道德化：理解与设计物的道德 [M]. 闫宏秀，杨庆峰，译. 上海：上海交通大学出版社，2016：18.

❷ 吴国盛. 自然的发现 [J]. 北京大学学报，2008（2）：57-65.

'除了火之外还抢来了赫菲斯托斯充满艺术和智慧的雅典娜'。作为被神造就的这样一个'一无所有的生灵'，人类需要技术的手段来弥补自己的缺陷。这样，人类就以这种方式得到了生存必需的技术智慧，并从此脱离对神的依靠，开始进行发明创造的工作。"❶ 迄今为止，这种视技术及其制成品乃是弥补人类身体缺陷、保障在生存搏斗中得以幸存之必要条件的观念，仍然非常具有代表性，屡见于诸多学者的著述当中。与此同时，除了阐释人类为什么要拥有技术之外，柏拉图还借助荷马史诗《伊利亚特》中的天神"工匠"形象进一步界定了技术概念——从发明创造的原动力来说，技术乃是"成功的发明创造"，人类的技术能力被设计成一种犹如神力相助的奇迹；与此同时，技术也被称作"制造灾祸的技术"，可被居心不良者为了邪恶的目的所滥用。即至少在柏拉图那里，古希腊技术概念本身就具有了双重性，包含相互冲突的因素。柏拉图还认为，人们应该用知识和能力去做工并把工作做成功，在特定情况下应该优化地运用自己的技术知识，这样就能够在工作中实现自己的技术行为，技术就发展成以成功为目标的能力和系统性的知识了。在这里，柏拉图开创性地把"人的能力"纳入技术概念，并把技术与技术行为区别看待，这具有十分重要且深远的伦理学意义。

举例来说，在对话《高尔吉亚篇》中，柏拉图强调指出，对于一项技术来说，重要的是能够解释它为什么要做某件事。这就是说，一项技术的伦理学意义特别重要。"虽然医药和烹饪都是为了人的身体健康快乐，但是后者只是讨口舌的一时之快，所以成为非技术的和非理性的雕虫小技。技术乃是以做善事为目的的，而非以舒适以求欲望的满足。"❷ 进一步来说，除了以做善事为目的来掌握技术之外，柏拉图还十分在意人们是否用智慧来说明技术行为中的"正确"与艺术上的"优秀"之间的区别。对此，我们不仅应当从伦理学上来理解，也尤其应当从技术标准的角度来理解。与此同时，结合柏拉图所揭示的手工技能与技术的系统性质来看，他实质上提出了应当对技术行为进行分类，并根据不

---

❶ 格伦瓦尔德. 技术伦理学手册 [M]. 吴宁，译. 北京：社会科学文献出版社，2017：143.

❷ 格伦瓦尔德. 技术伦理学手册 [M]. 吴宁，译. 北京：社会科学文献出版社，2017：148.

同类别的性质进行优劣区分，从而在某种程度上实现对技术的评价与规约。例如，至少从思想的位阶高低或者说重要性上来看，在《理想国》中，柏拉图把理念放在本体论的最高位置，工匠的制作物其次，艺术家的作品作为对制作物的模仿最次。❶

在柏拉图思想的影响下，亚里士多德真正为技术理论奠定了基调。一般而论，古希腊哲学传统里的诸多观念几乎都可以追溯至亚里士多德。其中，他对"自然的"和"人工的"这两个概念所做的区分蕴含了技术概念的要义，即自然之物本身载有自己产生和变化的内因，所以是"变化而来之物"，而技艺（techne）指的是人在制造活动（poiesis）中，以人工的方式制作出来的东西。更准确地说，在其《尼各马可伦理学》中，亚里士多德开篇就把人类活动形式或者说人类知识做了三种基本分类：理论知识或科学知识、实践智慧（实践知识或明智、审慎）以及技艺（技能或生产的知识、制作的知识）；"每种技艺与研究，同样地，人的每种实践与选择，都以某种善为目的。"❷ 在这里，值得注意的是，亚里士多德把与选择决定相关联的实践与技艺（技术能力）做了泾渭分明的区分。一是在狭义的实践行为上，目的存在于行为本身之中，即行为就是目的本身；二是技术能力的目的是要制作出一件产品，并以之为其他目的所用。他甚至明确指出，应该把与理性相联系的手工制作行为单独区分出来，因为道德行为与手工制作不可混为一谈。简言之，亚里士多德关于理论、实践和制作的三分法，为其自身研究科学、人的行为能力、理性形式和生活方式等内容构建了框架，也为后世哲学奠定了思想基调、提供了思想渊源。

尽管对手工制作等问题仅有只言片语的论述，但大致来说，与蜂巢或白蚁穴相比，亚里士多德认为，人的技术或者说作为人的活动后果及形式的技术具有多个层次的丰富含义❸：首先，技术与包含关于普遍事物原因的知识相关。例如，在其《形而上学》中，亚里士多德认为，经验的能力产生自对一种事物的许多印象，因为这种经验能力，人们才有可能去认识新的个别事物，去进一步

---

❶ 吴国盛．自然的发现［J］．北京大学学报，2008（2）：57-65.

❷ 亚里士多德．尼各马可伦理学［M］．廖申白，译注．北京：商务印书馆，2003：1.

❸ 格伦瓦尔德．技术伦理学手册［M］．吴宁，译．北京：社会科学文献出版社，2017：140-150.

了解与之相关的普遍事物及其原因；而这种系统的关于原因的知识构成了技术作为技术学的科学特性。其次，技术所涉及的是可能的事物，即一切可能有其他形态的、可塑造的东西。亚里士多德认为，"所制作产品的原因的知识"使指导型的工匠（相当于今天所言的工程师）有别于一般的工匠。后者"如同一些无生命的物体，他们尽管能制造出东西，但是不知道是什么东西……只是出于习惯罢了"。但是，由于一个技术活动的成果建立在为相关的个别事物选择正确方法的基础上，所以，有经验者要优于无经验的。由此，从对普遍事物了解的方法中就产生了与科学的区别（科学所涉及的是必然事物不变的存在，并且是一种归纳或演绎角度上的"证明式的行为"），而技术恰恰与之相反。最后，除了自然和偶然之外，技术在三段论方面被证明是变化的原因。按照亚里士多德的看法，自然造就与人为制造的物品的构造问题是相互重合的，但两者的区别在于变化的起源之中：前者存在于自然事物本身之中，后者存在于被制造的物体之外，其方式是制造者心灵中的形态。另外，与柏拉图从技术标准方面提出对技术进行评价与规约不同，亚里士多德认为，技术工匠就是本体论上唯一的（技术）发生本源，并且应为其创造的物体担负全责；技术理性应当和道德理想一样处在同等的智慧层面；因技术产品特性，技术理性总是服务于外在目的，因此处于服从道德行为善良目的的附属地位。

　　总结而言，古希腊哲学对技术问题，大致来说，持一种不信任的态度。在思想渊源上，它为后世探讨"人的能力"与技术的关系、"自然的"与"人工的"之区分、技术概念的双重性、技术知识的性质以及技术行为的伦理学意义等提供了基础性线索。但就关于技术问题的法律治理来说，除了古希腊先哲们只言片语的论述外，还谈不上存在治理理论之渊源问题，至多存在关于手工活动及其制成品的标准问题、关于手工业者责任问题的阐释而已。这里的原因，不外乎古希腊在技术发展水平上尚处于手工业活动的早期阶段，在伦理与法律的认知区分上尚处于未完全区别的思想状态，尤其是在思想权威上，人们服膺于亚里士多德所指出的，制造活动并不会有助于我们理解人的生活目的或者关于存在的第一原理。

　　历史地看，由于古希腊文明区域内并不存在能够管辖其全境的最高政治权力，因而不存在能够统一适用于整个希腊全境的法律体系。然而，古希腊各城邦之间因宗教、语言、制度、风俗、观念等存在一致性，它们的法律也有诸多共同之处。其中，公元前 594 年雅典城邦的梭伦立法改革，特别就商业、手工业的发展给予了法律保障，如鼓励传授技术、准许外邦手艺人居住在雅典等举措，推动了工商业的发展。新兴商业贵族梭伦的立法改革，可以说是代表了古希腊时期关于广义技术问题的最高法律治理成就。总之，若与古罗马法之于后世法律的影响相比较，古希腊的法律似可忽略不计；但与古希腊哲学一样，古希腊法律更重要的是呈现了被视为光照后世的希腊哲学思想方法。

形成于近代的启蒙哲学，在对古典思想的批判与对进步主义的阐释过程中，为技术问题尤其是科技异化法律治理问题提供了真正的思想渊源。在古希腊人近乎循环的历史观下，并没有产生一种包含特定发展方向的进步观念。直到中世纪基督教神学才成就了救世意义上的创世观，同时开始把技艺看成一种对理智的运用（即便它最终是"多余的、危险的和有害的"）。套用圣奥古斯丁（Saint Aurelius Augustinus）的话来说，"这种理智的敏锐性已经达到极高的程度，它揭示了我们被赋予的人性是多么丰富"，"人的技巧已经取得的进步和达到的完全程度"也显示了神的慈爱。❶ 而托马斯·阿奎那（Thomas Aquinas）则在其《神学大全》里指出，随着时间的推移，人的知识会不断增加，因为一门科学创立者的知识和认识必定是有缺陷的、能改进的。在某种程度上，古希腊罗马之后，人们"正是通过前文艺复兴时期对亚里士多德思想的再引入才产生了自然或科学的思想。但是，亚里士多德作为现代科学早期的主要人物这一事实本身被倒置了。简而言之，现代科学的早期发明家们钟情于自然科学，然而后期却转向另一主题，即反对亚里士多德"。❷ 总之，经由中世纪的神学阶段以及文艺复兴时期之后，在批评古典思想与阐释进步主义观念的同时，科学不断发展与成熟，各个学科之间也变得可以相互区分并最终脱离开哲学本身，或者说，它们在广义启蒙哲学里得以进一步拓展与深化。

众所周知，近代是人类历史上科学发现和技术发明的高峰期之一。人们开

---

❶ Carl Mitcham. Philosophy of Technology［C］//Paul T. Durbin. A Guide to The Culture of Science，Technology，and Medicine. The Free Press，1980.

❷ 伊德. 技术哲学导论［M］. 骆月明，欧阳光明，译. 上海：上海大学出版社，2017：10.

始信奉人的理性创造力是没有极限的，可以被毫无限制地提升；作为从人的自然本性中自生出来的"进步"，它成为使人朝着更好、更高和更完善方向发展的一种趋势，成了自我觉悟启蒙时代的标志。伊曼努尔·康德（Immanuel Kant）就把"人类不断进步的趋势看成……一个道德和实践的理性观念"。在康德看来，技术是一种"已获得的技巧"，是和人的理性能力相对立的一种"实践能力"；技术包含所有那些根据"单纯的机械法则"或"实用性的原则和规则"所进行的行为与活动，人也具有一种"技术的判断力"，它能够使人按照原则有目的地进行活动。❶ 事实上，先于启蒙时期的人文主义者罗杰·培根（Roger Bacon）在其著作里早就指出，印刷术、火药和罗盘的发明要比一切政治征服或哲学争论更有益于人类。他还力图消除人们对机器的恐惧心理；他反复引证，机器不是魔法，机器是自然原理的一种体现。相类似的，科技进步问题，在笛卡尔（Rene Descartes）那里，则表现为一种哲学思维——怀疑方法，其目的不仅是为了建立一种无可置疑的思想体系，而且要使人成为"自然的主宰者和拥有者"。大致来说，对于这一时期的人们，生活首先不再是"沉思"，不再是"正确的行动"，而是制造。一种将认识与制造紧密联系在一起的认识论，以及一种在人类福祉意义上重新评价制造活动价值的政治-法律哲学得到了不断发展。弗朗西斯·培根（Francis Bacon）就曾不遗余力地倡导重建科学，做出"一系列发明，在一定程度上征服和战胜人类的贫困和苦难"。他认为，人类将不再作为被动的观察者来看待自然，心甘情愿地让自然"自行其是"，而是应当利用自己的技艺和双手，迫使自然"离开其自然状态，对它进行压榨和塑造"，因为"事物的本性在技艺的挑衅下要比在其天然的自由状态中更易暴露出来"。就此而言，康德也深深地被培根打动，他甚至把培根的名言收录到了《纯粹理性批判》中。康德认为，重建科学和重新评估制造活动的价值，与其说涉及实际效用，不如说是人类的自我意识问题；把沉思的观察者当作理想，这本身就是一种幻觉；事实上，"理性只能洞察它依照自己的方案所产生的东西"，"换句话说，它不会让自己被自然牵着走。"这些内容恰如美国学者米切姆所指出的，"在启蒙运动统一科学与技术的纲领中，这种新的态度第一次走向了理论上的成熟，其实际

---

❶ 许良. 技术哲学 [M]. 上海：复旦大学出版社，2004：21.

成果便是工业革命。"❶

随着科技逐渐成为主导工业革命、经济和社会发展的支柱性力量，启蒙哲学进一步把人从大自然和其他外部力量的束缚中解放出来，造就了世俗技术进步观念。这种普遍进步观念表明，它自身既是对历史过程的累进式解读，也是对每一个问题都有一个自然科学和技术的解决方案的坚定信奉。即不断增长的对自然的认知，取代了传统的和宗教捆绑在一起的且绝大多数是书面记载的知识权威，并代之以实践经验的知识；人们向大自然提出问题，尽管——如同弗朗西斯·培根一样——这都是一些实验室条件下的问题，目的就是要让大自然交出它的秘密；对自然的驾驭带来了众所周知的人类生存环境的改善，从卫生条件到人的寿命，最后到一定程度的文明的舒适性和安全性。简言之，技术进步，被视为历史发展的一种趋势；而技术持续进步，毋庸置疑地成为一种影响至今的信仰体系。正如恩格斯在《致瓦·博尔吉乌斯》中强调的那样："社会上一旦有技术上的需要，则这种需要会比十所大学更能把科学推向前进。"❷

总结而言，启蒙时代人们对待科技的态度是积极乐观的，形成了延续至今的进步主义观念与信仰。尤其是这一时期技术的发展越来越能与大学教育结合起来，同时，科学也不再只是一种贵族们自得其乐的活动，更肩负着让真理之光照亮愚昧的使命。正如德尼·狄德罗（Denis Diderot）在其《百科全书》里指出的那样："你知道的，就去传播；你不知道的，就去探索。"启蒙时代，可以说是一个"科学传播"的时代，也是科学的社会化和大众化的重要历史阶段。进一步讲，启蒙哲学中的普遍进步观念，从实际效用的角度看，主要被用来以标准化的尺度评判科技的发展；从方法论的角度看，任何技术进步都离不开技术评估，而评估方法会涉及价值，如健康、安全、使用方便、成本低等，这些价值必须转化为具体的标准和指示单位以对技术本身的作用做出评判。概言之，随着近代科技的发展，近代西方国家纷纷设立或完善了手工业行会、科学小团体、政府支持的学会或科研机构等，也在不断尝试建立对技术的评判方法、组

---

❶ 米切姆.技术哲学［C］//吴国盛.技术哲学经典读本.上海：上海交通大学出版社，2008：5.

❷ 恩格斯.自然辩证法［M］.北京：人民出版社，2018：162.

织机构和工作机制。这些努力一方面表现在人们不再试图勾勒包罗万象的知识图谱，而是更趋向专业化，比如"在学科建制上也是类似，各门学科不再被认为隶属于某个统一的体系，无论如何，没有哪个人能掌握所有的知识。学者们致力于每一个具体的专业学科制定规范，而不再关心知识的整体系统。科学从此日益专业化，以至于成为名副其实的'分科之学'"❶；另一方面，无论是专业学科规范还是行会内部规章，在大多数情况下，所依据的标准规则与评判者的利益倾向脱不开干系。历史实践表明，价值与利益始终处在有争议的关系之中。因此，法律治理成为不可取代的解决方案：由于相应的标准代表着不同利益的冲突，所以在价值和标准层面的优先治理方案上，遵从某种单一的价值伦理观念往往会于事无补、会制造更多麻烦，而践行一套法律（伦理）原则——比如，权利特许转让原则、行会章程自律原则以及尊重习惯与判例原则——越来越被证实促进了科技本身的发展。这就意味着启蒙哲学开启的理性之光，在很大程度上为所谓"科技异化"问题的法律治理提供了真正的思想渊源。

　　成熟于 20 世纪的技术哲学，在理解人、技术以及自然三者的关系方面，为科技异化问题的法律治理提供了成熟且多元的理论渊源。历史地看，技术的发展自 19 世纪以来很快被科学化，尤其是在那些新开设的、拥有自己的培养课程以及后来可以攻读博士学位的应用技术高等院校里。科学化使知识的系统汇集、知识传授的根本改善和对新技术可能性更加有效的研究成了可能。我们也注意到，在 18 世纪初的欧洲，天主教地区的大学主要还在讲授亚里士多德的自然哲学，而在新教区，笛卡儿的机械论哲学普遍取代了亚里士多德主义，但仍然是一种思辨的、描述性的、追问原因的自然哲学风格，而没有引入数学和实验。直到 18 世纪末，牛顿的以数学分析为主的经典力学才在大多数地方取代了亚里士多德和笛卡儿的自然哲学。在整体上，"那时的哲学有自己的不同细分学科，可以明确地从哲学学科或其他许多学科中区分开来。类似地，在科学中也有明确区分的学科，尽管这种情况相对于 20 世纪来说要少很多。但是，哲学因承袭其传统性与全面性的宗旨，所以能够继续对其他任何学科进行分析或批判，这

---

❶　胡翌霖. 过时的智慧：科学通史十五讲［M］. 上海：上海教育出版社，2016：196.

样也就出现了'……的哲学'繁衍的局面。"❶

　　以技术哲学来说，米切尔认为，真正意义上的技术哲学开始形成于近代启蒙批判哲学。他指出❷：卢梭在《论科学与艺术》（1750 年）一文中，批判了一种启蒙运动思想，即科技进步可以将财富与美德统合起来，从而自发地推动社会进步；若要实现启蒙运动所倡导的进步乐观主义，需要将美德重新解释为力量或者一种古代的理想（没有被人造物和文明习俗掩盖的近乎自由的天真或单纯）；由于文明是虚伪的，是对真正自由的剥夺（所谓真正自由，就是个人真正按照自己的内在现实而行动的自由），所以我们必须予以批判矫正，技术问题同样如此。与卢梭的观念——文明败坏了人的真实本性——相联系，米切尔还指出，在相近的意义上，马克思认为资本主义这种特殊形式的文明败坏了现代技术。"技术在资本主义形态下被束缚住了，无法达到其真正目标。资本主义的技术是不可靠的和不自由的。要想使它达到真正的目的，即人的解放，就必须把技术从其社会枷锁中解脱出来。"❸ 正如马克思所说，"资本的躯体可以经常改变，但不会使资本有丝毫改变"，❹ 资本是塑造当今社会科技异化的关键力量。由此可见，在理论渊源及其演进上，对技术的社会-政治批判已经相当成熟且成了广义哲学的重要组成部分。与之不同，关于技术的工程-分析批判，这一流派的哲学繁衍则具有另一番局面。

　　德国技术哲学家、新黑格尔主义者恩斯特·卡普（Ernst Kapp）于 1877 年完成了《技术哲学纲要》，不仅对技术工具进行了哲学上的细致考察，而且思考了技术的人文含义或文化含义。卡普所言的"技术哲学"之繁荣，特指从工程角度捍卫这一行业，以免其遭受浪漫主义传统的敌视，即通过对工程经验进行

---

❶ 伊德. 技术哲学导论 ［M］. 骆月明，欧阳光明，译. 上海：上海大学出版社，2017：13.

❷ Carl Mitcham. Philosophy of Technology ［C］// Paul T. Durbin. A Guide to The Culture of Science，Technology，and Medicine. The Free Press，1980.

❸ 米切姆. 技术哲学 ［C］//吴国盛. 技术哲学经典读本. 上海：上海交通大学出版社，2008：6.

❹ 马克思，恩格斯. 马克思恩格斯全集：第 1 卷 ［M］. 北京：人民出版社，2009：725.

认真的思考，力争使其与工程实践的社会内涵协调一致。❶ 然而，近百年以后，科学哲学家马里奥·邦格（Mario Bunge）认为，"技术哲学对其研究的对象不仅仍然不够成熟与确定，而且没有足够的能力去探索其自身所有可能性的全部范围。这一未被发展的学科表明了这样的事实，即截至目前还没有一位哲学家真正触及其核心或写有技术哲学方面的重要论著。"❷ 对此，唐·伊德认为，邦格的断言或有夸大其词的嫌疑，但也的确存在某些理由❸：一段时期以来关于技术问题的哲学思考，表面上的确热闹非凡存在多元理论竞争局面，实质上却存在理论取向单一的情形，即它们几乎完全把科学视为驱动和发展技术科学（tech-nosciences）的"发动机"（motor），坚信所谓现代的技术不同于任何古老的或传统的技术。尽管如此，我们有理由相信，直到 20 世纪，技术才算是真正成为哲学关注的对象，并且技术哲学是在多元理论竞争中逐步发展成熟的。

　　大致来说，19 世纪是哲学与科学之间相互分离与区分的时期，而 20 世纪的历史已经表明，科学取得了巨大成功，并且占据迄今为止其他任何学科都不曾有过的支配地位。科学"既开始服务于一系列的'应用性'学科，又被涉及工业革命的发展中。科学中的电磁学现象的发现及其相关技术的应用，使得人类社会在 20 世纪进入电气技术时代。新出现的化学学科，在德国激起了各种从废墟中产生的技术。这在 20 世纪后期，开始逐步形成了工业与企业的大科学模式。"❹ 在唐·伊德看来，伴随着科学的成功，20 世纪中期欧洲–英国–美国哲学形成三大竞争思想派别，即现象学（phenomenology）、实证主义（positivism）和实用主义（pragmatism）这三种风格的哲学。❺ 它们都对形而上学深表怀疑，都认为科学和科学方法不仅被提高到了理性与批判性思维之上，而且在知识爆炸

---

❶　米切姆．技术哲学概论［M］．殷登祥，曹南燕，等译．天津：天津科学技术出版社，1999.

❷　Bunge M. Five Buds of Techno-philosophy［J］. Technology in Society，1979（I）：68.

❸　伊德．技术哲学导论［M］．骆月明，欧阳光明，译．上海：上海大学出版社，2017：16.

❹　伊德．技术哲学导论［M］．骆月明，欧阳光明，译．上海：上海大学出版社，2017：15.

❺　与唐·伊德的观点不尽相同，卡尔·米切姆明确区分了技术哲学的三种学派或传统，即西欧、英美、苏联–东欧三个学派，它们为技术哲学的广泛研究做出了重要贡献。

中展现了人类历史上从未有过的成功。简言之，不管是在现代传统中的科学崛起，还是 19 世纪与 20 世纪所反映的日益增长的技术化发展，技术认知哲学均得以实质性地发展。其中，德国的马丁·海德格尔（Martin Heidegger）和美国的约翰·杜威（John Dewey）是最具开创性的思想家。他们都主张，知识与实践或实践行为有着独特的关系，这种实践知识与技术直接相关，而用一种技术的方式去行动或观看其中的联系，就能形成典型且成熟的技术哲学类型。"二战"以后尤其是面对科技的负面现象，学者们表达了深刻的怀疑与担忧。举例来说，法国的雅克·埃吕尔（Jacques Ellul）和德裔美国籍的赫伯特·马尔库塞（Herbert Marcuse）的著述就相当具有代表性。在他们那里，技术被看作自发的、不受人类控制的，并且旨在成为一种综合化的形式。比如，埃吕尔认为，技术的崛起是一种思维取代了所有模式的前现代思维，但技术更多的目的是取代自然王国："技术已成为人类所需要的新的和特定的生存环境，即取代了旧环境——自然。"❶ 更准确地说，科技文化已经成功地吸收了自然，我们必须认真思考人、技术与自然之间的关系，这不是只去考虑单一现象，而是要考虑多方面的现象。例如，涉及各种技术性质的关系，涉及人类使用（设计或改善，或甚至丢弃）技术的关系或关系范围，涉及人类对技术在文化语境中整体的适应性与可塑性，等等。总之，面对现代科技在理解人、技术与自然的关系等方面，广义哲学从形而上学的高处降了下来，形成了以专门的特定问题为中心的哲学形态，如各式各样的技术哲学（技术伦理学）与技术法理论等。

总结而言，工业革命–机械时代出现的是世界航海、新大陆的发现和不同学科的兴起，而 20 世纪出现的则是高新技术的崛起，人们已经完全把科学技术视为人类社会发展的驱动力。事实上，20 世纪的绝大多数思想家与哲学流派都尤为关注技术问题。美国学者安德鲁·芬伯格甚至把这些关注称作"社会理论中的技术转向"。❷ 技术转向之所以发生乃在于技术直接关乎人的存在，正如马克思指出的那样，"工业的历史和工业的已经产生的对象性的存在，是一本打开了

---

❶ Jacques Ellul. The Humiliation of the world［M］. Eugene：Wipfand Stock Publisher，2021：23.

❷ 芬伯格. 技术批判理论［M］. 韩连庆，曹观法，译. 北京：北京大学出版社，2005.

的关于人的本质力量的书，是感性地摆在我们面前的人的心理学。"❶ 德国学者汉斯·约纳斯也意识到，当代技术的确开创了一个伦理学的新时代。

从法律治理角度来看，我们认为，当代技术语境里的科技异化问题首要的是须正视三个基本哲学判断。首先，当代技术表明"'人+技术'（human+ technology）将不仅仅取决于使用，而且取决于潜在的特殊技术力量，这些牵涉技术对人类开放的可能性的复杂关系。其次，目前的技术已经嵌入文化之中，不同的文化传统也将发挥作用"❷ 最后，就是如何结合两个哲学判断在法律规制上切入各种标准问题，比如，现代科技最明显的积极作用之一，就是人们开始理所当然地重视相对健康的生活标准。换言之，现代技术放大了其正面作用或负面作用，对其治理的标准化取向，不仅是公民基本权利的要求，也是立法机关和行政机关维护公共利益的诉求。在标准规范的意义上，现代技术法律法规的任务就在于努力为可持续发展的技术创新与应用提供某种可能性。这种标准化取向不仅对政策机关，而且对社会的当事者都是一种挑战。这一挑战主要在于，现代技术使普遍的道德责任和法律义务优先于个别责任和个人义务。这就意味着，一个从事技术开发的人或团队用来衡量一项技术成果的标准，不仅应该是这项成果是否服务于技术进步，而且应该是技术成果的应用，滥用的可能性，后果和附带后果能否由它的制造者、运营者、使用者以及全社会来承担责任。这样做的目的是参与者及受牵连者在现在和今后都能够负责任地对待这个问题。总之，如果说当代科技创造的问题比解决的问题多得多，那么我们从法律治理的角度对其进行深入、广泛的研究就相当有必要。这些研究的根据或者说理论渊源，依存于广义哲学上对人类制造工具与使用工具的性质和意义的描述与解释。即这些研究内容既需要我们考察技术的历史，也需要考察哲学史。

二、"技术史"论争与法治思维的介入

技术与人类的关系绝不是一个一目了然的、套用特定逻辑或从某些准则出

---

❶ 马克思，恩格斯. 马克思恩格斯全集：第 1 卷［M］. 北京：人民出版社，2012：152.
❷ 伊德. 技术哲学导论［M］. 骆月明，欧阳光明，译. 上海：上海大学出版社，2017：54.

发就可以阐释清楚的问题。它至少牵涉自身核心问题的变化和思维方式方法的转换，更准确地说，在关于技术问题的理论形态演化过程中，我们必须从全面、系统和整体的观点来对一系列问题进行深刻的哲学反思与探究，并做出合理的描述与解释。举例来说，马克思极其丰富而深刻的哲学思想，就是以其对技术、工业和以技术为基础的生活实践的深刻理解为认知前提的。他从历史唯物主义出发，始终从普遍联系、辩证发展的原理去考察技术问题。在马克思看来，"如果把工业看成人的本质力量的公开展示，那么，自然界的人的本质，或者人的自然的本质，也就可以理解了"❶。也就是说，工业生产、工业技术体现了人与自然的关系。在这里，马克思的核心问题就在于解释技术与生产（特别是生产资料的占有）的关系，把技术置于人与自然、人与人之间的关系的哲学框架里去研究技术的本质及其发展机制等。毫无疑问，关于科技异化的法律治理问题应该具有同样的问题意识，而非机械地套用某个观点。

（1）关于技术问题的理论形态演化，与技术史的探究直接相关。一般认为，作为一门专业学科的技术史，其起源可追溯至 18 世纪。这不同于源自古希腊的对"技术的沉思"而形成的广义哲学观念。1772 年，德国哥廷根大学的约翰·贝克曼（Johann Beckmann）创设了"工艺学"，其包括相当于今天的工程学与工程技术史两部分内容，通常这被视为技术史学科的开端。19 世纪后，德国还出现了一批技术史著作，如《发明的历史文稿》《技术史》《机械工艺史报告》《蒸汽机发展史》等，可以说，技术史作为一门学科最早是在德国形成并发展起来的。进入 20 世纪，技术史研究在许多国家开展起来。在技术通史方面，在英国帝国化学公司（ICI）的资助下，由牛津大学出版社用了 30 年时间出版的由查尔斯·辛格（Charles Singer）等人主编的《技术史》最为权威。法国学者莫里斯·多马斯（Maurice Daumas）编写的《技术通史》也有一定知名度。此外，还有大量技术专门史，如计算机史、航空史、航天史、兵器史等。在这些著述中，技术概念、技术与科学的关系、技术的历史分期及技术史研究的方法论等聚讼纷纭。实际上，技术哲学领域的情形大致相同。例如，海德格尔在其论文《技术的追问》里得出了一个宽泛的结论：在本体论上，技术领先于科学。也就

❶　马克思，恩格斯 . 马克思恩格斯全集：第 42 卷［M］. 北京：人民出版社，1979：128.

是说，他明确颠倒了主导传统的理论与实践中的科学与技术的价值观。❶

在技术的历史分期方面，学者们的看法可以说是五花八门。按照美国著名社会学家罗伯特·金·默顿（Robert King Merton）的划分方法，以近代 16 世纪开始的第一次科学革命为起始点，科学技术可被依次划分为"个人兴趣"为主（16—18 世纪）、"职业活动"为主（19 世纪至 20 世纪 30 年代）、"国家意志"为主（20 世纪 30—70 年代）以及"人类行为"为主（20 世纪 70 年代以后）四个发展阶段。❷ 按照牛津版《技术史》的划分方法，它涵盖自远古到 20 世纪中叶技术发展的历史，正文 7 卷每一卷都是一个相对独立的历史时期，如第一卷远古至古代帝国衰落、第二卷地中海文明与中世纪、第三卷文艺复兴至工业革命、第四卷工业革命、第五卷 19 世纪下半叶、第六卷 20 世纪（上）以及第七卷 20 世纪（下）等。❸ 日本机械史学家石谷清干认为，技术发展的根本动因是控制和动力的矛盾，由此他将技术的发展分为无工具、天然工具、工具制造工具、复合工具、机器、复合机器以及机器体系七个历史时期。❹ 中国学者姜振寰认为，将"主导技术"和"主导技术群"的更迭作为技术史分期的依据，可以划分为古代、近代与现代三个技术史的分期阶段。他的理由主要在于："构成自然界的基本因素是物质、能量和信息，而构成技术的基本因素是材料、动力和控制"；"'主导技术'之所以称为主导而不是主要，是因为其不但重要，而且具有时代的导向性和时代的统制性。由于任何技术发展绝非孤立的，围绕主导技术的发展，总会形成与之相关的一群技术，即主导技术群"；"在技术的基本结构中，材料技术、动力技术、控制技术诸因素在技术发展的不同历史时期所处的地位不同，达到的水平不同，三者间的这种不平衡性是导致技术发展中主导技术更迭的主要原因。"❺

---

❶　海德格尔．演讲与论文集［M］．孙周兴，译．上海：生活·读书·新知三联书店，2005.

❷　默顿．十七世纪英格兰的科学、技术与社会［M］．范巧年，吴忠，蒋孝东，译．北京：商务印书馆，2000：36.

❸　辛格，等．技术史［M］．王前，孙希忠，译．上海：上海科技教育出版社，2004.

❹　姜振寰．技术通史［M］．北京：中国社会科学出版社，2017：9.

❺　姜振寰．技术通史［M］．北京：中国社会科学出版社，2017：10-11.

总之，从技术史研究的内容上看，技术的定义是多样的，并且是非中立的，它内在地规定着技术史的研究方法及其价值取向。即不同的技术史分期蕴含着不同的技术哲学观，或者说它们本身就是对技术的重新概念化。这些技术史分期仍然在一个理想的理论过程中以某些技术特质为核心，其目标多是建立一个客观的、价值相对自由的以及需要经由推理演绎过程得到的真理。在一定程度上，这样的研究往往会忽略技术在科学建构和文化负载方面的内容，尤其是那些把所谓自然科学与技术科学区分开来的做法显然是大有问题的。对此，美国著名科学哲学家托马斯·库恩（Thomas S. Kuhn）在 1962 年出版的著作《科学革命的结构》（*The Structure of Scientific Revolutions*）里指出，真正的科学往往发生了用全新的对事物的构思方式取代早期概念的戏剧性革命，这种变革是以文化与理论的方式来看待的范式转换。❶他举例说，亚里士多德看到一个钟摆，会视其为一个有约束的例子，而伽利略则认为它是动量和惯性定律的一个例子。由此可见，科学与技术之间的确存在某种深刻而本质的联系。这些联系在理论形态上的表现及其演化，无疑取决于范式转换，或者说取决于核心问题的变化和思维方式的转换。

从这样的立场出发，我们认为，在总体上，尤其是在当代实践中，科学与技术是一种你中有我、我中有你的关系。事实上，当代许多学者根据布鲁诺·拉图尔的建议，已经习以为常地把相关的研究领域（如纳米技术和合成生物学）称为"技-科学"（techno-science）。❷这并不是在否定"技术比科学或哲学更古老"这样的观念，毕竟"技术向前可以追溯到史前时期——或许是两百万年或更前的——原始人类时期"❸，而是在主张当代科技是一个比以往任何时期更为复杂的实践，对它的描述与理解关键在于对技术本身性质的区分，"虽然都是制造和使用，但一种是传统的直觉技艺中所包含的，一种是现代科学的大

---

❶ 库恩. 科学革命的结构［M］. 金吾伦，胡新和，译. 北京大学出版社，2004：126.

❷ 拉图尔. 科学在行动：怎样在社会中跟随科学家和工程师［M］. 刘文旋，译. 上海：东方出版社，2005.

❸ 伊德. 技术哲学导论［M］. 骆月明，欧阳光明，译. 上海：上海大学出版社，2017：55.

规模生产过程中所包含的。"❶ 在这个意义上，一方面，当代技术与科学既是融合在一起的，又如马克思所言，技术自始就嵌入了更广泛的社会与政治生活实践；另一方面，当代关于技术史的分期与技术理论形态的演化问题，既应当是依据技术的工具意义，也应当关注技术的社会伦理价值与政治法律作用。申言之，作为一种社会进步和文化发展的重要因素，技术是人类的一项专门的实践，关于技术问题的理论形态演化，本质上是围绕如何认知"人-技术"的关系问题来呈现的，而不是简单地附随着人类历史上技术工具的革新与应用去变化的。

（2）关于技术问题的理论形态演化，大致可以区分为古代技术理论与现代技术理论两种形态。在很大程度上，这样的区分取决于我们如何理解由对技术的纯粹描述转向其内在含义。若按照米切姆的看法，它实质上取决于我们如何认识技术的本质。大致来说，技术本身就是一个历史性概念，而与之相关联的关于技术问题的理论形态，通常涉及技术的性质、技术与科学的关系、技术活动的结构、机器的本质、机器与人的区别等，诸如此类的可以称为广义哲学上的"认识论"或"形而上学"问题。米切姆进一步指出，"技术可以指称众多事物，从工具、装配线和消费品，到工程科学、官僚体制和人的渴望，都是技术的谈论对象。技术还可以以各种方式暗示属于这种事物的性质或关系。指称不同，得出的结论也不同。有些人可能认为技术首先是一种知识，强调它是中性的；而另一些人则把技术看作统治意志，坚持它是非中性的。在这里，分歧更多是出于概念的定义，而不是事实或论证。"❷在他看来，学者们关于技术的定义可区分为四种不同的基本类型：①技术作为客体；②技术作为过程；③技术作为知识；④技术作为意志。在我们看来，这些关于技术的特定含义，有着各种各样的具体用法，四种分类为考察关于技术问题的形而上学提供了一个方便的框架。具体而言，这些内容需要我们做出进一步的综合分析。❸

---

❶ 米切姆．技术哲学［C］//吴国盛．技术哲学经典读本．上海：上海交通大学出版社，2008：48.

❷ 米切姆．技术哲学［C］//吴国盛．技术哲学经典读本．上海：上海交通大学出版社，2008：48.

❸ 米切姆．技术哲学［C］//吴国盛．技术哲学经典读本．上海：上海交通大学出版社，2008：22-35.

拿"技术作为客体"来说，这一观点最接近常识看法。也就是说，视技术为特殊人造物，如工具、机器、电子设备、消费品等，这其实是一般常识观念。从古代开始，人们就习惯于把自然物与人造物区分开来。亚里士多德对此为后世奠定了基本认知方式方法。他指出，自然物是形式与质料的一种结合，其自身包含运动与静止的原理，而对于人造物，形式与质料则更为表面。到了中世纪，人造物由手动工具不断向人力器械扩展，使用马拉犁和风车后，畜力或自然力进一步取代了人力，机器的概念发生了转变。而现代的机器，与之前的受人力或其他自然力控制的工具截然不同，现代"机器便是一种'封闭的运动链条'或'阻抗物体的结合，旨在以某种确定的运动驱使自然界的机械力做功'"。在这些技术客体概念演化过程中，需要有某种本体论来说明技术的实在性。对此，最广为接受的观点，就是把技术客体理解成人体之延伸。例如，衣服是皮肤和毛发的延伸，弓弩是手臂的延伸，机器技术延伸了人的自身，电子媒介延伸了人的神经系统（人工智能在何种程度上是人脑的延伸，这存在不小的争议），等等。简言之，在米切姆看来，关于技术的思考表明，由纯粹描述转向内在含义接近技术之本质，这是一种理论趋势。由此，他认为技术可以方便地区分为古代技术与现代技术。许多学者的区分也恰恰佐证了这一点。例如，亚里士多德把技艺分为培育的和构造的，芒福德的有机技术和单一技术，海德格尔区分了"带出的"技术和"挑战"或"攻击"的技术，等等。

鉴于此，我们认为，关于技术问题的理论形态之演化，大致可以区分为古代技术理论与现代技术理论。更确切地说，古代技术理论是以手工工具和技术经验为主要对象，以"技术是人类活动的产物"为基本问题导向。在以手工工具为主要技术手段的古代，技术经验是重要的。从事技术的工匠经过师傅的言传身教，在长期的手工技术活动中习得某种技艺、技巧和技能。无论是否包含自觉或不自觉的科学原理，这些技术经验都需要长年积累，并且不同程度地明示或默示着"技术是人类活动的产物"这一命题。而现代技术理论则是以机器生产和科学原理应用为主要对象，它越来越趋向于以"人类是技术活动的产物"为基本问题导向。18世纪英国工业革命后，特别是19世纪电力技术革命以来，技术活动以大规模机器生产、自觉应用科学原理为主要特征，到了20世纪，电子技术、生物技术、原子能技术等所谓高新技术，其科学化程度已经十分充分，技术早已不再是技能和经验，而表现为科学原理在技术设计和技术工艺中的应用。与其说，"现代技术构成了一个利用物质系统，同时又是一个往其中注入新信息的行为系统，它按照在知识领域中科学研究所提供的模型，在行为领域中组织自身"❶，毋宁说，现代技术理论必须就"人类是技术活动的产物"这一命题给出明确的解决方案。这至少是因为"人的行为本质的变化"，即我们的行为可能性不断扩大，导致了科技进步新的作用和影响❷：之所以说其新，是因为这些作用和影响以一种至今"未知的彻底性""技术手段更高的效率"和一种"加快了的速度"，在越来越无法认清的程度上提高了行为的效力，并导致了对基本生活环境持续和大范围的危害。无可辩驳的是，如今人类已成了"具有地球意义的主动的系统元素"。未来本身也已经成了问题，即我们的未来在更加可塑的同时，也变得更加危险。之所以更加可塑，是因为人类通过自身的科技改变了世界，但同时比以往任何时候都成了"（我们）自己未来的制造者"。对此，我们给出的解决方案是遵循法治思维，以法治方式来化解技术问题。

（3）关于科技异化法律治理的理论形态，可以划分为"古代技术与法律规约理论"和"现代技术与法律治理理论"两种形态。显而易见，这样的划分与前述关于技术问题的理论形态演化存在某种一致性，但它们并不是针对具体技术内容的分类，即它并不是——①主要关注于具体技术的产生和发展，包括技术的本质、技术的结构及技术设计使用的问题；②主要研究技术发展的规律性、技术价值论等方面的问题；③主要探究技术与自然、技术与科学、技术与经济、技术与文化等跨学科问题——关于技术创新与应用问题的分类，尽管与此也有不可分割的内在关联。这样的划分在注重科学技术是人类社会变革的巨大力量的同时，旨在阐释技术活动方式将导致的异化现象及其治理的可能性。更准确地说，我们的划分是对技术行为的法律规制及其法律意义的一种理论反思。

在这方面，如果按照马克思的看法，我们应该始终把人与技术、人与自然之间的关系放到人与人之间的社会联系和社会关系中去考察与把握，应该研究

---

❶　拉特利尔．科学和技术对文化的挑战［M］．吕乃基，王卓君，林晓宇，译．北京：商务印书馆，1997：44.

❷　约纳斯．责任原理：技术文明时代的伦理学探索［M］．方秋明，译．香港：世纪出版社，2013.

社会现实，尤其是研究工业所展示的人与自然界、人与自然科学间的现实的历史关系。这至少是因为与工业相应的技术发展史及技术设备本身展示了人的本质力量。马克思指出，"工业的历史和工业的已经产生的对象性的存在，是人的本质力量的打开了的书本，是感性地摆在我们面前的人的心理学"❶。在唐·伊德看来，"马克思引入的第二个思想贡献是，直接将哲学与技术联系起来。也就是在各种物质力量中，需要根据物质的生产方式来反映思想，反过来说，思想也是由技术来塑造的。在这里，技术现象开始以一种积极的方式进入哲学思考的领域。"❷ 总之，我们关于科技异化法律治理的理论形态之划分，并不是无视技术（科技异化）问题本身的复杂性，而是意图遵循马克思的某些思想，来描述与解释技术是如何制造新世界以及总结概括人们在化解广义科技发展（异化）问题上的理论形式。

进一步来讲，技术活动一直嵌入在更为广泛的社会与政治生活实践中。在马克思看来，我们应该把技术视为一种在政治社会维度引发重大问题的现象。例如，在早期的封建手工业制度下，劳动者的整个生产过程与其劳动付出密切相关。但在工业生产制度下，工人被异化了。从整个产品的生产过程来看，工人并没有在生产过程中得到其应得的回报。也就是工人在物质生产的过程中与其所获得的物质奖励之间都被异化了。这种异化现象与具体的生产过程及各种生产状态有关。在这种意义上，马克思认为异化是对人的本质的扭曲。"人的本质就是制造本身，人的本性是在劳动中实现的。但是，资本主义经济制度抹杀了这种可能性。"❸ 或者用马克思自己的话说，在资本主义制度下，"所有这一切后果都源于这样一个事实：工人同自己的劳动产品的关系就是同一个异己的对象的关系。"❹ 对于如何才能化解异化恶果，恩格斯指出，单单"认清我们的生产活动的间接的、比较远的社会影响"，并采取相应的措施去支配这种影响还

---

❶　马克思.1844年经济学哲学手稿［M］.北京：人民出版社，1979：80.

❷　伊德.技术哲学导论［M］.骆月明，欧阳光明，译.上海：上海大学出版社，2017：29.

❸　米切姆.技术哲学［C］//吴国盛.技术哲学经典读本.上海：上海交通大学出版社，2008：36.

❹　马克思.1844年经济学哲学手稿［M］.北京：人民出版社，1979：54.

远远不够，"还需要对我们现有的生产方式，以及和这种生产方式连在一起的我们今天的整个社会制度实行完全的变革"❶。这些思想观念有待我们进一步地去探究与发展。在这里，我们认为，技术的确是推动人类社会变革的巨大力量；正如马克思的哲学观念一样，技术所引发的问题存在于"人–技术"关系的使用方式中，它们是非中立性的，在不同的社会生活层面具有多重含义（经济的、政治的、文化的以及伦理的等）。由此出发，结合技术发展史与技术理论，我们将描述和解释与广义科技发展（异化）问题相关的法律治理理论的具体内容。

第二节　古代技术与法律规约的状况

无须赘言，人类自旧石器时代开始就有了"制造工具"这个意义上的技术活动。一般认为，人类的技术活动区别于其他动物技巧性行为的关键在于，"制造工具"对于人类来说不仅表现为技术性思维过程及其行为，还表现为把这种过程和行为对象化为某种有形的东西，同时会使这种东西在共同体内部成员之间传授、模仿和学习，并且最终保存下来，让它在历史中流传。这正是人类文明不断积累和进化的内在根据与基础。在这种意义上，任何时代的技术都是为了满足人类自身生存、便利生活和享受快乐的需要，创造出的有效利用、加工自然资源，改进和提高社会生活条件的思维、行动技巧及其对象化成果。对于这些成果，在不同的时代，都会存在相应的管理与控制方面的、成文或不成文的、正式或非正式的规范。

一、行业规范的技术性约定

与古代技术及其理论相对应，我们认为，存在"法律规约理论"。在古代，占明显主导地位的技术是材料及其加工工艺。比如，史学界通常将人类古代史分为石器时代、青铜时代、铁器时代等。古代技术活动中的主要动力是人的体力和畜力，后来才开始逐渐利用较多的自然力（风力和水力）。比如，利用风力的风车，自中世纪在北欧就相当普及了；利用水力的水车，在公元前的中国即

---

❶　恩格斯．自然辩证法［M］．北京：人民出版社，2018：158.

已出现。古代人的技术活动能力取决于工匠控制及其技艺水准。对此，米切姆的总结是，"古代技术涉及个别客体，它是基于人的直觉知识用天然材料制作而成的，以各种活动中有限的使用和娱乐为目的。古代或传统技术的理想形式是手工制作和使用日常器具。因此，称它为'技艺'可能更好。"❶ 在这种意义上，正如我们已经指出的那样，古代技术理论的核心命题即为"技术是人类活动的产物"。从法哲学的角度来看，与这一命题相关联的法学问题则主要是，古代技术的技术标准、技术加工流程以及工匠间或行业内的各种形式的约定问题。在这里，我们谓之"法律规约"，就是指在古代技术活动过程中，工匠间或行业间以自发形成为主的、对制作及其制成品进行一定的引导和约束的共识性规则或约定。这些规约具有内在性、协商性、自律性等特点，其主要内容有以下几点。

第一，它们是针对某项特定技艺的劳动技术规范。按其产生来源来说，它们是从事某一技术产品制作的劳作者，对成功制作某一产品的方法与流程的总结与记录，是一种行业间制作器物的操作指南。按其属性来说，古代技术规范或者说技术标准，主要是一种以手工劳作为主、以产品为核心的经验性产物，并不一定具有强制性。比如，春秋战国时期的《考工记》详细列举了青铜冶炼配方、30 多项生产设计规范以及制造工艺等，但并不一定会为后世制备青铜器物时所遵循。

第二，它主要表现为特定行业发展所要求的自律性约定。从技术与生产方式的关系来看，特别是在欧洲封建社会末期的工场手工业阶段，劳动从初级的分工与协作，很快发展成较为精密合理的以劳动分工为基础的协作生产方式。为保障产品品质或者说达到特定标准，行业的发展内在地要求劳动者具备相关技能、行业机构应有组织纪律等。例如，英国经济学家亚当·斯密（Adam Smith）在其《国富论》中就曾详细描述道，在 18 世纪前后的制针手工业作坊中，将制针的作业分为拔丝、切断、退火、一端压扁、打孔、淬火、研磨等十多道工序，这样每个工人平均每天可生产 4800 根针，生产效率得以极大提高。当然，对生产技术工序、技术产品和经营组织方式，并不是毫无责任约束的。

---

❶ 米切姆. 技术哲学[C]//吴国盛. 技术哲学经典读本. 上海：上海交通大学出版社，2008：35.

例如，《唐律疏议》之《杂律》规定：如果"器物之用，及绢布之属"制作不牢，以假充真，长短宽窄不合要求而擅自出卖者，"各杖六十"；如果主管官吏知情不加处理，"各与同罪；不觉者，减二等"。

总之，法律规约理论描述与解释的是所谓自然状态之下的"人－技术"关系，即人们对自然产出的原材料按照自然属性进行手工制作，技术（工艺）主要表现为"一系列分开的步骤"和经验性制品，而其中的规约则主要是行业间或工匠间的自发性、自律性规范。当然，在这些规约中，也不排除有来自官方的强制性技术标准等。

二、技术行为的价值性导向

宽泛地讲，法律规约理论涉及的内容，大多还称不上是严格的关于技术及技术行为的管理与控制，也算不上是传统"异化问题"的必要对象。因为在技术和工业还没有开始渗透到人类生活的各个角落的时代，它们最多也只是个别领域的、非系统性的事务。与其说这些事务与法律特别相关，毋宁说它们只不过是人们为了能够对技术进行以标准和价值为导向的反思，以及广义上对技术进行理性控制所做的各种努力的一个组成部分。由此来看，法律规约理论的意义在于其揭示了技术文明的法学蕴涵，并赋予技术行为以法学反思内容。即人无非就是一个技术的动物，技术是从自然转化到人的目的的媒介；若失去了技术，人类失去的将是自身存在的基础和人之为人的文明。在哲学人类学上，这一意义也可以表达成，"人为了具备生存能力，其构造是以改造和征服自然为目的的，因此，也是以有可能去体验自然为目的的。因为他没有专门的技能，所以免除了要对周围环境自然而然的适用。他将自然改变为服务于自己的生活之物，这个总概念叫作文明，文明世界就是人的世界。……所以，文明即'第二自然'，或者说：它是人的、自己加工了的和他可以单独生活在其中的自然。'非自然的'文明是这个世界上唯一的、本身是'非自然的'，亦即有别于动物而创造出来的人的作用和影响。"[1]

---

[1] 格伦瓦尔德. 技术伦理学手册 [M]. 吴宁，译. 北京：社会科学文献出版社，2017：166-167.

　　有理由认为，法律规约理论与"技术正义"还谈不上有直接联系，但古代技术当然也蕴含着道德的、文明的特定内容。从这些内容来看，法律规约理论的存在有着内在的合理性。正如前文所述，通常认为，技术最古老和最重要的区分可见于亚里士多德的哲学。一方面，亚里士多德在关于"自然"（物理）的论述里，从定义上明确地对自然和技术做了区分；前者在自己身上已包含产生和变化的原因，后者是通过人的行动而被人为地创造出来的东西。另一方面，亚里士多德在《尼各马可伦理学》中，就道德上中性的"制造"与应作为伦理学评价的，并且关系到他人的行为做了区分。亚里士多德的这一区分，往往被误解为他把世界划分为相互对立的事物等级。实际上，亚里士多德对"自然/技术、技术/实践"的划分，仅仅表示的是事物不同的方面，而这两个方面是完全可能在同一个事物上出现的。比如，如同人工的大理石雕像带有大理石天然的特征一样，由技术制造出来的银盘可能"实际上"同时是一个不义的被盗之物。也就是说，在古代，尤其是始自亚里士多德并在后世占主导地位的观念是，"技术的"这个定语乃是由人以特定目的制造出来的物体的特征，这些物体不仅有自然内容方面的区别，而且有道德内容方面的区别，它们有可能会很好地实现自己的功能，也有可能实现得很糟糕。由于这两种可能性尤其取决于制造者的本领，技术不仅被运用在人工的产品上，也被用于生产本身，所以技术行为本身内在要求某种形式上的标准和价值，进而它们构成了宽泛意义上的法律规约。实际上，即便不按照亚里士多德的理解，就法律规约理论的合理性问题，我们依然可以从人类技术史上得以印证。也就是说，人类创造的技术形态从一开始就属于人的文化本性，所以它经常被称作人的"第二自然"，而这个作为文化或文明的人的"第二自然"当然包括伦理的、法律的蕴涵。

　　总之，我们所谓的法律规约理论，实际上还是一种相当弱的知识形态。正如作为实用性与经验性的技术长期被排斥在哲学视野之外那样，它们也因长期被忽视而尚须进一步去开拓。毕竟，在人类哲学史上，传统的观念认为，与技术相关的行为的知识不可能成为哲学关注的中心，技术理论或技术哲学至多被看作科学哲学的局部或附庸。就此而言，德国著名技术哲学家弗里德里希·拉普（Friedrich Rapp）认为，"忽视技术哲学的根本原因，除了具体的历史情况之外，还跟西方哲学注重理论的传统有关。人们曾认为技术就是手艺，至多不过是科学发现的应用，是知识贫乏的活动，不值得哲学来研究。由于哲学从一开始就被规定为只同理论思维和人们无法改变的观念领域有关，它就必然与被认为是以直观的技术诀窍为基础的任何实践活动、技术活动相对立。"❶ 简言之，尽管存在各种不重视技术理论的理由，但如果我们把与"技术的"相关的事务看成人类理性地改变自然，即信奉"技术是人类活动的产物"，那么个别的非系统的关涉技术的管制行为及其规范，就不仅仅有益于某一技术或行业的发展，因为它们会逐渐相互关联并最终向更高层次的文明进步。

第三节　现代技术与法律治理的出场

对于现代技术的发展及其影响问题，人们常常会在诸如怎样做出技术管理、技术决策以及技术评估的争议中引发更多的问题，而且一直以来又没有普遍性的标准和方法可以解决这些问题，所以这些问题不可避免地导致了一系列的迷茫、争议和困惑。也就是说，包括技术管理、技术决策以及技术评估在内的广义技术-法律治理问题，早已成为人类社会的中心议题。与此同时，当今社会还存在一种普遍的要求，即技术的正面后果应该最终会压倒负面后果。然而，这究竟意味着什么？这个问题在多元化社会里常常导致社会利益、单个利益团体与个人利益之间的观点冲突，能否在终极意义上达致全社会都接受的关于技术开发和使用的决定，就显得特别重要。更准确地说，本书所谓"现代技术与法律治理理论"并不是就技术而论技术，而是始终以人类历史条件下的技术变革为着眼点。

一、对技术进步的总体审视

一般认为，现代技术发展历经了几个不同的主要阶段。第一阶段是蒸汽机的发明。18 世纪中叶以降，以蒸汽机的发明为标志的近代技术革命，开启了轰轰烈烈的工业革命。在这一时期，工厂的出现、生产的机械化、铁路的普及，使社会生产力突飞猛进。铁和铁合金成为主要的生产材料，控制方式也从机械

---

❶ 拉普 . 技术哲学导论 ［M］. 刘武，译 . 沈阳：辽宁科学技术出版社，1986：177.

式发展到后来的机电式，由此开始了社会生产的机械化。在汉娜·阿伦特（Hannah Arendt）看来，"这种早期阶段的机器工具不仅反映了对已知自然过程的模仿，而且它也模仿人手的自然活动，并且在更大程度上利用它。"❶ 第二阶段主要以电力的使用为标志。19 世纪中叶后，由于电磁学的进步，电力技术开始产生，到 19 世纪 70 年代后已开始部分取代蒸汽动力。到 20 世纪初，随着水电技术、热电技术、电工材料和送电技术的进步，电力技术已经成为这一时期的主导技术，由此开始了社会生产和社会生活的电气化。事实上，直到今天，电力仍然决定着技术的发展。在这一阶段，"我们都是为了自己的世俗目的而去改变自然、使自然变质，从而使人类世界或人工制品同自然截然分开。……我们不是小心翼翼地在人工制品四周重重设防，以抵御自然的强大力量，使之尽可能远离人造的世界，而是将自然力连同其固有动力引入了世界本身。"❷ 现代技术发展的第三阶段，通常以 1946 年世界上第一台电子计算机 ENIAC 的诞生为起点，目前尚未结束。进入 21 世纪后，材料、能源已经多元化（尤其是核能的开发与利用具有特别重要的历史意义），技术发展的基本趋势是，以电子计算机为核心的信息控制技术向一切生产、生活和社会领域渗透，以实现其最优化和综合自动化。这种渗透正在从根本上改变传统生产、生活和管理的面貌，开始了社会生产、生活和管理的自动化。

总之，乐观者如米切姆认为："现代技术则涉及客体的大规模生产，旨在根据科学理论对抽象的能量和人造材料加以利用，从而获得效益、动力或利润。其理想形式是电子器件的装配线生产，从而使能量或经济最大限度地膨胀。"❸ 悲观者如阿伦特则指出，"现有技术已经改变了人工制品的物性，未来技术也将改变自古以来就是如此的自然成员，至于这种改变是同等程度的，还是会愈演

---

❶ 阿伦特. 制作的本质 ［C］//吴国盛. 技术哲学经典读本. 上海：上海交通大学出版社，2008：111.

❷ 阿伦特. 制作的本质 ［C］//吴国盛. 技术哲学经典读本. 上海：上海交通大学出版社，2008：111-112.

❸ 米切姆. 技术哲学 ［C］//吴国盛. 技术哲学经典读本. 上海：上海交通大学出版社，2008：35.

愈烈，我们只能拭目以待。"❶ 申言之，正如约纳斯反对以人类中心主义来看待技术那样，阿伦特也主张抵制从人类中心主义视角来理解当代技术。即只关注机器是否给人带来利益或伤害，这是对技术的一种误解，当代技术的问题，不在于人类究竟是机器的主人还是奴隶，而在于机器是否仍然在为世间万物服务，或者相反地，机器及其自动运转过程是否已经开始统治甚至摧毁世间万物了。❷在这个意义上，我们认为，现代技术理论愈加趋向于以"人类是技术活动的产物"来描述和解释技术的社会与文化影响等问题。从法哲学的角度来看，与这一理论趋向相关联的核心问题则是所谓"技术进步"对于"法律治理"的要求与意义。在马克思主义看来，一方面，承认并肯定现代技术的"纯洁光辉"和"伟大胜利"，认为现代技术是一种"具有减少人类劳动和使劳动更有成效的神奇的力量"，给人类带来了文明和进步；另一方面，现代技术的胜利似乎是以"道德的败坏为代价换来的"，与科技光辉的闪耀相伴随的是"愚昧无知的黑暗"，技术的进步没有消除人的异化境况，反而加剧了人的异化状态，认为现代技术是"经常在这一切矛盾中出现的狡狯的精灵"。❸

二、对技术法规的逐步探索

在马克思主义者看来，技术进步或者说技术的创新与应用，能够引发工具革命，促使生产关系及整个社会关系的调整，进而致使社会制度发生变迁。具体而言，一方面，革新的技术在微观层面要求劳动者具备相应技能，促使工厂企业制度实现组织形式的创新，最终以更高的效率、更严密的管理来满足社会日益提高的物质生活要求；另一方面，在宏观层面要求通过国家立法的形式为其提供适宜的制度环境，即创建适宜的产权制度以保护私人资本进行技术创新的积极性。也就是说，技术创新与应用，必然受到法律体系和相关政治决策的

---

❶ 阿伦特. 制作的本质 [C]//吴国盛. 技术哲学经典读本. 上海：上海交通大学出版社，2008：112.

❷ 阿伦特. 制作的本质 [C]//吴国盛. 技术哲学经典读本. 上海：上海交通大学出版社，2008：104-118.

❸ 马克思，恩格斯. 马克思恩格斯全集：第 1 卷 [M]. 北京：人民出版社，1995：776.

保障与制约。更准确地说，本书所谓"现代技术与法律治理理论"是指与现代技术创新与应用的不同阶段相对应，各技术主体在制造活动中对技术标准、技术制成品及技术后果等享有不同权益、承担不同责任，并最终经由市场与政府而形成的一系列关于技术的法律法规。这些法规具有内在性、正式性、强制性等特征，在主要内容上，它们与现代技术发展史具有一致性，可分为以下几个阶段。

第一，技术发展的自由放任阶段。第一次技术革命催生了以机器工业为主的、以保护私权为特征的法律治理制度。自 18 世纪 60 年代至 19 世纪 40 年代，以纺织机等机器的出现为起点，以改进后的蒸汽机在各个领域的广泛应用为标志，工业生产进入标准化、批量化的发展阶段。这一阶段的技术革新与应用，催生了工厂组织，促进了产权制度和市场制度的初步发展。特别是在 18 世纪的最后 25 年里，富有进取心的产业资本家们积极采用新机械技术，并不断强化工厂组织，使工厂内的作业过程逐渐单一化，传统意义上的工匠习得的技艺不再那么必要。但工厂的劳动生产率远远高于分散的手工作坊，工厂制度成为市场竞争中企业生存的基本要求。这种工厂制度首先在棉纺织业开始实行，很快被其他工业部门相继效仿，进而成为主要的企业组织形式，各工业先发国家的法律先后对工厂组织作出了相应规制。现代技术表现为对大地万物的索取，它的资本主义应用则使这种索取步伐大大加快，而且其范围逐渐扩大到整个世界。现代技术与古典技术相比，其强大力量与革命意义是显而易见的。马克思对此也没有否认，他甚至以赞叹的语气说道："资产阶级在它不到一百年的阶级统治中所创造的生产力，比过去一切时代创造的全部生产力还要多，还要大。自然力的征服，机器的采用，化学在工业和农业中的应用，轮船的行驶，铁路的通行，电报的使用，整个大陆的开垦，河川的通航，仿佛用法术从地下呼唤出来的大量人口——过去哪一个世纪能够料想到有这样的生产力潜伏在社会劳动里呢？"● 与此同时，在法律上如何确定人们对新技术享有私人特权，即界定技术成果的产权，也愈加重要起来。因为技术本身越来越成为一种资源，一种比自

● 马克思，恩格斯. 马克思恩格斯全集：第 1 卷：［M］. 北京：人民出版社，1995：277.

然资源更为稀缺和重要的资源。出于对稀缺资源的独占与对经济利益的追逐，投入大量人力物力进行新技术、新产品的研制和开发的厂商或者说技术主体当然会不断要求保障其权益。保护技术知识的产权制度——专利制度率先确立于英国，并且随着技术革命的逐步深入而不断完善起来。这一阶段，在广义哲学上，人们广泛讨论的中心议题不是技术，而是作为"社会问题"的生产资料的技术化和工业化，如采用机器和工厂制究竟是创造了还是毁掉了工作。也就是，技术化和工业化引起的工人阶级的贫困化和道德蜕化问题。与这些针对早期资本主义的弊端进行的诸种哲学批判有所区别，从法律治理的角度来看，这些相对成熟的工厂制、雏形乍现的产权保护制度以及整体上放任宽松的法律管制等激发了更大的技术进步力量。

第二，行业标准为依据的法律治理阶段。第二次技术革命促动出台了一系列关于电气化时代的产品质量及责任的法律法规，并且不断推动它们形成体系化的，以技术标准、管理标准和无过错责任相结合为特征的法律治理制度。

始于 19 世纪 60 年代，止于 20 世纪 40 年代，由电磁学、热力学等科学原理的发现所引发的技术产业革命，以电机的广泛应用为标志，以电力工业出现为开端，围绕电力、内燃机、炼钢、有机化学合成等技术集成的主导技术群，发展出以电力工业、石油工业、内燃机制造业、钢铁工业、化学工业、船舶工业、汽车工业、航空工业、家电工业等为核心的主导产业群，使人类从机械化时代进入电气化时代，将农业-工业社会推向工业化社会。这一阶段的技术革新与应用，推动了以产品质量及责任为基础、以知识产权制度为代表的法律法规的体系化发展。例如，在德国，由 19 世纪中叶为防止锅炉爆炸而成立的蒸汽锅炉监督协会发展而来的技术监督协会，成为独树一帜的创新组织。在对德国锅炉设备进行了几十年的检验工作之后，技术监督协会的业务范围不断扩大，逐渐发展成为一个负责技术安全的核心机构。作为带有某种企业自助形式的企业主社团，技术监督协会这样的制度安排，在某种程度上使政府官员和协会工程师各司其职、互不干涉，政府行政部门退出了对某些技术业务的直接管控，而技术监督协会则充分发挥自身的技术优势，协助政府履行在公众秩序和公共安全方面的职责。但自 19 世纪 90 年代后，由于技术监督协会的职责范围不断扩大，如有些国家的协会涉及机动车辆的审核和验收，其协会的业务资质、技术能力及监督的中立性等相应地受到一波又一波的质疑。换言之，19 世纪以降的工业化进程，既是工业产品极大丰富的时期，也伴随着不断发生的工业事故、产品质量以及技术权益与责任的划分问题等，我们可笼统地称之为"大制造时代"的"制造问题"：一方面，技术作为制造活动和制造物既依赖于对科学原理的运用，也有赖于是否达到相应的技术标准；另一方面，技术制造所涉及各方的权益与责任都需要特定的法律规制，如资方、劳方、政府行政管理部门、行业协会以及一般消费者的权益等。

从法律治理的角度来看，一方面，相关产品质量的法律法规或行业规约，通常可视为对技术制造活动的要求与制约。举例来说，产品质量标准就是一种产品生产、检验和评定质量的技术依据，一般会包括技术标准和管理标准两个方面。所谓技术标准，就是对技术制造活动中需要统一协调的事项所制订的标准准则。它的对象既可以是物质的，如产品、标准、工具等，也可以是非物质的，如概念、程序、方法等。人们一般会把技术标准分为关于标准化工作的基础标准、衡量产品质量和规格的产品标准、提高工作效率和保证工作质量的方法标准等，它是从事科研、设计、工艺、检验等技术工作以及商品流通中共同遵守的技术依据，是"大制造时代"以来大量存在的、具有重要意义和广泛影响的标准。所谓管理标准，是指为了达到质量目标而对企业中重复出现的管理工作制订的行动准则，它是企业管理组织和管理生产经营活动的依据与手段，一般包括生产经营工作标准、管理业务工作标准、技术管理标准及经营管理标准等。另一方面，"大制造时代"工业事故频繁发生，技术制造活动造成的各种危害由谁来承担责任、承担何种程度上的责任等一直是棘手的社会问题。❶ 例如，除了因产品瑕疵受伤害的消费者权益的法律保障逐渐完善之外，在工业事故中受害的劳动者的权益保障也历经了一个相当漫长的过程。在大量的工业事故中，受害的劳动者要求损害者给予其赔偿，但依传统的过错责任往往难以获得赔偿。因为过错责任举证困难，在多数情况下，企业劳动者双方均可能无过错。由此，社会上充满了各种各样的冲突和对抗，到处是损害，到处是要求赔偿的诉讼和拒绝赔偿的抗辩。这些冲突和其他社会矛盾交织在一起严重冲击着

---

❶ 王卫国. 过错责任原则：第三次勃兴 ［M］. 北京：中国法制出版社，2000：97.

整个社会及其安定，也冲击着渊源于罗马法的私法自治原则和过错责任原则。为此，形成民事法律责任立法的两个目的参数：一是以受害人为考虑基点，加强对受害人的法律救济和社会救济，以缓和社会矛盾尤其是劳资矛盾；二是以社会利益为准则，对个人自由施加必要的国家干预，以维护社会关系和利益平衡。如此一来，这一时期的工业化进程至少在民事法律责任方面催生了无过错责任原则。这一原则连同相关民事法律规则越来越细化，并逐渐与保险制度联系在一起。成熟的保险制度是把风险分散转移、化解的制度，在私法领域有责任保险，在公法领域有社会保险，社会保险属于社会保障范畴。这一制度把风险和损失分散于社会，在后来的制度完善过程中，逐步实现了损害赔偿的社会化、社会矛盾化解的法治化。

在这一"大制造时代"，其"制造问题"所衍生的、另一重要的法律治理制度则是知识产权制度。宽泛地讲，英国工业革命，不仅显著地提高了社会生产力，而且带来了无形财产的观念。特别是科学技术在生产力中发挥的作用越明显，客观上愈加迫切需要考虑科技因素、智力成果的价值以权衡利益分配问题。也就是说，作为现实物质生活条件反映的法律，面临着大量非物质的财产关系的挑战。财产的非物质化逐渐成为法律治理过程中不得不面对的难题。随着工业化进程的深入，人们对产权的理解已不再是一种对"物"的权利，而是一种价值的权利。产权概念在法学理论中的这种演变，使得有价值的权利以无形资产的形式大量进入财产权的范畴，最终形成成熟的"知识产权"这一概念范畴，它包括专利权、商标权、著作权等。历史地看，伴随着科技进步，关于知识产权的法律规定是一个动态变化发展的法律体系。以著作权法为例，一般认为，英国的1709年《安娜法》是世界上第一部成文版权法，主要缘由在于该法把受保护主体从印刷出版商扩大到了包括作者、印刷出版商在内的一切版权所有人。该法保护的对象则是书籍、地图等印刷品，但到了19世纪中叶，随着工业和科技的发展，著作权法的保护对象不断扩展，从文学作品到艺术作品，从绘画作品到音乐、戏剧、摄影作品等，特别是第二次技术革命以来，由于电子技术的出现，电影电视录音录像等也都成为著作权法的保护对象，从而实现了从"印刷版权"到"电子版权"的第一次历史性飞跃。总之，在整体上，知识产权作为一种新型的财产形态，是人类商品经济和科学技术发展到一定阶段的必然产物。工业化推动商品经济快速发展，这不仅使知识产品的创造人对其知识产品的权利意识增强了，而且为知识产品的市场流通形成了广阔的道路。科学技术的发展则为知识产品的利用及价值实现提供了必要条件。也就是说，知识产权是社会生产力发展到一定阶段后，才在法律中作为财产权出现的。正如郑成思所指出的，"从发展趋势来看，知识产权肯定会在无形产权中占头等重要的地位，也有可能在一切财产中占头等重要的地位。"❶

第三，知识产权引领的法律治理新阶段。第三次技术革命开启了以适应"知识经济""信息产权"为主的、以"技术正义"为价值引导的综合性法律治理制度。它以 20 世纪 40—50 年代相继出现的原子能技术、电子计算机技术和空间技术等为标志，是人类历史上导致产业结构变革最剧烈的一次，目前关于变革结束与否尚有争论。大致来说，第三次技术革命是由相对论和量子论的创立所引发的当代科学技术革命为动因、以电子计算机的广泛应用为主要特征，形成了以信息产业（含电子计算机业）、原子能工业、航天工业、高分子化学工业等为核心的主导产业群，而这些技术产业的基本特点则表现为国民经济的信息化和产业知识的密集化。简言之，第三次技术革命使人类由电气时代走向了电子信息时代，将工业社会推向了信息社会。当然，侧重于不同的高新技术会有不同看法。有学者就认为，我们身处的是一个伟大的生物技术时代，"一场从物理学和化学时代转变为生物学时代，从工业革命转变到'生物技术世纪'的伟大变革。石化燃料、金属和矿藏这些工业时代的原始资源正在被基因所取代。对一个沉浸于遗传商业和遗传贸易的新时代而言，基因就是它的原始资源。"❷总之，这一阶段的技术创新与应用，不断改变和重塑着人类的生活方式、社会结构和价值观念，它们深深介入人类社会的方方面面，并且要求我们必须创建起向未来负责任的伦理价值观念以及与之相关的综合性法律治理制度。从广义哲学上来看，当下"我们生活在一个'技术环境'（technosphere）中，犹如鱼之于水，对此我们通常不会感觉到丝毫的惊异，除非这个环境出了问题。但现

---

❶ 郑成思. 知识产权论［M］. 北京：法律出版社，2005：3.

❷ 里夫金. 生物技术世纪：用基因重塑世界［M］. 付立杰，陈克勤，昌增益，译. 上海：上海科技教育出版社，2000：13.

在，这个环境真的出问题了……技术之所以在今天进入到哲学的视野，成为一个备受关注的领域，不是因为它的知识上的'惊异性'，而是因为它对人类在现时代的根本境遇所产生的本质性的影响。"❶ 也就是说，现代技术，尤其是当代高新技术，它们已经作为生活世界一个不可或缺的构成部分、一种塑造性力量，而非对生活世界的一个威胁、一种压迫性力量；我们需要以"技术正义"为分析进路，不是聚焦于某种技术在道德上能否为人接受，而是开始提出在我们社会中以何种方式植入某种技术最不坏，不是关于对技术影响的设定或限制，而是关于通过技术设计和使用应以负责的形式直面我们自身所在的处境。

　　与当代的技术变革相适应，法律治理需要应对新情况而做出新调整。比如，传统知识产权制度及其理论就亟待更新，因为在今天"知识产权的客体表现为一定的信息，一般不能作为占有的标的，故不适用与占有相关的制度，如取得时效制度等"。❷ 又如，当代美国社会学家阿尔文·托夫勒（Alvin Toffler）在《预测与前提》一书中，把世界上正在进行着的新技术革命称为"第三次浪潮"。他从财产及产权法变迁的角度指出，"在第一次浪潮的社会中，土地是最重要的财产；在第二次浪潮的社会中，我们仍然需要土地、机器这些有形财产，但主要财产已经变成了信息。这是一次革命的转折。这种前所未有的财产是无形的。""如果说股票是象征的符号，那么信息财产则是象征的象征。这样一来，财产的概念面目全非了……"❸ 毫无疑问，当今社会已经是一个信息社会，我们已经或将要把信息财产作为高于土地、机器等有形财产的主要财产，这种社会的法律就不能不相应地对它加以保护，不能不产生出有别于传统知识产权法的"信息产权法"。在郑成思看来，信息产权包含传统的知识产权以及新的虽与传统知识产权有关，但又具有完全不同的受保护主体或客体、完全不同的保护方式的法律。正如一些学者所言，当代的技术变革对法律的影响，"就目前观念的方面，主要体现为理念层面、制度层面和技术层面"，"在理念层面上，法律的一般理论与专门理论都发生相应的变化；在法律制度方面，一系列新制度的建

---

❶　高亮华. 当代技术哲学的代际嬗变、研究进路与整合化趋势［J］. 学术月刊，2010（12）：58-59.

❷　郑成思. 知识产权论［M］. 北京：法律出版社，2007：36.

❸　郑成思. 知识产权论［M］. 北京：法律出版社，2007：37.

立，特别是科技法律制度的建立，越来越突出；在技术层面上，立法技术和司法技术得到了提高和更新"。● 也就是说，这些变化与调整，明显区别于工业经济时代要求保护绝对私权、建立以促进工业生产为主的法律制度。在当今这一知识经济时代，人们在法律制度上强调的是：一方面加大力度保障能够产生巨大经济效益的技术成果转化机制，鼓励技术创新；另一方面对新技术能否人道地开发、利用并造福于人类，主张引入约束机制，打破法律单纯保护技术发明和创新的角色定位。

事实上，一段时间以来，面对来自技术创新和应用、技术体系发展和再生产的各种挑战及社会问题所产生的治理问题，国家的治理体制正在发生跨领域的大转变。这主要表现为，技术问题被视为一种公共事务且是国家发展的一项重要工作任务，通常由立法部门、执法部门和科技主管部门等多方机构联合办公统筹管理，而非传统上的"技术管理"主要发生在经济领域和科学领域，且多由科学家、工程师等专业人员或行业协会包办。从方法论的角度来说，预测式的未来评估如今已从技术后果评估中近乎完全消失，因为预测式评估不仅不适合应用在复杂技术系统方面，而且尤其不适合用在人的行为领域，取而代之的是情境模式，在其帮助之下，人们专注于技术"可能的未来"；从治理内容的角度来说，人们不再狭隘地就技术管理论技术管理，而是把伦理学、法学等广义哲学知识与科技及其密切关联的重大社会变革结合在一起，去发现人类社会的未来。总之，人们从法律治理角度对广义科技发展（异化）问题的理论反思方兴未艾，并致力于将其他学科的技术知识融合到自己的问题范畴和认识领域。比如，当下人们关于"人工智能的伦理规范与未来法治"问题的检讨，其目的一方面在于批判性地反思传统异化理论，强调始终勇于接受新鲜事物并转换思维；另一方面在于着眼于人类未来长远的责任和技术发展的可能性，以期对实际技术的开发、生产、运用和处理符合一种"技术正义"的理念。

总结而言，法律治理的这些新情况、新调整，并不是简单地调整领域和对象的扩张，也不是相关联的特定技术本身的事情，而是相关环境及"社会和技术综合关系"的一部分，它们一并构成了本书所谓综合性法律治理制度。因为

● 罗玉中.科学技术进步法［M］.北京：高等教育出版社，1996：54.

当代技术问题毕竟不是由其自身内容所带来的，而是由将技术成果付诸实践的个人及社会行为所引起的。也就是说，在实践中，技术的开发、生产、运用和处理具有超出"技术正义"要求之外的后果，这需要我们不断进行价值权衡、调整治理方式。比如，技术发展对社会和环境的风险影响就属于这类后果，而风险是技术后果评估和价值权衡的常见课题：面对某项技术预期的良好目标，哪些风险是可以接受的？如何进行风险/机会的权衡和进行风险比较评估？由于专业知识的不足，预防原则何时能够发挥作用？这些问题都需要我们做出伦理价值判断，更需要我们做出具体的法律治理调整。

第三章　当代科技异化法律治理的理论转向

大工业革命以来的技术创新和应用，既创造了令人瞩目的辉煌成就，也制造了这样那样的问题。更准确地说，特别是 20 世纪中叶以降，人、技术以及自然三者的关系发生了根本变化，技术人工物一步步地取代了原本意义上的"自然"而创制出了"把人类完全包围起来的环境"❶。对此，德国当代著名哲学家汉斯-格奥尔格·伽达默尔（Hans-Georg Gadamer）甚至认为，"20 世纪是第一个以技术起决定作用的方式重新确定的时代。"❷ 法国当代技术哲学家雅克·埃吕尔（Jacques Ellul）则直接指出，我们今天生活的环境可称为"技术社会"，因为人类技术实践及其产物形塑和重构了社会秩序和人类活动本身，"个人习惯、理解、自我概念、时空概念、社会关系、道德和政治界面都被强有力地重构"。❸ 概言之，当今社会一个重要的新特征就是，人类所遇到的棘手问题大多是由技术引起的，其中不仅包括技术正常使用情形之下的非主观意愿后果、大型技术设施灾难性的事故等，而且包括因科技变革而引发的社会矛盾和冲突。面对这样的技术现实，约纳斯提出了一种影响深远的思想，即在"自然的"界线不断发生变化的技术时代，伦理学特别具有立法规制作用。❹ 基于这样的卓识洞见，我们将主要考察"法律治理"过程中的"立法规制"这一问题（尤其是

---

❶ Langdon Winner. The Whale and the Reactor：A Search for Limits in an Age of High Technology ［M］. Chicago：University of Chicago Press，1986：6-9.

❷ 伽达默尔．科学时代的理性 ［M］. 薛华，高地，李河，等译．北京：国际文化出版公司，1988：63.

❸ 朱葆伟．关于技术伦理学的几个问题 ［J］. 东北大学学报（社会科学版），2008（4）：283-288.

❹ 约纳斯．责任原理：技术文明时代的伦理学探索 ［M］. 方秋明，译．香港：世纪出版社，2013：121.

本书第五章、第六章的内容），或者说，尽管在通常意义上两者的表述形式和内涵各不同，但在广义哲学反思中，它们内在相关且规定性高度一致。因此，本书并未对它们加以区别使用，并且在这一章，笔者将首先尝试概括科技异化的当代问题与症结，继而论证在当代科技异化研究上存在"技术正义转向"这样的理论反思内容，并且将之具体化为两个论题；与此同时，进一步思考在治理科技异化的过程中，有两大介入因素必须加以正视：技术发展所引起的伦理性反思，以及技术应用潜藏的风险性研判。

第一节　问题与症结：技术宰制人的生活世界

当代科技进步几乎已经完全改变了人类生存条件的限制。一方面，它不断地制造出具体的技术成果，创造出关于人类（包括人类社会）未来的各种设想以及潜在的可能，当然，这些成果、设想和可能又充斥着新风险与不确定性。另一方面，上述这些情形迫使我们不再止于制造一个"自然"，而是更应该创制出一个以"技术正义"为基本价值取向的法律治理制度，从而在根本上克服所谓"科技异化"现象或者说技术所带来的诸种问题。总之，一如前述，科技异化法律治理的当代实践，其实就是对当代技术现实的一种伦理反思、一种社会性回应，其切入点并不直接是技术本身，而是与技术打交道的人的行为。

一、技术在"规范标准不明确"中迅猛进步

在今天，人们经常就某些特定技术的开发和使用在道义上是否被允许、在伦理上是否符合正义要求，以及如何评价技术对环境、经济和健康造成的后果，诸如此类的问题各执一词、争论不休。尽管如此，通常情形下，只要法律和道德准则，甚至那些约定俗成的、非正式的行业规范，还允许人们能够对特定技术行为的可能性及其决策做出相应判断，而且没有引发思想混乱，那么伦理反思和立法规制的理由便不存在。但是，如果出现无法包括在现行标准或既有规范框架里的技术内容，同时争论各派无方向可循，又无从获得定论、一直悬而未决，那么就另当别论了。这时，关于"规范标准不明确"就摆在台面上了。在我们看来，这就是当代科技异化法律治理的原点问题。

所谓"规范标准不明确"，其实是基于对技术创新和应用的多重认识而产生的命题，它与人类科技发展进程亦步亦趋。申言之，从前人类无法做到的事情，或者被认为是无法改变的大自然和人的命运，如今成了技术可以改变的对象，人类生存条件的范围从而得以扩大，即在不同的选择性之间进行选择的可能性增加了，做决定的可能性和必要性也得到了提高。由于技术发展常常会引发诸如怎样做决定这样的争论，而一直以来又无法获得能够解决某一技术及其争议的普遍性规范（比如做决定的标准和方法，具体如转基因食品问题）。所以，这就不可避免地导致了一系列的迷茫、争议和困惑。由此产生的伦理反思，特别是与由之产生的"规范标准不明确"紧密相关。它们在很大程度上，充分说明在今天"技术不是诸多问题之中的一个，而是使所有问题成为问题的那种问题"。❶ 在这种意义上，科技异化法律治理的出发点就在于，技术创新和应用过程中产生的那些规范和原则的不明确性。比如，新假肢技术是否可以用来对人类进行"技术改良"，纳米微粒会对环境和健康造成哪些危害，对于这些技术我们到底应该如何以及根据什么标准来做出评估，并无定论。它们都牵涉规范标准和原则的不明确性，也都是当今技术时代的"社会和技术综合关系"的一部分。在这些综合关系中，作为当代科技异化法律治理的原点问题——"规范标准不明确"，我们可以从行为规制的角度，将其细化为三个层面的问题。

第一，使用技术达到的目的问题。技术制成品的具体目的和用途通常都是十分清晰的，比如电梯、电话、计算机、洗衣机、汽车等，它们的一般用途无须赘述。但参加拉力赛的汽车的技术要求，或者洗衣机的能源消耗等级，这样的内容既涉及它们的目的和用途，也具有丰富的社会含义。例如，它们会涉及绿色环保事项、代际正义，甚至包括创造多少就业岗位和能否提高社会福利等问题。也就是说，使用技术达到的目的，既是个人、团体或社会状态的一种要求，同当前现状的需求以及未来发展的种种期待和正义伦理要求息息相关，同时，又是形形色色的道德体系与技术以及技术发展相关联的一种表现。它们一起导致了规范标准的不明确性和道德争议。比如，人们期望能够治愈阿尔茨海默症，或用新型假肢帮助残障人士获得更多的行动自由，这在道德上没有丝毫

---

❶ 吴国盛. 哲学中的技术转向 [J]. 哲学研究，2001（1）：26-27，80.

异议，但若用基因改良技术来设计、增强以及制造某一种类的人或克服某种顽疾，这样的目的则会引起巨大的伦理争议。

第二，为实现目的而采用的手段问题。就能源利用而言，对于人类来说，不是任何形式的能量都是以可控的方式被利用的，而是必须——只要它不是"天然的"、以合适的形式存在的话——经过有目的的转换才能供人使用。一段时期以来，人类运用不同的技术开发和利用各种自然资源，如土地、稀有金属或不可再生的煤、石油和天然气等化石能源。特别是在能源利用问题上，由于集中于少数几种化石能源并且大量使用它们，以致人类社会严重依赖它们，产生了一系列经济、生态和社会后果。这至少要求人们必须采取一种积极和谨慎的能源供应管理措施，同时，本着对人类未来负责的原则，对于不可再生的化石能源的利用必须解决代际正义问题，从而使之具有了更加浓厚的道德色彩和伦理意义。再如，药物实验研究中对动物的使用，人类胚胎和干细胞研究或者转基因农作物等特定领域的研究实验活动都涉及一些伦理问题，或者说具有不同程度的道德相关性。概言之，在当今技术时代，为实现目的而采用的技术手段，不仅涉及有争议的技术本身，而且更多地涉及科研伦理的各种问题，致使人们必须从行业规范到立法规制方面做出面面俱到的规定。

第三，技术的伦理后果问题。当今技术时代，科技活动往往需要高投入，其成果会对社会产生各种性质各异的深刻影响。德国当代著名社会学家乌尔里希·贝克（Ulrich Beck）用"风险社会"这一概念来标识当下社会所潜藏着的这些巨大风险。在他看来，"占据中心舞台的是现代化的风险和后果，它们表现为对于植物、动物和人类生命的不可抗拒的威胁"。比如，原子弹和某些生化武器对人类的生存与发展造成巨大威胁。❶换言之，技术的开发、生产、运用和处理常常会带来超出其目的之外的后果。比如，技术发展对社会和环境的风险影响。具体地说，面对希望达到的良好结果，哪些风险是可以接受的？如何进行风险/机会的权衡和风险比较评估？由于知识的不足，预防原则何时能发挥作用？对于这些问题，如果想让伦理反思与法律规制切实起作用，必须依据某种意义上的"技术正义"来加强事先研究，研究各种后果包括系统性可预测的和

---

❶　贝克. 风险社会 [M]. 何博闻，译. 南京：译林出版社，2004：56.

非主观意愿的等。但是，由于技术后果只能有限地被事先认识到，所以我们必须在无明确标准可循的情形下，展开对技术后果、相关技术的决策以及某些特定技术行为的评判和研究，从而真正促进人、自然和技术的和谐相处。

技术本身没有原罪，甚至技术自身无所谓善恶，技术原本就是现代人的存在方式，是人的"感性的活动"即"实践的活动"的表现。在马克思看来，技术工业是人的对象性存在和对象性的本质力量的证明，是人的本质力量的公开展示；通过技术工业和资本生产，自然界才表现为人的作品和人的现实。同时，马克思要反对的不是技术本身，而是技术的现代资本主义使用方式。

总之，当今时代，"一切问题都是技术问题，而一切技术问题都不是（狭义的）'技术'问题"。❶ 在这种意义上，我们也可以说，科技异化法律治理的当代问题，总是不断地超出那些针对单项技术开发和使用所造成后果的具体思考范围，它越来越衍化为包括针对不断推进的技术化对人和社会、人和自然以及人类自身形象和"生存"之关系的跨学科问题，它也越来越依赖人类基于一定范围内的"技术正义"来不断探察出明确的规范（规制）标准和原则。

二、现代人在过度依赖技术中走向异化

毋庸置疑，在今天，科学技术不仅作为问题的根源，而且在解决社会问题方面，它们也变成了伦理反思与立法规制的主题和对象。由此来看，正如伦理学意义上的技术后果评估那样，当代科技异化法律治理所包含的内容有：问题的识别（如臭氧层孔洞问题，对此，科学方法是必不可少的条件），对问题的追根溯源（它们往往是极其复杂的，既有技术发展本身的原因，也有不可低估的社会原因等），以及解决方案的开发等。不幸的是，人在利用技术的过程中逐渐深深地依赖于技术，导致一种"技术统治"的生存样式被展开出来，人本身在这一过程中逐步走向异化。

与自然维持一种和谐共存的关系是人的一种本质需求，因为从任何角度都没有人能够否定，人从本质上源于自然，内在于自然，同一于自然，人的所有的生存活动都依赖于自然。人与自然关系的异化，表现为人与自然的疏离、对

---

❶ 吴国盛. 哲学中的技术转向 [J]. 哲学研究，2001（1）：26-27，80.

立，甚至处于压榨与被压榨、征服与被征服的战争状态。人和自然关系的异化就是指人与自然从同一走向对立。换个角度说，人与自然关系异化的实质，就是在人与自然的关系中，自然被过度客体化、对象化，这不仅表现为在思维和意识中，自然被视为一种被动的、呆滞的客体；也表现为在人的实践活动中，自然已被看作可以任意支配、任人宰割的被动对象。人与自然关系的异化意味着，把自然视为可以无尽地索取的对象已经成为思维习惯，征服和主宰自然已成为科技进步、生产力发展的证明。

科技异化的实质，首先是指人所创造的科技体系、科技产品演变为限制人、压抑人，甚至统治人的反人类的异己力量。所谓科技异化，就是科技的内在性质、外在使用、社会效用等方面偏离了人类的善良目的，偏离了人的本性、人的基本价值和社会规范，偏离了道德伦理下的生活方式的需求，科技反过来成为限制、反对人类的力量；同时科技异化还体现为，科技在人的理念中已经成为一种新的崇拜物，科技迷信就是科技异化在人的精神世界中的反映。在整体上，由于技术创新和应用是面向未来的，往往会引起超出某项技术应用范围的价值争议。由此，这些内容导致当代科技异化法律治理往往聚焦于如何解决技术使用和发展的后果问题，特别是如何实现以一定范围内的"技术正义"为导向的技术后果评估。

如此一来，人在过度依赖技术的过程中也逐步走向异化。究其根源，科技对人与自然的异化，就是由于不当使用科技成果给人类和人类社会造成恶性后果的问题。具体地说，科技对人和自然界的异化伴随着人类技术革命发展的每一步和每一个阶段。近代以来，随着工业革命的发展和现代科技对人的需求的极大满足，科技对人和自然的异化也发展到了历史的极致——从辩证法的角度来看，科学技术的每一次进步，都伴随着人类生存空间的丧失；内燃机的发明扩大了人的生存空间，却使其变得喧嚣和狭窄；核能的发现使人拥有了无穷的力量，却使人生存在核武器和核泄漏的阴霾之中；生物转基因的成功应用可以为人类提供更多食物，却降低了食物的质量。科学技术改变了人类的生活，却带来了生存环境上的更多危机。科学技术在让人类的生活变得丰富多彩的同时，也让我们进入了无边的虚无。正如《现代人的焦虑和希望》中所提到的："科学技术成就已把我们和这个星球带入前途暗淡、危机四伏的境地。"❶ 据此，马尔库塞认为，在工业社会中，在表面繁荣的社会中，人们沉湎于安逸的生活环境，不愿将现实存在的制度同理应存在的"真正的社会"相对照，从而丧失了合理地批判社会现实的能力，而成为"单向度的人"。在马尔库塞看来，幸福意味着自由，而自由意味着社会存在反对派、文化具有批判性、人的内在面包含否定性。❷ 然而，在技术进步方便人类生活的同时，人类也为此付出了自由的代价。因此，科学技术的发展，在控制自然界、为"人的实现"创造条件的同时，又压抑人的意欲并损害人的存在，把人当作工具来使役。

正如我们反复强调以一定范围的"技术正义"来认知与规制科技异化问题那样，当代技术革新在另一范围或者说维度上加深了人类自身的脆弱性，因此更需要以具体的"技术正义"为导向来解决这种脆弱性。例如，冶金术、建筑学等的进步使我们能够建造摩天大楼。然而，如果没有电，一个人就无法像进入技术相对简单的地面建筑那样进入第70层的寓所。再比如，汽车作为过去100多年来的另一项重要技术革新，在今天人们几乎不可能离开它而生活，它深深塑造了我们的生活方式。我们的生活、工作和娱乐场所被隔离得如此之远，以至于对今天很多的人来说，汽车成了必需品而不是奢侈品。然而，一旦缺少汽油与机器零件将会带来瘫痪性的社会后果，进而加剧我们的脆弱性。由此来看，当代科技异化法律治理实质上也是与诸种技术现实相联系的具体症结之克服。

当代历史以及未来社会都离不开现代技术及其文明成果，换句话说，未来社会或共产主义社会是现代技术大工业的发展、生产力的巨大增长、世界普遍联系的建立、工作日的缩短以及现代社会的矛盾运动的必然结果。正是在这个意义上，马克思强调，"共产主义"是一种消灭现存状况的现实运动，而运动的条件要从现代社会的前提和基础中产生出来。

---

❶ 孙志文.现代人的焦虑和希望［M］.陈永禹，译.北京：生活·读书·新知三联书店，1994：4.

❷ 赫伯特·马尔库塞.单向度的人［M］.上海：上海译文出版社，2015：34.

第二节 技术正义：伦理与法律的共同担当

当代科学技术的新发展与新进步，实际上进一步促使人们在多重维度上去描述与解释技术问题。一段时间以来，技术多被人们理解为一种媒介。对技术做这样的理解，并非出于分类的意图，也不是要达到克服所谓"异化"现象的目的，而是要采用一种特定方式去理解当代技术的一些核心特征。这些核心特征，在一定程度上，正如约纳斯所指的，"现代技术是一项事业和过程，而早先的技术是一种所有物（possession）和状态（state）。如果我们粗略地将技术描述为：为了生计而对人造工具的使用，以及这些工具最初的发明、改进和添加等，这样一种平白的叙述对人类历史上出现的大部分技术都是适用的，然而对现代技术却不太恰当。"❶ 换言之，传统上把广义的技术定义为"手段的代名词"，或者像马克思以后的社会学家那样在扩展了的异化概念之上理解技术，即"特别是在 20 世纪 50 年代，人们重新发现了异化概念，将异化同浪漫主义对技术的批判相联系，认为技术使人脱离了自然及其感情生活。人们还将技术与'失范'（涂尔干）和'去魅'（韦伯）等社会学范畴以及弗洛伊德的压抑心理学理论相联系"❷，皆非与当代科技相契合的特定认知方式，因为它们从未触及以下几个层面的牵涉"技术正义"的重要问题：①自然的媒介（外在和内在自然的状态）在什么样的程度上被技术加工变形并转化为技术的媒介，这样的媒介在何种意义上与道德相关？②技术是如何取得中介的地位，从而来调解我们同世界的理论和实际的关系，并最后成为两者之间的"使者"的？③我们是在怎样的一种程度上（除了依靠使用工具行为获得具体效应之外）"制造了新世界"，"改变了人的行为性质"及其伦理意义的？一句话，它们都根源于人、技术以及自然三者关系中的价值取向和各自的实践定位问题。通过诠释当代科技所导致的新"异化"问题，弄清技术在塑形（转换、限制、扩展和制造）人类生活世

---

❶ 约纳斯. 责任原理：技术文明时代的伦理学探索 [M]. 方秋明，译. 香港：世纪出版社，2013：56.

❷ 米切姆. 技术哲学 [C]//吴国盛. 技术哲学经典读本. 上海：上海交通大学出版社，2008：37.

界时所扮演的角色，我们认为，关于当代科技异化问题的研究存在一种"技术正义转向"的理论反思内容，它们具体表现为两个方面的论题，即当代科技异化问题的"伦理担当"与"法律担当"。

一、科技异化涉及人与技术的伦理关联

当代科技异化问题的研究发生了一种概念衍化，实现了一种"伦理转向"。与其说这种转向是要突破传统"科技异化"理论之束缚，毋宁说在当代科技背景之下，在根本上，科技（异化）问题与以"技术正义"为理念和方法的观念是互相解释的。具体而言，这样的特定理解方式与这一转向，大致体现在以下几个方面。

（1）跨越主体与客体的二元论，从"人的技术存在"这个最基本的事实出发。在今天，我们所生存的世界中，不仅人越来越多，而且塑形我们生存方式的技术物也越来越多。尽管在技术悲观主义者看来，"我们时代严重的全球性问题——从核武器的威胁和有毒化学物质到饥饿、贫穷和环境恶化，到对地球赖以生存的体系的破坏——凡此种种都是几个世纪以前才开始统治世界的西方工业体系所产生的直接后果"❶，但不可否认的是，技术已经开始以多种多样的方式调节着人类的实验和体验。如果我们从"人的技术存在"这一事实出发，那么自启蒙时代伊始的伦理学，其人本主义特征、主客二分的认知进路就需要重新评估，即伦理学是关于"如何行动"和"如何生存"的问题——在当代技术文化中，这些问题已经不再是完全由人类来回答了。飞速发展的技术以前所未有的方式揭示了启蒙运动的局限性——不是"美好生活"而是独立的个体的人是道德决定和实践的根源，这样的伦理出发点被"人的技术存在"所动摇。也就是说，"技术通过塑形人类的体验和实践，也可以为伦理学的核心问题提供答案，尽管技术是以一种物质的方式来予以应答。物是负责道德的，它们调节道德决定、塑形道德主体，并在道德能动性方面发挥着重要作用。"❷

---

❶ 格里芬. 后现代科学：科学魅力的再现 [M]. 马季芳，译. 北京：中央编译出版社，1998：154.

❷ 维贝克. 将技术道德化：理解与设计物的道德 [M]. 闫宏秀，杨庆峰，译. 上海：上海交通大学出版社，2016：26.

举例来说，产前超声波检测技术，有力地表明了技术是负责道德的。❶ 即产前超声波检测技术已经对妊娠有着说服的功能，特别是在产前诊断以及有关最终是否堕胎的决定中。在超声波扫描显示胎儿患有特定疾病时，堕胎的决定并非由人类独立自主地做出的，而是在与这些技术的紧密互动中做出的。这些技术为特殊的诠释和行动提供了可能性，并由此产生了特殊的选择情境。从传统的以人本主义为导向的伦理学框架来看，人与技术的这种关系，尤其是技术的这种道德功能、价值意义很难被概念化。也就是说，如果我们坚持认为，道德性必须是人类独有的事情，因为技术缺乏意识、理性、自由和意向性，那么将无法公平地评判技术物对道德实践和决定予以的多种方式的积极调节。如果我们转换角度，从"人的技术存在"这一事实出发，那么技术将和人类一样既属于物质领域也属于社会领域，因为我们生活的塑造与我们使用的技术密切相关。诚如维贝克所指出的那样，在我们的生活世界里，人与非人（特别是技术物）是不能被割裂的，"我们的现实是基于永远是新的连接而形成的、永远是新的实在的人与非人实体所构成的一张关系网。为了理解这种实在，我们需要人与非人的对称路径，依据拉图尔的观点，在这种对称路径中，对人与非人没有制造一种先天的分隔。从定义上来看，人本主义的形而上学立场与这种对称性原则不一致。'如我们现在所理解的那样，人不能被理解和拯救，除非我们能将它自身的其他部分即物，重归本位。只要人本主义是借助于异于客体的方式建构起来的……那么，人和非人都不能被理解'"。❷ 更准确地说，只有跨越主客二分的思维模式，从"人的技术存在"这个基本事实出发，我们才能真正把握作为理念和方法的"技术正义"，进而才能真正理解当代科技的特征及影响、理解技术的伦理（价值）维度和伦理相关性。

（2）从"技术的工具性"到"技术的媒介性"之转向。这一转向，实际上早已存在于技术哲学领域，它不仅要对制造活动及其实际后果作出伦理评价，

---

❶ 维贝克．将技术道德化：理解与设计物的道德 ［M］．闫宏秀，杨庆峰，译．上海：上海交通大学出版社，2016：25．

❷ 维贝克．将技术道德化：理解与设计物的道德 ［M］．闫宏秀，杨庆峰，译．上海：上海交通大学出版社，2016：36．

还要对包括技术知识的认识论以及技术物的本体论作出解释。❶ 不过，这的确是一个彻头彻尾的哲学认知难题。从具体内容上来说，这一转向表现为关于技术的问题视角之变换。在"技术的工具性"视域，人类技术的一个"共同的特征"就在于，通过可重复性、可计划性的可预见性来"确保"目标的实现。这一"确保"是由自新石器时代以来的技术工具和装备予以实现的，它们取代了猎人和采集者的偶然技术。当然，千百万年来，人类技术进化不断发生着变化，但在某些情况下，技术进化有巨大的社会影响。对此，马克思曾一眼洞穿："社会的物质生产力发展到一定阶段，便同它们一直在其中活动的现存生产关系或财产关系发生矛盾。于是这些关系便由生产力的发展形式变成生产力的桎梏。那时社会革命的时代就到来了。"❷ 当这种情况发生时，技术革命就爆发了；但当技术革命没有达到完全成熟时，技术进化也会从容地进行着，并且它们的未来，就像小孩子的未来一样，是难以预测的。❸ 也就是说，若只注意技术的工具特性之演化，这样的简单化观点，实际上却对某些以哲学人类学为导向的技术哲学产生了很大影响，往往会使之以"非异化-异化-非异化"为问题结构（思维方式）并变成一种关于"人之本质"的理论形态❹：人显现为一种技术的问题，解决这个问题必须利用技术，或者进化本身就表现为解决问题的过程，在这个过程中，技术的位置得以确定；即人一方面显现为一种有缺陷的或先天不足的生物，另一方面又显现为进化的顶峰或灾难；人究竟是何面目，这取决于人的技术手段在一个大范围的、技术上模式化的问题关联体中如何定位。

然而，在"技术的媒介性"之视域，技术被视为媒介的总称，我们一方面触及工具式的行为，或用工程师的术语称为控制——通过合适的输入而得到产出的结果；另一方面作为技术行为的人的特殊行动所追求达到的目的，是通过

---

❶ Carl Mitcham. Philosophy of Technology ［C］//Paul T. Durbin. A Guide to The Culture of Science, Technology, and Medicine. The Free Press, 1980.

❷ 马克思，恩格斯. 马克思恩格斯文集：第 2 卷 ［M］. 北京：人民出版社，2009：597.

❸ 霍文，维克特. 信息技术与道德哲学 ［M］. 赵迎欢，等译. 北京：科学出版社，2013：25.

❹ 格伦瓦尔德. 技术伦理学手册 ［M］. 吴宁，译. 北京：社会科学文献出版社，2017：208.

手段使用时对其进行保护、使其免遭外在和内在自然的危害，保证实现手段和目的之间的关系。申言之，由于我们只能借助在实际技术行为过程中所获得的经验才能对"技术媒介"的可能性进行发现和思考，所以，我们所理解的"技术媒介"就处在持续不断的变化之中，流动不居。在海德格尔看来，这是因为"现代技术的本质使人开始了一种特殊方式的去蔽，通过它，一切实在都或多或少地变成了持存物"。或者说，"我们生存的方式不仅仅由道德来决定，而且还由将我们与所处的物质世界联系起来的各种各样的实践来决定"，这使得技术物并不是孤立的或成系统的客体问题，而是人和其所存在的世界之间的联系问题。正如海德格尔所指出的那样，这些问题表现为一种实践的意识❶：技术之所以简单，因为我们不必为了解释它而了解关于具体技术及其过程的详尽工程知识，或与之建立密切的关系，只要生活在技术环境中，单凭日常经验和日常思想的语言就足够了；技术之所以复杂，是因为我们的语言已经相当技术化了，以至于无法再以非技术的方式言说技术。进一步讲，若结合海德格尔之见解的话，那么"技术的媒介性"即是一种技术哲学研究上的语言转向，是在回答"技术如何取得中介地位"的问题。例如，海德格尔认为，所有关于技术的言说都倾向于变成更多的技术；技术评估就是典型例证，它不是某种独立于技术的东西，而是倾向于本身就变成技术。因此，当代技术哲学必须超越技术世界观的一般前提和框架，实现某种转向。❷ 在我们看来，结合"技术正义"来说，从"技术的工具性"到"技术的媒介性"这样的认知转向，不是将技术在道德行动和决定中的伦理相关性彻底还原为人类意图，而是指出要对此种作用予以正确对待；与此同时，这种转向也规避了将道德视为技术自身的固有属性的观点。总之，我们所谓的从"技术的工具性"到"技术的媒介性"之转向，是在寻求阐明当代技术能在人类世界中"行动"，并且以不同于人的方式进行"行动"的。

　　（3）从"工程师伦理责任"到"人的长远未来的责任"之转向。这一转向，在约纳斯看来，实质上是基于对当代科学技术的一个深刻的文化形而上学

---

❶　米切姆.技术哲学［C］//吴国盛.技术哲学经典读本.上海：上海交通大学出版社，2008：34-35.

❷　海德格尔.演讲与论文集［M］.孙周兴，译.北京：生活·读书·新知三联书店，2005.

诊断。对此，米切姆却认为，当前统治技术哲学的仍然是对伦理和政治的关切。❶尽管表面上他们的判断并不一致，但这恰恰反映了由技术发展与进步所引发的问题之紧迫性。大致来说，近代以来长时间被低估的（部分是未发现的）科技和工业化技术生产的"附带后果"，并不是一个于人类社会之外的自然环境的问题，而是标志着一种涉及现代社会结构基础的挑战或危机。人类社会对自身的危害，不仅表现在所谓高科技的应用方面，即安全操作的技术问题变成了接受与否的社会问题，以及变成了人为灾难的可接受性上的伦理学问题，还表现在日常大规模（消费）行为平淡无奇的后果方面。正是由于大规模生产和与之相关的大规模消费现象，才产生了许多全球性的（环境）问题，比如，每天使用发胶喷雾罐和冰箱所释放出的氯氟碳化合物减小了同温层的臭氧层厚度。

由此可见，当今技术"制造了新世界""改变了人的行为性质"且导致了一系列紧迫性问题，这都在表明，技术行为远远超出了个人的工程师伦理责任范畴❷：其一，技术行为是一种中间行为，即一件产品的制造自然而然地同时包含某种使用行为在其中，因此，责任不仅要和产品的开发，也要和它的使用（甚至是滥用）相联系。其二，产品的开发通常都不是个人的单独行为，而是一种（在全球化的世界里其部分组织过程很复杂）合作的结果。所以，技术行为大多数都是合作行为。其三，技术行为多数都被纳入合作行为。这样，技术伦理学关于工程师是否能够对产品开发负责的问题，就变成了企业伦理学的问题，即企业领导能否有正当理由并指派其下属工程师去开发产品，并将之推向市场。其四，技术行为通常是集体行为，即它处在技术体系的关联体中。因此，其累积性（或许空间和时间距离很大）的行动后果产生于集体行动的总和，个人在此已无法纵观全局，而且这些后果甚至可能同参与者的意图相矛盾。正是在这种意义上，约纳斯提出，对技术做综合评价已远远超出个人的工程师伦理学责任概念的范畴，应该为传统伦理学开拓一个新维度：在当今技术文明时代，道

❶ Carl Mitcham. Philosophy of Technology [C]//Paul T. Durbin. A Guide to The Culture of Science, Technology, and Medicine. The Free Press, 1980.

❷ 格伦瓦尔德. 技术伦理学手册 [M]. 吴宁，译. 北京：社会科学文献出版社，2017：133-134.

德的正确性取决于长远未来的责任性。换言之，若想实现这样的责任转向，在我们看来，就应该从技术正义的理念与方法出发，即着重思考如何实现以权衡当代技术创新和应用所带来利益、责任及风险为主要内容的，以标准与价值为导向的分析及其技术结果评测。

总结而言，所谓科技异化概念的当代诠释，实质上就是一种理论认识上的"伦理担当"，其核心观点是在当今技术时代，我们需要将科技异化理解为一种复合行为，在这样的行为中，人和技术都有着重要的作用。当然，技术并不能被视为完全的道德行动者。不过，如果我们不弄清技术在塑形（转换、限制、扩展和制造）人类生活世界时所扮演的角色的话，人类也不能被视为完全的道德行动者。基于"人的技术存在"，从"技术的媒介性"到"人的未来长远责任"，这些关于当代科技（异化）问题的具体转向，为把"技术正义"这样的反思引入重新诠释传统异化这样的老问题上提供了可能，就"如同社交媒介已经改变了关于隐私的价值观和公共领域的特征一样，医疗技术也已经改变了关于可忍受的痛苦之形式的标准。在技术包含价值，贯穿伦理决定和实践，甚至改变我们用以伦理评估之框架的意义上，技术是负载道德的"。❶ 进一步讲，这一转向也是"技术正义"成为技术创新与应用的一个显性要素的重要理由。在这种意义上，"技术正义"所指向的，技术参与者和受牵连者在现在和今后都能够负责任地对待技术及其带来的那些问题，无论它们是老问题还是新问题，皆须依赖于"伦理担当"以开拓出新维度。

二、科技异化呼唤法律守护"技术正义"

显然，并非所有的当代学者都会认可我们所谓科技异化问题的描述与解释。例如，美国学者芒福德就倾向于首先要弄清楚"技术与人之本性的关系"，而非技术在社会和文化中的作用与影响等。他曾顾虑重重地指出❷：人类利用一种新

---

❶ 维贝克. 将技术道德化：理解与设计物的道德［M］. 闫宏秀，杨庆峰，译. 上海：上海交通大学出版社，2016.

❷ Lewis Mumford. Technics and the Nature of Man［C］//Carl Mitcham, Robert Mackey. Philosophy and Technology, Reading in the Philosophical Problem of Technology. The Free Press, 1972：77.

的巨技术（megatechnology）建造一个统一的、全封闭的架构，而这种架构的设计目的就是实现自动化；人类不再是作为使用工具的动物来主动地发挥作用，而是成为被动的、为机器服务的动物；人的固有功能或者将与机器融合，或者为了非人性化的集体组织的利益而受到严格的限制和控制。进一步讲，芒福德认为，技术与整个人类的本质关系密切，但有必要质疑通常的那些关于人之本质的理论（甚至包括马克思的论断），才有可能更充分地解释人的本性与技术环境之间的关系（因为两者是共同进化的），"技术的进一步发展必须在人类发展的每一个阶段中，发挥人类个性的每一个方面的作用，而不是仅仅发挥那些服务于巨机器的科学和技术所要求的功能作用，来重新建立这一至关重要的协调。"❶ 总之，不论芒福德所持观点是否公允，其中有一点是十分重要的，即他坚决反对那些关于早期技术发展的过度的单向度解释。

在我们看来，这样的单向度解释，不仅表现为芒福德所批驳的对机器的彻底依赖问题，更重要的是会导致批判性思维宰制了对科技问题的思考，无论是社会–政治批判、哲学–现象学批判还是人类学–文化批判等，进而欠缺某种建设性思维以规制"失控的技术发展"。正如约纳斯所指出的，当代科技（异化）问题的产生与"人的行为本质的变化"互为因果，即我们的行为可能性不断扩大，导致了科技进步新的作用和影响。这些作用和影响之所以是新的，就在于它们以一种至今"未知的彻底性""技术手段更高的效率"和一种"加快了的速度"，在越来越无法认清的程度上提高了行为的效力，并导致了对基本生活环境持续和大范围的危害。❷ 因此，与其像芒福德那样坚持认为"如果不能深入洞察人的本质，我们就不可能理解技术在人类发展中所发挥的作用"，❸ 即被另一种批判性思维或某种新形式的"异化"观念所主导，毋宁为了使当今技术创新和

---

❶ Lewis Mumford. Technics and the Nature of Man [C]// Carl Mitcham, Robert Mackey. Philosophy and Technology, Reading in the Philosophical Problem of Technology. The Free Press, 1972: 85.

❷ 约纳斯. 责任原理：技术文明时代的伦理学探索 [M]. 方秋明，译. 香港：世纪出版社，2013：128.

❸ 芒福德. 技术与人的本性 [C]//吴国盛. 技术哲学经典读本. 上海：上海交通大学出版社，2008：482.

应用以一种负责任的方式促进对人类未来的塑形，即不断拓展以"技术正义"为理念和方法的法律治理研究，在评价与规范由技术所支撑的人类的工作生活方式、生命健康乃至整个生活世界方面做出一份努力。为此，我们认为，科技异化问题的"治理定位"主要体现在以下几个方面。

（1）关于科技异化问题的法律治理，其切入点在定位上并不是技术本身，而是与技术打交道的人的理性行为。当代科技的发展与进步，不断深刻地改变着人类生存条件的限制、塑形着生活世界和人类未来，在这种情况下，我们认为应该建构一种以"技术正义"为导向的法律治理体系。比如，在制订科技发展战略、政策与法规的过程中，应该重点考虑如何调控技术创新与实际应用以避免出现"不正义"的恶果。由此来看，我们应该探讨的是，技术决策中对可选方案的思考，其聚焦点是相关的道德因素或者说技术正义问题，包括对技术和科技进步的条件、目的、手段和后果的伦理反思与法律规制；尤其是某些特定技术往往具有鲜明的争议性和伦理内涵标准的不明确性，这形成了伦理反思与法律规制的切入点和问题的复杂性。例如，由"基因改良"技术引发的关于"人之自然本性之未来"的讨论。❶ 在这里，我们所谓争议性和不明确性不仅是围绕技术的制成品，也包括技术的开发、生产、应用和处理等行为而引起的争论，其中还包括常常反映出道德观的，甚至是关于人类未来构想、人类形象和社会模式的论辩等。在这些讨论中常会存在一种误解，即我们应当对技术本身进行严格管控。尽管我们并不主张所谓"作恶的不是枪支而是使用者"这样的观念，但至少从维系最大可能的技术创新之角度来说，法律从来调整的都是人的行为。因此，关于科技（异化）问题的法律治理，其切入点是与技术打交道的人的行为，即人的特殊的技术行为。

一般而论，技术行为是人类生活和生存的基础。❷ 通过技术（转换、限制、扩展和创制）行为，人按照某个意图或计划同一件材料打交道，目的是将其变成一件产品，而这件产品应该比没有人为介入的原始状态更加符合人的需求。

---

❶ 颜厥安．法与实践理性［M］．北京：中国政法大学出版社，2003：312-328.

❷ 颜厥安．鼠肝与虫臂的管制：法理学与生命伦理探究［M］．北京：北京大学出版社，2006.

在这一技术行为的成果中，除了注入由人来掌控的技术能力（人的能力）外，也同样融入了原始材料本身的适用性。与此同时，技术行为往往会遵循自身的逻辑，即从计划、设计、开发到产品应用以完成和达到预期为目标。这样的行为逻辑专注于人类自身的制作能力和项目的实现，会鼓动无节制的消费（不购物就意味着过气和落伍）以及可能产生某些意图之外的后果等，还往往会忽视生产条件的限制和负面效应。可以说，"在现代工业时期，这一格物之道更是走向了极端，最后陷入了自我矛盾。其后果之一就是，如今工业国家制造出了越来越多的和带有危害性的废弃物，它以（生态）危机的形式愈发对人类社会的成果提出质疑（技术后果评估产生的原因之一，同时也是可持续性理念产生的原因之一）。但同时，社会的价值架构还一如既往地同对废弃物的掩盖、压制和排斥一同进行，最后要让废弃物'被消灭、被拒绝和被忽视'……直到今天，我们的社会还患有'废弃物思考中的自我指称缺失症'：以制度为条件的生产中和之后的废弃物产生的可避免性未受到人们的重视，或是被认为技术上是'可以得到解决的'。"❶ 鉴于此，我们关于科技（异化）问题的法律治理必须要以"技术行为"为切入点，既要在兼顾技术行为的所有结果方面，还要对技术创新与应用的文化条件进行伦理反思与具体的法律规制。唯有如此，方可避免约纳斯所担忧的局面，即"普罗米修斯终于摆脱了锁链：科学使它具有了前所未有的力量，经济赋予它永不停息的推动力。解放了的普罗米修斯正在呼唤一种能够通过自愿节制而使其权力不会导致人类灾难的伦理。现代技术所带来的福音已经走向其反面，已经成为灾难"。❷

（2）关于科技异化问题的法律治理，其规制重心在定位上应侧重于技术安全风险。客观地讲，人类历史完全可以被视为一部努力消除危险和将危险最小化，同时增强安全和将安全最大化的历史。无论是作为整体的还是个体的人之生命始终都与危险相关联：作为物种，人受到的威胁不仅来自同类（如争斗、战争、犯罪和剥削），同时也来自大自然（如干旱、洪涝和传染病）以及越来

---

❶ 格伦瓦尔德. 技术伦理学手册［M］. 吴宁，译. 北京：社会科学文献出版社，2017：419.

❷ 李文潮. 技术伦理与形而上学：试论尤纳斯（责任原理）［J］. 自然辩证法研究，2003（2）：41.

多的技术事件（如核事故、海难和环境破坏）。因此，安全是人类社会，尤其是科学和技术领域的一个核心诉求。相应的，作为概念范畴的安全，被打上了各种不同的观念和文化层面的烙印。就个人来说，安全概念越来越多地体现在对安全的具体需求上（如个人财产与人身安全）；而在社会方面，则反映在不断加强的安全政策法规上（如食品与医疗安全法规）。不妨说，人类社会存在一个源远流长的追求安全的传统，当今时代，安全被看作人的"原始需求"、一种"人权"和"高度分化的社会价值观念"。同时，因其无所不在的特性，安全实乃科学研究的一个核心课题，大致有不同含义的"安全"概念：呵护式的、自身安全式的、系统安全式的及人机互动可靠性的等。总之，"安全"由古希腊时期用来表达一种确定性、可靠性和不受威胁的状态，由主要用来描摹个人处境，快速发展成一个政治性的观念，不断出现在经济和财产领域、政策和法律领域。在这种意义上，安全就是一种承诺，现代高技术化的社会无一不在努力尝试兑现它，特别是运用技术手段来实现。申言之，在以行为为主导的技术生产价值体系中，技术知识和技术行为所追求的目标，是能够使用的技术制品、坚固耐用的建筑物及充满智慧的装备和高效的工艺方法。实用技术系统的可用性、可靠性和安全性以及无危险地使用如此这般的特性，对于技术行为来说，无论是过去还是现在，一直都是十分重要的目标理想。由此可知，技术安全实应始终处于科技（异化）问题法律规制的重心位置上。

历史地看，人类技术史上，不乏失败的技术产品、倒塌的建筑物、不能工作的设备以及没有效率的工艺方法这样的案例。其中，切尔诺贝利、博帕尔和福岛就是当代造成灾难性后果的典型案例。人们试图用各种不同的方式寻求技术的安全性、可控性以及关于危害预期和后果作用的知识，一旦发生以技术原因为由的事故，"人们首先了解到的是，自己失去了对被认为是已经掌握了的相关技术的控制"❶。此前未知的或未能考虑到的技术系统及其因素的特点和行为方式，运转与否和运行安全的外围条件，对（极端情况下）技术系统和负载能力一系列未经检查或无法验证的推测，以及人和机器的不匹配性等，诸如此类

---

❶ 格伦瓦尔德. 技术伦理学手册［M］. 吴宁，译. 北京：社会科学文献出版社，2017：40.

的问题会在技术事故中即刻显现。换言之，由于技术总是包含不安全性，所以，人们通过各种不同的科学手段和方法，对失败、损害及其过程的原因、作用和概念，以及如何避免和降低其可能性进行探讨和研究。

自工业革命开启人类历史新纪元始，与技术相关的失败和灾难威胁人类社会的事件就层出不穷，并且愈演愈烈。例如，19世纪的矿井瓦斯大爆炸和铁路运输的重大事故，将大规模的技术事故摆在了当时的人们面前。然而，直至技术安全的真正"教训"——惨烈的蒸汽锅炉爆炸事件不断频发之后，各工业先发国家才逐次采取专门立法的方式，对技术安全作出详尽规定。此后不久，针对高炉、化工厂、发电设备、机动车辆和升降机的法规也相继出台。同时，技术监督协会、材料检验机构、具有约束力的规范和标准纷纷设立起来。也就是说，"所有这一切措施和行动的目的不仅是'通过对技术属性和人的行为的规定，避免来自物体的危险和所要造成的损失'，而且还要针对随着工业化生产而来的不安全和危险，建立起一整套规则系统。"❶ 自"二战"以来，科技发展速度日益超越人的想象，这正如海德格尔所提示的，现代科技使技术中的一切事物成为环环相扣的东西，离开了这个系统，它们就会丧失存在的意义，人本身也被纳入技术之中了，"被一股力量安排着、要求着，这股力量是在技术的本质中显现出来而又是人自己所不能控制的力量"❷。伴随着当代科学技术的这些新发展出现了诸种新情况，具体如生物工程、机器人工程以及非有机生命工程在内的"智慧设计"运动（比如，2000年9月17日，法国农艺学院的科学家利用基因技术"制造"出了可以发出绿色荧光的兔子Alba），人类俨然开始扮演起上帝的角色。传统的技术安全理念、伦理规范要求及法律规制——目的是直接消除不安全和不确定性，这往往无法适用于当代科技所带来的那些潜在危险。因为它们不同于以往的问题，它们牵涉环境依赖度、概率和可能性变量以及时间

---

❶ 格伦瓦尔德．技术伦理学手册［M］．吴宁，译．北京：社会科学文献出版社，2017：41.

❷ 韩孝成．科学面临危机［M］．北京：中国社会科学出版社，2005：9.

变量等"未完全被定义的"问题之复杂性和不完整性。❶ 也就是说，关于科技（异化）问题的当代法律治理需要进一步地提出新思路与新方案，以确保技术安全的实现。对此，我们认为，处理当代技术风险和"制造"技术安全的新方案或某项新法规，须以"技术正义"为分析进路，并使之成为当代科技发展的显性要素，从而至少能够避免陷入美国学者丹尼尔·贝尔（Daninel Bell）所指出的"人之异化"状况。即目前工业化社会都将技术-经济部门建立在有效经营基础之上，为了获取效益，尽量把工作分解成按成本核算的最小单位，围绕专业和科层组织建立的轴心结构本身形成一个官僚合作体系，其中的个人也必然被当作"物"来对待，成为最大限度谋求利润的工具。❷

（3）关于科技异化问题的法律治理，其治理模式在定位上应从后果处理转向技术风险防范。当代科学技术的发展与进步，除了带来各种各样的机遇和挑战之外，同时也附带了大量非主观意愿的新风险和不确定性。这些新风险和不确定性远远超出了工业化初期阶段出现过的各种危险。一方面，一部分新科技的发展与新型的环境和健康风险相关联，尤其是新技术和新工艺的使用总会伴随着风险一起存在，而风险的特征和规模常常在应用和今后一段时间的发展中才得以显现。另一方面，实际上科学技术研究开发及其生产应用，充其量只有相当有限的针对技术（科研）行为的自我限制、伦理监督和后果责任追究，并且在市场的自由竞争中唯以经济效益为原则，因此，国家有义务给日益社会化的科技（异化）问题设置边界。但由于缺乏基于经验的对各种危害之源和后果的认识，国家政府机关事实上无法制定出准确且有效的危害防范标准和措施。与此同时，又由于潜在危害无所不在，肇事者和因果关系难以确定，或者危害的程度十分巨大以致肇事者根本无法承担损害所造成的经济损失，所以，传统的国家管控手段，包括法律治理模式发挥的作用极其有限。鉴于此，关于科技（异化）问题的法律治理，至少在治理理念和模式上应从危险防范转向风险预

---

❶　Jacques Ellul. The Technological Order ［C］//Carl Mitcham, Robert Mackey. Philosophy and Technology, Readings in the Philosophical Problems of Technology. New York. The Free Press：1983.

❷　贝尔. 资本主义文化矛盾 ［M］. 赵一凡，蒲隆，任晓晋，译. 北京：生活·读书·新知三联书店，1989：26.

防。这样的做法也会进一步促使"技术正义"成为当代科技发展的一个显性要素。

在传统上，关于科技危害（异化）只有得到某种程度明确的科学证明之后，国家才会出面对造成危害的技术行为，包括对原材料、制造工艺或产品的应用等进行调整和规范。个中缘由就在于，从法治原则与法治精神来看，危险防范与自由之间需要把握适度的均衡。所谓危险的范围越狭窄，受国家干涉影响的公民在自由方面（尤其是经济自由方面）所受到的限制就越少，因此，在法治国家里公民也就越自由。事实上，迄今为止，人们确定法律上所指的某种危险的存在依然取决于，是否能够通过某种预测或概率的经验规律推导出危害情形及程度。凡是那些没有做过危害因果关系的确认实验和没有科学证据的技术危害，由于缺乏必要的判断依据，就不可能在法律上予以确认。也就是说，建立在普通经验规律基础之上的、关于某个潜在危害事件的具体"知识"，就是能否得到法律上的有效安全保障的中心目标。尽管如此，在今天，正如新技术方法方面经常发生的情况一样——倘若有某些疑点能够对未来的危害可能性予以说明的话（比如，手机辐射对未成年人的影响），那么，法律上从危险防范到风险预防就应得到实现，即对相关技术及其产品等的法律规制应该制定出来。在这里，关于科技危害（异化）问题的实质，从一开始就不是去用保留审核权来预防性地做出种种禁令，而是通过初步的风险评估产生适合于解释和澄清不确定性的（关于技术的）信息，借助这种方法和途径，我们就能够制定适用于新技术特性的、以风险预防为导向的、应对不确定性的具体规范和法律准则。换句话说，在当今技术发展及其危害的法律治理方面，国家的危险防范任务（可在短期内做出判断裁决，在直接因果关系的基础上加以完成）和复杂的风险预防任务（以长期的事先预防为主的裁判原则）应该相举并重，结合当今科技的迅猛发展，我们甚至可以断言——风险预防已经成为首要原则。

总结而言，在当代科学技术的背景之下，所谓以"技术正义"为分析进路的科技异化问题的法律"治理定位"，其着眼于与技术打交道的"人的行为已经发生了质的改变"，也聚焦于当今诸多新技术所带来的巨大不安全因素与潜在的不确定性，为避免单向度地解释这些现象，我们主要探讨了采取预防原则并兼顾均衡性包括价值权衡等问题。总之，我们认为，在遵循法治原则与法治精神的基础上，关于广义科技（异化）问题的民主科学之法律治理机制，不仅要对整个具有科学依据的风险评估进行阐释，而且要拿出相关技术的可替代性解决方案。与此同时，对所有具有科学依据的立场认识予以通盘考虑，还要兼顾少数派的观点和意见。只有当这样的预防措施在民主透明化决策过程中得到充足的论证，才能避免对新技术的不恰当抵制或抑制与过度信任或不信任等极端情形的出现。因此，本着更好地描述与理解"人类是技术的产物"这一命题的目标，我们必须从法律治理层面做出相应思考，实现关于当代科技（异化）问题分析的某种转变。在这种意义上，我们至少就可以搞清楚约纳斯的追问，即"现代技术是如何影响我们的行为性质，以及它在哪些方面使受其支配的人类行为不同于传统社会中的人"❶，甚至可以说克服了约纳斯关于科技的悲观看法。毕竟，当代科技对人类生活世界的改变，远远超过了以往的个人和历史经验。这种改变充满了风险，因为不断增加的可塑性与不确定性恰被冠以不可避免的、无须大惊小怪的技术"附带后果"这样的标签。吊诡的是，"附带后果"的出现不是作为偶然失误的后果，而是科技成功的结果。由此可见，关于当代广义科技（异化）问题，无论是做伦理规范分析还是法律治理研究，它们都必将是一项充满挑战性的艰辛工作。

第三节 介入法律治理的两大考量因素

在我们看来，科技异化问题牵涉研究技术的哲学意义，研究人、自然和技术的关系，它在根本上是以"人类是技术的产物"为问题导向的；同时，那些对技术效应的伦理反思和从规范标准层面对技术行为进行规制的研究也具有特别重要的地位。倘若我们对科技异化或技术发展的诊断是正确的话，那么从严格的意义上说，将"自然"和"技术"二元对立的做法便不再符合当今技术的性质与特征、内容与方法等。换言之，两者的外延并不是各自为政、互不相干的，恰恰相反，在广义哲学上，它们必须在概念理解上相互关联起来。比如，

---

❶ 约纳斯．责任原理：技术文明时代的伦理学探索 [M]．方秋明，译．香港：世纪出版社，2013：1.

依据"技术正义"进行的伦理反思与立法（法律）规制，这些内容就应该成为我们思考科技异化问题的重心。基于此，我们认为，技术正义导向下的当代科技异化法律治理方略主要表现在以下两个方面。

一、技术发展引发的伦理反思

与以"高新技术""循环绿色经济""可持续文化"等为目标的当代社会实践相联系，近些年以来，人们依然坚信科学技术是推动人类历史前进的革命性力量，同时也在不断探察如何应对和解决来自社会、技术体系发展和再生产的各种挑战和问题。在具体实践上，我们是否能够以及用何种方式克服技术创新和应用所带来的问题，这是一个极具挑战性的课题。这至少是因为，技术创新具有双重性：一方面，技术通过行为选项的扩展向人们承诺解决问题的办法；另一方面，它又引起各种各样的问题。比如，围绕核能的开发和利用而产生的问题，不仅是核技术本身的问题，而且是核技术会引起经济的、生态的、公众社会的、政治的诸种问题。我们甚至可以说，每一项新技术都能够引发社会范围内的双重矛盾：人们的行为可能性同时被扩大和缩小；不安全性同时被减小和增多；社会再生产在这一行为中同时被稳定和失去稳定。由此来看，当代技术发展或者说科技异化迫切需要一种能够应对和解决矛盾的治理理念。

除非我们的思想还停留在石器时代，如今人们早已经清醒地意识到，不可能发现或发明一种关于技术创新和应用之双重性的根本"解决办法"。在整体上，当代技术发展或者说科技异化首先应该尊奉"技术正义"的理念和方法：一方面，它是对技术带来的不安全和风险的种类、程度的一种伦理反思；另一方面，它能够借助具体规制（以法律规制为核心）之下的技术实践来实现一定范围内的正义要求。在这一过程中，约纳斯反复提醒我们，必须以批判的审慎态度来对待技术所引发的责任问题。❶ 在我们看来，由于"规范标准不明确"，这里的责任归属也多有不明确性。也就是说，面对技术发展，究竟谁是"责任的主体"——技术开发者、技术使用者还是技术决策者，这个问题并不十分明

---

❶ 约纳斯. 责任原理：技术文明时代的伦理学探索 [M]. 方秋明，译. 香港：世纪出版社，2013：78.

确。因此，从法律治理（立法规制）的角度来说，我们至少需要结合"伦理化考量"和"标准化取向"这样两种理念来具体化"技术正义"这一总体理念和方法。

所谓"伦理化考量"，是指在大多数情形下立法者应该采用的一种"兼顾伦理价值、多方利益"的综合性策略。一般而言，开发、应用和（以经济目的）利用技术者都可能成为利益和责任主体，同时技术未来的发展并不能完全为人预知与管控，而且其使用的后果以及与之相关联的或其波及的影响也同样是个未知数，难以把控。因此，立法者处在一种不确定的决策情况之中，却又必须做出一个具有风险的决定：不确定性不仅因与技术使用所导致的相关事件而存在，而且因技术后果和与之相关联的对当事人的权益，以及公众利益的影响和作用而存在。因此，若要进行相应的利益权衡实现"技术正义"，那么针对技术的开发者、使用者和其他受牵连者，应分别赋予各自不同的权利和义务。在这里，问题的重点不是对问题本身是否已经准确把握，而是必须对多方诉求加以兼顾，这就需要我们不断在如何优化"伦理化考量"上下功夫。

所谓"标准化取向"，是指在实体性规范方面对技术的开发、应用和利用等情形进行明确具体的规定，当然也应该包括程序性规范方面。具体来看，当立法者对技术问题进行考量和决策时，标准化取向除了应捍卫人们的基本权利之外，还应传递由立法机关和行政机关所要维护的公共利益诉求。技术指标的标准化与技术问题规制的标准化，其目标不仅在于，通过对权利和义务的明确规定把某一主体的权益范围区分开来，而且在于鼓励当事者相互之间积极主动地携手合作。实际上，由于受社会发展阶段和历史文化的影响，人们在应对和解决技术问题的过程中，是随着对技术问题认识的提高而不断翔实起来、不断标准化起来的。比如，始于19世纪工业化早期的蒸汽锅炉管理办法，就是对锅炉的一种标准化规制。近些年以来，特别是"二战"以后，与特定的技术产品或特殊危险品相关的各种法律法规，如原子能法、化学品法或基因技术法等使它们各自规制的领域渐次明确化、标准化。除了这些正式的国家法律之外，一些补充性的、法律效力等级低的行业准则和管理办法，以及具有特别重要的实际意义的技术标准，如碳排放标准，随着全球化进程的推进，越来越多地出现在跨国家的机构组织中、行业组织内的伦理委员会中等。总之，无论何种意义上的立法皆在不断建立一种关于技术的、以标准化为取向的制度框架。

当代，社会科技化和科技社会化的双重趋势日益加深，种种社会因素和价值取向渗透到科技领域，影响着科技活动，这表明现代科学技术已不再是纯粹的理性活动，而是与人的需求和社会全面发展更加紧密相关的实践活动。科学是一种在历史上起推动作用的、革命的力量，这是马克思主义经典作家关于科学技术理论的一个首要的、基本的观点。对于这一观点，邓小平把它发展为：实现人类的希望离不开科学；江泽民进一步把它发展为：科学技术是现代社会进步的决定性力量。科学技术日益渗透于经济发展和社会生活的各个领域，成为推动现代生产力发展最活跃的因素，并且归根到底是现代社会进步的决定性力量。❶ 可见，科学技术作为第一生产力，已经成为经济发展和社会进步的最具革命性的推动力量。这一系列论述，重申并发展了马克思主义科技观，向人们极其全面地展示出当代科学技术对人类社会进步所具有的决定性意义，这就为我们抵制国际性的反科学的思潮提供了强有力的思想武器。

总结而言，若要合理应对和解决当代技术发展问题或者说科技异化问题，应当以"技术正义"为理念和方法来指导技术实践，以"伦理化考量"和"标准化取向"来直接或间接地确立起法律治理规范。也就是说，我们明确反对，那种认为技术发展不受规范制约，它按照其自身规律不断演进的观念；我们鲜明地主张，伴随着技术发展而不断发展的伦理反思和立法规制会逐渐使"技术正义"得以具体化。

二、技术应用潜藏的风险研判

当今技术时代，不同技术的融合是技术创新和应用的一个重要趋势，如作为经典案例的纳米、生物和信息技术以及神经学的相互渗透；与此同时，无法回避的也是与日俱增的、与科学技术有密切关联的重大社会变革，亦成为一个迫切需要解决的难题。它们共同决定了科技异化法律治理的深度、广度和难度。对此，一如前述，从治理内容的角度来说，人们不再狭隘地就技术管理论技术

---

❶ 江泽民．用现代科学技术知识武装起来：《现代科学技术基础知识（干部选读）》序 [J]．中国科技论坛，1994（2）：1-2．

管理，而是把伦理学、法学等广义哲学知识与科技及其密切关联的重大社会变革结合在一起，去发现人类社会的未来。在科学发展与技术革新的过程中，我们要增强规范性意识和提升风险研判能力，为人类合理地利用科技保驾护航。

（1）跨学科之间的整合与规范。这就是说，如何将不同学科的分项工作融合到跨学科的研究和开发、创新和应用过程中。实际上，不同学科自有其基本概念、研究对象和研究方法，各学科技术发展的难易程度区别很大。从某项技术被开发到被普遍接受，到对该技术及其制成品的准确认识，再到把多个专项技术工作整合到一个有内在关联的技术成果中，进而最终形成关于它们的合理规范，这一切都是极其富有挑战性的融合工作。从人类技术史的角度来看，虽然不乏长年的实践经验，但是随着技术制造的问题越来越多且越来越复杂，这些整合融合工作一方面应该坚持跨学科本身的合理性，另一方面也应该对不同学科的合理性加以认识和确定，从而才能以富有成效的方式满足技术发展的需要，实现人、自然和技术的和谐相处。

（2）创制技术发展标准规范。通常来说，创制标准规范的意义就在于为技术的可持续发展提供必要性和可能性。充满活力的标准化规范，不仅是对法律政策制定机关的要求，也是对社会上多方当事者的一种特别挑战。因为这并不仅仅是由于与之相关的种种不确定性，而且是因为往往只有不同当事者齐心协力，才能释放出为技术创新开发可能性空间的创造性潜力。在创制标准规范的整个过程中，问题的关键并不只是正确地规制技术发展，更重要的是应该令当事者勇于承担自己的责任和义务，积极发挥创造性。唯有如此，才能更好地应对并使预料之外的、非主观意愿的技术后果及其影响最小化。概言之，若从技术后果评估的角度来看，创制标准规范至少要包括两个方面的内容：一方面，不论是通过与公众讨论的方式，把非科学专业的参与团体纳入问题的定义过程也好，还是通过专业标准的和伦理反思的正义要求相结合的方式方法也罢，在技术后果评估中必须发展一种提出问题的切实做法；另一方面，不可或缺的是，紧密地联系技术规划来创制标准规范，即不能脱离与新技术的开发、生产和使用具有决定意义的参与团体之间的密切关联，以及与涉及技术的跨领域社会评判过程的密切关联。我们认为，只有在这样的路径之中，才能保证技术发展的可靠性与正义性。

（3）以透明程序为基础的风险预防。在技术创新和应用的过程中，由于持续存在的不确定性，并且无法对这些不确定性予以准确的价值权衡和法律规制，所以人们就十分有必要通过适当的程序规定来实现对某些技术后果的可预防性和可防范性。通过程序规定必须保证做到，把存在于科技数据和知识评价中的诸种判断公之于众。透明化的决策过程要求人们在具体化的过程中，不仅要对整个具有科学依据的风险评估进行阐述，而且要拿出可替代的解决方案。进一步讲，对所有具有科学依据的立场认识予以通盘考虑，同时兼顾少数派的观点和意见，才能避免出现"技术不正义"，尤其是对新技术的不信任等情形。因此，本着为实现更大范围和程度的"技术正义"，我们必须结合技术现实建立起相应的以透明程序为基础的法律规制内容。

显而易见，一般理论意义上的、应对和解决当代技术发展问题或者说科技异化问题的这些实践路径，不仅代表着一种关于当今技术未来的理想目标，而且代表着关于技术的伦理反思和法律（立法）规制的一种理想目标。换句话说，这样的实践路径一方面利用哲学伦理学对技术问题进行理论反思，另一方面通过对技术开发和利用的社会化过程的当代理解，以及在尽可能准确地对具体技术领域理解的基础之上，通过对各种不同技术后果及其影响的认识和规制而开创出人类社会的美好未来。

第四章　技术正义导向下当代科技异化法律治理的典型领域

关于当代科技问题，尤其当它们牵涉技术正义与否、技术是否具有伦理意蕴或法律规范基础，诸如此类的问题始终聚讼纷纭。毕竟，在传统哲学、伦理学及法学理论中，规范只是相对于人类自身及其活动而言的，各种技术规范、道德规范、法律规范等关涉的仅仅是人类能从事的行为。因此，"依据道德行动者来思考技术物体似乎犯了一个范畴的错误，或似乎是万物有灵论的一种纯朴形式"❶，譬如，没有人愚蠢到会把事故责任全部归咎于汽车。也就是说，在传统理论看来，技术是沉默的、被动的和消极的；技术缺乏意向性和自由，它们从来都不能是道德行动者，只有人类才能为技术的发展、实施和使用承担责任。因此，关于技术的伦理反思，应当聚焦于人而非物，无论该物是否是人造的。然而，当今科学技术的进步扩展了人类行动的可能，人类日益增长的行为能力，乃至技术对自然和社会，以及对人的身体和精神不断加深的干预与切入程度，导致了伦理反思和法律规制之必要性的同步提高。更为准确地说，随着当代科学技术的发展与进步，对于其目的、结果和后果的伦理反思不断呈现加强趋势，对于实际技术实践和发展所带来的问题之法律治理越来越迫切。正是基于此，本章将侧重于分析若干当代核心技术领域存在的伦理问题及其以规制为主的法律治理问题等。

---

❶ 维贝克. 将技术道德化：理解与设计物的道德 [M]. 闫宏秀，杨庆峰，译. 上海：上海交通大学出版社，2016：165.

第一节　核技术：天使与魔鬼的两副面孔

核技术（nuclear technique）发展至今已经历时一个多世纪，它的发展始自1895 年德国物理学家伦琴（Wilhelm Conrad Röntgen）发现 X 射线、1896 年法国物理学家贝克勒尔（Antoine Henri Becquerel）发现放射性现象。核技术是一门现代高新技术，它是以原子核物理现象，即核性质、核反应、核效应和核谱学等为基础，利用各种核物理设备和核实验方法，如原子核反应堆、粒子加速器、放射性同位素以及核粒子探测器等为各个部门服务的。广义而言，核技术泛指一切与"核"有关的技术，至少包括研究和应用两个层面；具体而言，核技术包括以下三个方面：①核武器，即核变（裂变、聚变）及生化效应；②核工程，即核能与核动力（反应堆、热工）；③核技术，即非动力核技术（同位素与辐射技术）。

我国从20 世纪50 年代开始进行核技术的研发与应用，从核技术的科研开发起步，再到将核技术的应用开发实现产业化布局并随后取得了飞速的突破性发展。在21 世纪，我国国民经济各个领域，包括工业（工业无损检测、材料改性）、农业（辐射育种、食品与农产品辐射加工等）、医疗（医疗保健产品灭菌）、环保以及国家安全等领域，均形成了相当可观的产业规模，并取得了可喜的社会经济效益。可以说，核技术不仅在自然科学研究发展中至关重要，而且已经成为当前我国国防建设的重点领域以及国民经济发展可以依赖的重要支柱。未来，在国际层面，大环境支持核技术应用继续保持强劲发展势头，国际原子能机构（IAEA）正是为各个国家提供大力支持与帮助的主要机构；在国内层面，我国正在实施创新驱动战略，在核技术的应用基础研究方面必将不断增加投入，这将进一步促进核技术应用产业迈向标准化、集约化与国际化的发展模式。然而，历史与现实的经验告诉我们，核技术的开发与应用必然会引发人们深思其间所包含的各种伦理问题。

一、灾难与福祉并存的伦理困境

人们对于发展与利用核技术持正反两方面的观点。一方面，核技术的研究、应用与开发潜藏着巨大的价值，无论从纯粹研究的角度还是造福社会的角度，它都值得国家以及科学工作者个人努力为之奋斗。另一方面，核技术的研究、应用与开发也潜藏着巨大的风险，也确实给人类社会带来了不可弥补的损失，有些是有意而为之的，而更多时候则是人类本身也无法掌控的。❶ 即核技术好比一把威力无边的"双刃剑"，在造福人类的同时，也可能遗祸无穷，它更像是一把高悬在人们头顶的"达摩克利斯之剑"，时刻都有掉落下来的危险。这不仅要求我们要理性地使用核技术，而且要求我们谨慎评估其应用可能带来的不可预知的风险，并采取合理的预防与处置措施。

（一）从个人角度来讲，核技术给人体健康和生态文明带来了严重伤害风险

核技术的开发与利用，整个过程都包含着巨大的潜在危险，对人类及其所赖以生存的环境都构成了严重威胁，而且这种威胁持续的时间跨度长，影响范围也非常广泛，相较而言危险系数也更高。之所以会这样，主要是由于受到目前技术发展的限制，也就是说，在世界范围内，人类还没有发展出一种生态上安全、技术上可靠、经济上可承受的核技术工艺。在铀和钍的处理与储存方面、在核燃料的分解与处理方面，尤其是在核武器残骸的销毁与分解方面，人类还没有完全掌握一种安全高效的处理手段与工艺。各种与核有关的剧毒化合物长期侵害着水源与土壤，在严重污染自然环境的同时，更会对人类的生活环境、人类本身及地球上的任何有机体造成有害的影响，进而破坏地球的生态平衡。我们也会将骨癌、白血病、寿命缩短及生育能力降低等多种疑难杂症归咎于核辐射有害影响的长期存在。

而且，核试验的破坏作用往往难以估计。例如，苏联的特察河由于基什底

---

❶　1945 年 8 月 6 日和 9 日，为了迫使日本迅速投降，美军向日本广岛市和长崎市各投下一颗原子弹，据日本有关部门统计，广岛、长崎因受原子弹爆炸伤害而死亡的人数已分别超过 25 万和 14 万。1979 年 3 月 28 日，美国宾夕法尼亚州三里岛核电站制冷系统出现故障，造成核泄漏，致使 15 万居民被迫撤离。1986 年 4 月 26 日，苏联的切尔诺贝利核电站 4 号反应堆发生爆炸，当场造成 30 人死亡，8 吨多强辐射物泄漏。这次核泄漏致使核电站周围 6 万平方公里的土地直接被污染，320 多万人受到核辐射的威胁。据官方统计，截至 2006 年，切尔诺贝利核污染已造成 4000 多人死亡，900 多万人受到核辐射的危害。2011 年 3 月 11 日，日本发生 9.0 级地震，地震造成福岛核电站发生泄漏，事故中大量的核污水被排入大海，严重影响了海洋的生态环境，就连东京等多处地方的自来水也验出"不寻常"的微量放射性碘元素。

姆原子弹生产排放的铯、锶及其他放射性液体废物注入，导致距离这条河 1600 多公里的北冰洋也受到了放射性物质的侵扰。20 世纪 40 年代末期以来，特察河沿岸居民更是被迫背井离乡、逃离家园。再如，太平洋比基尼岛被称为生命死寂之岛，距离比基尼岛最近的罗格拉普岛和尤克特里岛上的居民甲状腺癌和畸形的发病率一直偏高。究其原因，是因为美国于 1954 年 3 月 1 日在此岛上进行了氢弹试验，不仅整个岛上覆盖了大量的高危放射性粉尘，而且方圆 24 万平方公里的公海也招致核辐射的污染。时至今日，比基尼岛及其附近岛屿仍然是饱受放射性危害的危险之地。相比较而言，地下核试验对生态系统的破坏作用似乎要小一些，但它会导致地下水源的污染，而且更大的威胁是地下核试验极容易发生泄漏。总之，不管是地上的核试验，还是大气层中的核爆炸，抑或地下核试验，它们的放射性危害只是污染主体或污染方式与程度的不同，其危害的本质是一样的，都需要人类不断加以警醒。

（二）就国家层面而言，核武器研发耗费了巨额的社会资源和自然资源

任何一个开展核技术研发与应用的国家，为实现这个任务都耗费了巨额的社会资源和自然资源，可以说，正是各个国家大量劳动者的血与汗铸就了核事业的蓬勃发展。以美国为例，其为了完成"曼哈顿计划"，制造出原子弹，美国政府花费了大量的人力（50 多万人参与其中，仅科研人员就达 15 万人）、物力（占用了全国近 1/3 的电力）和财力（耗费了至少 22 亿美元）。1995 年 7 月 12 日，美国《基督教科学箴言报》首次发表了美国实施"曼哈顿计划"以来核武器费用调查报告。该报告称，"1945 年以来，美国制造了约七万枚核弹头和核弹，六千多枚战略导弹，设置核武器的全球控制系统，建立维持核武器的庞大工业体系，最保守的计算也有 4 万亿美元。即使 1992 年停止地下核试验，并把核弹头数量从 2.1 万枚减少为 1.4 万枚，但美国每年仍需花费约 250 亿美元用于核计划，至少有约 120 亿美元被用于防护核武器袭击国防项目，数十亿美元被用于修建可以防护核危害的地下办公设施。"❶

---

❶ 陈芬 . 对核技术发展的伦理思考 [J]. 山东科技大学学报（社会科学版），2003（3）：15-18.

2017 年 11 月 22 日，美国媒体报道称，美国正试图推动一个核威慑力量全面现代化项目。"美国核威慑未来 30 年预计耗资 1.2 万亿美元，将严重冲击整体国防预算"。美国国会对此的解释是，"核威慑力量全面现代化项目本身的耗资预计是 4000 亿美元，不是 1.2 万亿美元，但核威慑系统的运行和维持费用大约是 4000 亿美元，指挥、控制和通信系统的费用大约也是 4000 亿美元。"不过，多位分析人士对实施这项庞大国防工程的必要性存在分歧。他们强调美军的核武器库已经足够强大，足以对俄罗斯构成核威慑，美军应该将更多的资金放到提升常规军力上，维持美军的备战能力和技术优势。然而，情况可能会变得更糟。美苏两国领导人于 1987 年 12 月签署的规定两国不再保有、生产或试验射程在 500 ~ 5500 公里的陆基巡航导弹和弹道导弹《中导条约》已于 2020 年失效。虽然人们普遍认为，如此消耗巨大社会资产来生产毁灭人类、破坏自然环境的武器在道德上是极富争议的，但强国间的核武器竞赛并不会就此停下脚步。

（三）就国际社会层面而言，核技术加剧了国际社会的不公正，威胁国际安全

世界主要国家之间的核竞争、核威胁、核保护等，尤其是核武器的研发与制造加剧了国际社会的不公正，成为世界超级大国争夺霸权、掌控与欺凌弱小国度的主要战场。自美国 1945 年向日本广岛、长崎投射两颗原子弹以来，核武器的研发不断推陈出新，核战略也不断变换花样。美国和俄罗斯（苏联）两个核超级大国更是一直重视保持核威慑力，并将其视作核战略的核心和基础。在美国，最早是在 1946 年提出核威慑战略概念的，由伯纳德·布罗迪（Bernard Brodie）等人在其《绝对武器》一书中首次进行了阐释。核威慑主要是指让弱小国家惧怕核武器产生的毁灭性危害，进而对其进行思想意识方面的统治，威慑是美国核战略的核心问题。美国华盛顿智库企业研究所防务问题专家伊格琳（Mackenzie Eaglen）对核威慑做了延伸解释，她说："我们有一个核延伸威慑战略，也就是答应盟友使用本国的武器以便其他国家不去添置核武器。对我们的盟友和敌人来说，这是一个强有力和至关重要的信号，并有助于将拥有核武器

国家的数量稳定下来。"❶ 然而，无论怎样定义核威慑，万变不离其宗的是：维持像美国和俄罗斯这样的核武器大国的核威慑力量，进而控制其他国家，实现对世界利益格局的支配，将毫无疑问会威胁到世界其他国家及其人民的安全与利益，这是有悖国际正义原则的。此外，由于一些主要核国家为了保护本国及其人民，几乎都把核爆炸试验转移到了殖民地或被奴役的土著居民的居住地进行，无情地摧毁了他人赖以生存的家园，危害的是弱小者的生命健康，更加剧了核试验中的种族歧视与国际社会的不公正。

核威慑可以起到防止战争的目的，但是布罗迪等人却指出，"以原子弹作为遏制突然袭击的真正威慑力量，似乎是足够强大的可靠保护措施。尽管原子弹是一剂强效药，但不应该是遏制原子战争的唯一依靠，仍然需要有其他形式的控制体制"。❷ 1968 年 6 月，联合国通过了《不扩散核武器条约》，截至 2022 年，已有 189 个缔约国。条约主要内容是："核国家保证不直接或间接地把核武器转让给非核国家，不援助非核国家制造核武器；非核国家保证不制造核武器，不直接或间接地接受其他国家的核武器转让，不寻求或接受制造核武器的援助，也不向别国提供这种援助；停止核军备竞赛，推动核裁军等。"❸ 该条约确实有助于缓解与遏制核技术在全球的蔓延，但是核技术依然不断处于扩张与扩散的态势之中。虽然多数国家还是坚决主张"核不扩散"，现实却是越来越多的国家拥有了自己的核技术，而像美国、俄罗斯这样的核技术大国，其核技术水平则呈不断提升趋势。这种情形确实给世界提出了一个貌似无解的难题，一方面，作为大规模杀伤性武器，核武器存在于世的数量越多，其杀伤力也就越大，掌握和拥有该项技术的人越多，其危险性也就越大；但另一方面，为了各自国家和人民的安全与利益，又不得不前赴后继地开展核技术，研制核武器。这种困

---

❶ 郭鹏飞. 与俄罗斯针锋相对！美欲斥 1.2 万亿美元升级核打击力量 [EB/OL]. (2017-11-22) [2022-07-28]. http：//world. huanqiu. com/exclusive/2017-11/11392699. html? agt=1.

❷ 布罗迪，等. 绝对武器 [M]. 于永安，郭莹，译. 北京：解放军出版社，2005：前言.

❸ 1968 年《不扩散核武器条约》（Treaty on the Non-Proliferation of Nuclear Weapons），1970 年 3 月正式生效.

境类似于囚徒困境，因为不相信他国会主动放弃核武器，所以，自己必须出于利益最大化的考虑做好充分防御。因此，即便是在今天核扩散问题已经有所缓和的局势下，国际社会仍然需要继续尽最大努力，防患于未然，尽可能阻止核武器的使用，而且更要从根本上避免核武器及相关技术的盲目扩散。"无论如何小心，当放在核按钮上的手越多时，意外发生的可能性就越大。"❶

（四）从全人类的视角出发，核技术将使人类和人类文明面临毁灭的风险

核战争将毁灭人类和人类文明，这绝非危言耸听。众所周知，核技术的更大威胁来自核武器，一旦核战争全面爆发，它必将毁灭人类及其千百年来所辛苦创造的人类文明。我们可以说，核战争于人类而言就是一场灭顶之灾。这也正是迈克尔·曼德鲍姆在《核未来》中告诫人类要"学会与核武器共存"的原因与要害所在。换言之，生存原则是我们在核时代所应该秉持的根本原则，尤其是核超级大国，理应坚守谨慎与克制的核政策，避免直接的核冲突。1983年10月31日，一百多名来自世界各国的科学家举行了一场主题为"核战争后的世界"的专题讨论会。其中，著名的"TTAPS"五人科学家小组❷根据他们最新的研究成果指出，"核爆炸除了核辐射、冲击波、热辐射、放射性沉降和电磁脉冲干扰这五种破坏作用外，还将产生第六种灾难性后果，即改变地球气候。一场全面核战争所产生的数亿吨尘埃和烟雾将把整个地球笼罩起来，其光学厚度达4万~5万米。尘埃和烟雾遮蔽了阳光，使全球内陆和海洋气温骤降，地面平均温度下降至10℃以下，造成数月乃至逾年不见天日的黑暗和严寒。大量植物冻死、荫死，又引起以植物为生的动物死亡。动植物濒临灭绝，人类的生存也面临严重威胁。"❸ 科学研究已经探明的核技术的诸多负面与破坏性作用都迫使我们自

---

❶ Stephen C. Rowe. The Negative Effects of Minimal Deterrence on the Proliferation of Weapons of Mass Destruction [M]. Whitman College Press，1996：11.

❷ "TTAPS"小组由五名成员组成，他们分别是：在加利福尼亚州玛丽娜德尔雷从事大气研究并担任科研项目负责人的科学家理查德·特科；在美国国家航空航天局艾姆斯研究中心从事研究的科学家布赖恩·图恩、托马斯·阿克曼和詹姆斯·波拉克；以及担任康奈尔大学行星研究室主任的卡尔·萨根。"TTAPS"是由他们五人姓氏的头一个字母组成的。

❸ 陈芬. 对核技术发展的伦理思考 [J]. 山东科技大学学报（社会科学版），2003（3）.

省，"无论我们由核武器所获得的收益有多少，都会被其危害给抵消掉；而这种难以挽救的危机，无论如何都是不允许存在的。"❶ 这些研究和结论表明，核战争毁灭的不仅是人类的自然生存前提，而且人类及人类的文明本身都将"毁于一旦"，更遑论阶级、集团、国家的利益最大化了。

二、核技术伦理困境的深层缘由

核技术是否可以被表征为价值中立，也就是它仅仅是一种科学的求真活动，而独立于其社会与文化环境？从 1945 年美国在战争中首次使用原子弹开始，这个问题的答案就已经不言自明了。如果说原子科学技术的理论和发现尚且可谓价值中立，那么原子科学技术的运用则不可避免地将产生价值负荷。在原子科学技术应用发展的过程中，由于科学技术的发展还不够成熟、科学家未能充分估计技术应用带来的后果等原因，原子科学技术负面效应总是不可避免地，有时也是不知不觉地产生。"世界处于极大的危险之中，一场核战争会爆发的危险，几乎可以肯定将导致人类的灭绝。虽然这种危险的存在人尽皆知，但是我们没有能够采取行动减少这种危险。相反，我们已经使得核武器系统和运载它的工具越来越复杂化，这种不断增长的复杂化增加了这种机会，即一个技术上或心理上的错误将导致一场灾难性的核战争，这场核战争将带来地球文明时代的结束。"❷ 核技术的发展应该何去何从，我们对此应持一种怎样的观念，这些都是当今的关键性问题。我们必须结合目前世界各国核技术应用和发展的现状，对核技术引发相关伦理问题的缘由予以探讨与分析。

（一）核技术在控制上的风险

"就像任何药物既可治病又会带来一定程度的副作用一样，完全没有负面效应的技术恐怕是没有的"。❸ 核技术作为技术的一种，因其自身特性既有利也有

---

❶ 戴森. 全方位的无限 [M]. 李笃中，译. 北京：生活·读书·新知三联书店，1998：292.

❷ 鲍林. 告别战争：我们的未来设想 [M]. 吴万仟，译. 长沙：湖南出版社，1992：121.

❸ 徐飞，张秉伦，胡化凯，等. 科技文明的代价：科技发展的负面效应与对策研究 [M]. 济南：山东教育出版社，1999：243.

弊。核技术的弊端在于，其应用所引发的技术风险似乎是如影随形的，即只要人们应用和使用它就必然会面临其风险管控问题。如果借用吉登斯对"风险"的分类，则核技术风险本质上属于"人造风险"而非"外部风险"。● 所谓"外部风险"是一种确定性风险，是指人们可以借鉴传统经验和规律加以控制的风险；而"人造风险"则是由于创新技术自身的不确定性因素所带来的风险，其风险系数较高，是人们难以借鉴传统经验和规律加以控制的风险。

1936 年 8 月，时任美国总统罗斯福收到西拉德与爱因斯坦联名写给他的信，提请他注意德国可能正在研制原子弹，这促使美国开始实施由物理学家罗伯特·奥本海默领导的研制原子弹的"曼哈顿计划"。显然，爱因斯坦、西拉德等科学家提议的初衷是要赶在纳粹德国前面制造出原子弹，以免这种极度危险的武器为纳粹所用，对人类造成更大危害。最终美国于 1945 年制造出 3 颗原子弹并试爆成功。然而，美国对日本广岛、长崎两地使用原子弹，造成无法估量的灾难性后果。仅广岛一地，就造成 12.5 平方公里的面积被毁，死伤人数达十几万人，更多的人继续承受严重的放射性污染后遗症之苦。出于尽快结束战争，避免对人类造成更多伤害的初衷而研制成功的原子弹，却给人类留下了难以磨灭的身体与心灵创伤。同样，人类发展和利用核技术，初衷是为了解决人类所面临的能源和生态危机等复杂难题。但是，在核技术的实际应用过程中，却引发了几起令人始料未及、至今仍心有余悸的重大事故。不管是美国的三里岛核电站故障，还是苏联的切尔诺贝利核电站发生的爆炸，抑或日本福岛核电站泄漏事故，都使我们清醒地意识到，人类对于核技术的安全利用不应有一丝懈怠，而即使人类倾尽全力，也还是有很多不可控的因素随时有可能引发下一场毁灭性的灾难。

虽然核能是一种高效能源，为人们的生产生活带来了诸多便利与诸种可能性，但是，人们从没有一刻停止过对核风险的担忧。以核废料的处理问题为例，核废料主要包括两类：中低放射性核废料和高放射性核废料，核废料中的 99% 属于中低放射性核废料，是核电站在发电的过程中产生的具有放射性的废料。而高放射性废物（HLW）一般指乏燃料在后处理过程中产生的高放射性废液及

● 吉登斯. 现代性的后果［M］. 田禾，译. 南京：译林出版社，2000：115.

其固化体，其中含有 99% 以上的裂变产物和超铀元素。高放射性废物的比活度高、释热量强，且含有半衰期长、生物毒性大的多种核素，故其安全处置问题一直是人们所关注的焦点。[1] 而且一些核放射性废料具有长期危害性，要想降解到天然的水平需要几万年的时间。如果没有正确处置放射性核废料，就会产生核辐射，破坏人体的正常机能，导致其罹患癌症等，直接威胁着人类的生命、健康与安全。

目前，主要采取"深地掩埋"的方式处置核废料，也就是将核废料放置于特制的容器中，并将其存放于在地下深处建造的特殊仓库中，予以永久保存。然而，一则由于核能放射性衰退期长达几万年，二则由于这种存放方式是有诸多的不确定性，引发了公众的普遍担忧。但即便是这种国际通行的处置方式，目前，我国处于正常使用周期的放射源仅占一半左右，其他都属于需要合理处置的废弃放射源。

（二）核技术在道德评价上的两难困境

对于开发与利用核技术进行道德评价往往会面临两难困境。一方面，就研发核技术的目的而言，研发者都声称其是出于正义或良善的目的而做出的努力，或者是为了国家或世界安全利益的考虑，以维护世界和平与正义为己任，如"二战"期间美国研发原子弹正是基于这种考虑；或者是基于为全人类幸福生活谋福利的目的而进行核清洁能源的试验与应用等。由此，人们更愿意对核技术的研发做出正面的道德评判。然而，另一方面，如果从核技术应用的后果来看，则开发与利用核能不可避免地会对人类、社会、生态等方面造成不可逆转的伤害。虽然核清洁能源的实践活动给人类带来了巨大的能源宝库，但是一旦由于操作不当或设备故障与设备缺陷等原因引发核安全事故，必将对人类社会包括人的生命健康与生态环境等方面造成巨大的伤害。原子弹在日本成功爆炸，虽然带来了战争的胜利，但随之而来的是对人类社会一系列严重的伤害事实。就连爱因斯坦后来都承认，自己"犯了一个严重的错误"。奥本海默为此感到深深的自责，他说："我成了死神，世界的毁灭者。"时任总统杜鲁门的助理威廉·

---

[1] 聂永丰. 废处理工程技术手册：固体废物卷 [M]. 北京：化学工业出版社，2000：2.

李海军上将也认为："由于我们第一个使用了它，我们采用了同黑暗世纪野蛮人同样的伦理标准。我没有学过用那种方式进行战争；战争不能靠毁灭妇女和儿童来赢得胜利。"❶ 就此而言，人们很难对核武器的伤及无辜、破坏生态的负面价值视而不见，也很难对核技术本身做出毫无保留的正面道德评价。如果再考虑到"二战"之后，美苏两国为了实现各自利益，所展开的旷日持久的核军备竞赛，那么对核技术研发与应用的道德上的两难评判问题就愈发尖锐与凸显。正如加利福尼亚大学诺尔曼·卡曾斯教授所说的，"现代人除非改变他们的要求和忠诚，处理好人类的冲突而不诉诸原子战争，否则现代人就退化了。当然，世界政府除了需要宪章以外，还需要更多的东西。不仅是主权国家，普通人的想法也必须经历转变。"❷

现今，核技术的研究与应用规模正在不断扩大，核技术也越来越多地与社会发生相互作用与联系。我们必须首先承认，核技术研究绝对不是一项价值中立的认知活动，在其自己的系统内自给自足，也不只是关涉纯粹的个人或科研共同体的事项。不管是国际组织机构、国家，还是具体到科研工作者与每一个社会公众，都应该正视核技术研发的道德问题，努力实现核科技向其自身的原初目的回归，始终将核技术的发展置于人类的合理控制之下。总而言之，发展与利用核技术的道德评判应该从人类整体和整个生态系统的角度出发，以人为本，确保人类生命安全和健康。

（三）核技术风险评估与监管机制不够健全

核技术风险的产生，主要原因是核技术自身存在的特性和局限性。如果科学家对核设备的认知有局限，可能导致核设备设计中的不合理，从而直接导致核事故发生。除此之外，还有一个重要原因是人为操作失误造成的，如核设备使用过程中的操作不当、核技术产品的安全生产与维护疏忽、核设备安全防御机制没有合理建构起来等。迄今为止，大多数核技术的风险都是人为原因导致的，社会关注较多的几次重大核事故的发生，主要都是由于工作人员使用核设

---

❶ 倪世雄. 战争与道义：核伦理学的兴起［M］. 长沙：湖南出版社，1992：109.

❷ 布罗迪，等. 绝对武器［M］. 于永安，郭莹，译. 北京：解放军出版社，2005：165.

备操作不恰当以及核设备安全维护意识缺乏造成的。美国三里岛核事故中，虽然存在多重设备故障，但"堆芯熔化"事故的主要原因是人机管理不同步引发的机器程序故障。苏联的切尔诺贝利事故，虽然根本原因是核设备使用设计的程序缺陷，但是，直接原因是核电厂工作人员由于缺乏有效的管理培训而违反规程操作，以及安全防护措施不到位。虽然日本福岛核事故的直接原因是地震和海啸等自然灾害，但是如果不是东京电力公司因为经济利益而人为降低了核电站的运行成本，违规延长了老旧核电站的使用寿命，置核设备的安全问题于不顾，而日本政府对东京电力公司的监管又严重失职，这次重大核事故也许就不会发生；事故发生后，缺乏有效应对措施与处置失误更是直接导致事故升级（从 4 级上升到 7 级）。

庆幸的是，人类对此仍然有能力坚持一种不断自省的立场，每一次重大核事故都使人类对核与辐射安全工作的认识得以深化和提升。"在核电发展初期，人们采取纵深防御原则，重视的是设计的保守性和设备的可靠性。1979 年美国三里岛核事故后，人们开始有针对性地加强人机对接，将严重事故的预防和缓解作为重点。1986 年苏联切尔诺贝利核事故后，人们开始大力倡导培育更为根本性的核安全文化。2011 年日本福岛核事故后，人们开始积极筹备为极端自然灾害对核安全威胁做好预防工作以及不断完善后续的事故处理机制。"[1]

就我国的情况而言，近些年核技术开发与利用行业的监管形势改观较为明显，核技术利用项目中存在的违规与疏漏情形（如未批先建、久拖不验和无证使用等）大为减少。我国共有将近 6 万家核技术应用企业，不仅既有基数庞大，而且正处于不断加速增长的过程中。但是，核技术应用安全方面的专业监管人员则存在非常大的缺口，目前全国范围内也仅几千人而已。单从这两个数字之间的差异就可以看出，核技术应用安全监管力度急需加强。为此，我们应首先根据行业标准并且结合实际情况，健全和完善安全监管体系，进一步规范落实核技术的安全监管工作。其次，要从核技术应用企业自身着手，加强对核技术工作人员的管理培训，确保他们熟知并严格遵守核电站的各项规章制度，提高

---

　　❶　中华人民共和国卫生部 . 外照射个人剂量系统性能检验规范［S］. 北京：中国标准出版社，2008.

对安全隐患的防范意识，牢固树立"安全第一"的意识，努力降低核事故发生的可能性。

（四）"核安全文化"亟待建构

根据国际原子能机构（IAEA）国际安全咨询组（INSAG）于1991年出版的《安全文化》中的表述，"核安全文化"（Nuclear Safety Culture）是指存在于单位和个人中的种种特性与态度的总和，它建立了一种超出一切之上的观念，即核电厂安全问题由于其重要性要保证得到应有的重视。"安全文化"一词首次出现在国际安全咨询组于1986年发布的《切尔诺贝利事故后评审会议总结报告》；国际安全咨询组于1988年在《核电安全的基本原则》中，把"安全文化"升级为一种基本的核电管理原则，将其定义为，为了实现安全的目标必须贯彻到围绕核电厂所进行的一切活动中去。可以说，"核安全文化"在首次被提出之后的几十年时间里，其内容和体系不断得到加强和完善，在全球范围内被各个核电厂所接受和重视。核安全文化作为减少人为失误、提高安全水平的有力措施，在核电厂的安全管理中得到广泛应用。

参照IAEA对安全文化发展三个阶段的划分，我们也可以将核安全文化的发展划分为三个阶段，当然每个阶段都具有不同的特征：①第一阶段为自律阶段，该阶段以规则和条例为基础。在这一阶段，企业对于核安全问题的重要性并未充分重视起来，安全投入不被视为一项必要性支出，反而被看作一种额外的经济负担和消耗。因此，安全管理工作更多是迫于法律法规的要求和各个政府部门监督检查的压力。②第二阶段为自觉阶段，企业在其发展目标中已经纳入良好的安全绩效。企业管理层已经意识到核安全问题的重要性，积极主动地进行安全管理，但是管理层的努力往往只能从技术和规程方面做文章，如果没有充分调动基层员工的主动性，则效果仍然是存疑的。③第三阶段自为阶段，在这一阶段，安全已经成为企业不断追求的一个理想，安全绩效总是在不断地努力中得以改进。这一阶段也可以称作全员自律阶段。企业管理层更加重视在安全管理中人才是最重要的因素，即使是基层员工，也应充分将其激励调动起来，这样一来，就可以建立一套安全体系的反馈和改进机制，不断提高和完善安全业绩。

据统计，"在截至2011年年底我国所有核电厂运行事件中，人员差错导致的运行事件占 60% 左右。在 2004—2013 年我国发生的 244 起辐射事故中，绝大多数是由于管理不善、违章操作等人为原因造成的。"❶ 由上述统计数据可知，在核与辐射安全事故中，人为因素是其中的主要矛盾，也是最应该引起核安全工作者重视的关键因素。因此，建构所谓"核安全文化"，就是旨在从安全管理思想创新层面抓起，既要增强核安全管理人员的安全意识，也要提高核能与核技术行业工作人员的安全素质，减少甚至是避免因为人为错误而导致的核与辐射安全问题。2014 年，国家环境保护部就"核安全文化"的宣传推进在全国范围内开展了专项行动，将"核安全文化"推广到了核技术应用各领域。我们"核安全文化"最终的建构目标应该是，各有关组织和个人在核安全问题上达成共识并付诸实践，以核安全为根本方针，以维护公众健康和环境安全为最终目标。

三、核技术理性发展的法律治理

核技术可谓当代的高新技术，核能作为一种可为人类利用的重要能量是人类无法也不应放弃的，但是，我们对核技术的开发与利用必须遵循为全人类谋福利、尊重生命和自然界的基本原则。核试验以及由此产生的核辐射、核废料，特别是万一不幸发生了核泄漏等，都将对人类本身以及我们所赖以生存的环境造成非常严重的危害，而且这种危害不仅程度空前，在影响范围和持续时间方面都无法估量也难以控制。"核伦理的结构性特征可以视为人类在群体意义上对自身安全和发展的自我调控，它为全球性的沟通与合作提供了渠道，从而使各国乐于合作的动机得以转化为国家间普遍合作的现实。"❷ 所以，在核问题上没有任何一个国家可以置身事外，都必须担负起自己的一份责任，都必须谨慎、理性地对待核技术。我们应该禁止核技术的负面开发，消除核技术的一切不道德应用，坚持科学、理性、和平地开发和利用核能。

核技术的发展要以人的福利为旨归，目的是使人民的生活水平有所提高、

---

❶ 丁艳秋，郭文，胡爱英 . 2015 年外照射个人剂量监测能力考核结果分析 [J]. 中华放射医学与防护杂志，2016（9）：698-700.

❷ Robert O K, Joseph S N. Power and Interdependence Revisited [J]. International Organization（Autumn），1987：746-747.

质量有所改进，但更重要的是，要以自然界的生命和生态系统的和谐健康发展为基本前提。而这些，单纯依靠核技术伦理原则的规范尚且远远不够，而应该展开系统的核技术法律规制体系的建构。这种制度建构，既要消除现有的不道德规避行为，同时还应考虑未来核技术发展的潜在危机。在当今这个经济全球化的时代，人类就是一个命运共同体，有着共同的利益诉求，这就为每一个国家都设置了某些共同的价值规范，同时各个国家也要根据各自的现实情况，建构起自身的法律规范体系。因此，就核科学和核技术的法律规制而言，应该遵循以下原则。

（一）研发和应用核技术必须遵守人道主义原则

研发和应用核技术是为了使人类自己能够更好地生存和发展，生活得更幸福。而盲目地开发与毫无节制地利用核技术，不仅无法实现以上美好初衷，还可能危及人类的生存和发展，甚至危及人类的生命安全。人道主义以人本身为一切价值评判的原点，是最高的价值，更是衡量一切事物的价值标准。坚持人道主义原则，就是在核技术的发展与利用方面，始终围绕人的利益、人类社会的发展和进步，而不能将它作为威慑、讹诈他人的手段，更不能用它来践踏自然、毁灭人类、破坏环境。"人类需要的一致性，要求有一个有效的多边系统。这一系统要尊重协商一致的民主原则，并承认，不仅地球只有一个，而且世界只有一个。"❶ 各个国家之间，只有通过积极诚恳地进行对话和协商，才可能找到一条和平开发利用核技术的有效途径。

在开发与利用核技术时，我们必须做到人与自然、人与人之间全面、协调、可持续的发展。进入 21 世纪后，人类不仅需要解决能源危机和资源匮乏等问题，同时也面临环境污染等严峻考验，这要求我们加快发展与利用核技术，但前提是必须确保核技术是安全、环保、可控的。对此，各个核国家尤其是核大国都应该负起责任，做好核安全规范与管理工作，严防死守，确保不发生核泄漏和核污染等事故。"怀着在各国、在社会各个关键性阶层和在人民之间开辟新的合作层面，从而建立一种新的、公平的全球伙伴关系的目标，致力于达成既

---

❶ 世界环境与发展委员会. 我们共同的未来［C］. 王之佳，柯金良，译. 长春：吉林人民出版社，1997：49.

尊重所有各方面的利益,又保护全球环境与发展体系的国际协定,认识到我们的家乡——地球的整体性和相互依存性。"❶ 只有这样,人们才可能放心地使用核能这种新能源,也才会使核技术开发与利用走上一条光明健康的道路。

(二)树立正确的核技术安全发展观

核技术的开发与利用,毫无疑问具有巨大的社会和经济效益。但是,核技术的发展与应用不可避免地要受到国际政治、军事等因素的干扰,这给核技术的安全发展与合理利用蒙上了一层阴影。核技术的开发与利用的不合理、不理智情况也不断挑战着传统的道德观念和伦理原则,因此,核技术的伦理问题既是当下伦理学关注的重要主题,也是世界各国在核技术的开发与利用过程中必须面对的难题。对此,我们应当树立正确的核技术安全发展观:一方面,不能因噎废食,要正视核技术的发展应用;另一方面,要避免盲目乐观,保持审慎节制的态度。

在核技术的应用过程中,人类确实曾经遭受了各种伤害,导致一些人过度关注其负面效应,我们将其称为核技术悲观主义者。他们完全无视核技术的正面效应,认为核技术的发展应用与人类的生存安全是无法共存的,只有尽可能阻止甚至放弃前者,后者才能得到根本保障。所谓技术悲观主义(pessimism on technology),《中国大百科全书》将其解释为:"认为技术的发展直接主宰社会命运,并必然给人类带来灾难的一种观点,又称反技术主义。它是技术决定论的一种表现形式。它怀疑、否定技术的积极作用,主张技术必须停止乃至向后退。"❷ 技术悲观主义者最大的问题是只关注技术所带来的负面效应,并会将其无限放大、夸大。一些技术悲观主义者因为注意到核技术曾经与人类生存发展产生各种冲突,因而对核技术采取一边倒的怀疑、批判、否定甚至敌视的态度与立场,这无疑忽视了核技术的重要正面价值。从理论上来看,技术悲观主义者的观点是狭隘、片面的;从实践上来看,技术悲观主义者的观点如果被采纳则弊大于利,因短时间内无法找到可替代能源,人类社会必将面对更严重的生

---

❶ 唐大为. 迈向 21 世纪:联合国环境与发展大会文献汇编 [C]. 北京:中国环境科学出版社,1992:29.

❷ 《自然辩证法百科全书》编辑委员会. 自然辩证法百科全书 [M]. 北京:中国大百科全书出版社,1995:216.

态危机、能源危机和生存危机。因而，我们需要做的并非简单粗暴地否定排斥，而是应该正确面对与评价核技术的开发应用。

技术悲观主义的观点并不可取，但是正视核技术的开发应用，也要注意防范对核技术的开发应用盲目乐观的态度；而是应该谨慎乐观地对待核技术，不能因为核技术应用的巨大现实利益而丧失了理智。过去几十年的时间里，"商用核发电能力以前所未有的速度增强着。世界深深地依赖着核能产品输出与服务，在医学、航天、核动力潜艇及卫星等领域，都可以看到核能的利用。……没有一个国家能够承受关闭所有核电站的后果，没有一个国家能够停止使用核电站而继续维持经济增长"。❶ 可以说，在经济社会发展的各个领域，核技术都得到了越来越广泛的应用，也为人类的生活改善做出了越来越大的贡献。尽管核泄漏等事故确实给人类及环境造成了极大的伤害，其负面效应有目共睹，但是人类不应该就此停止对于核技术的"正面"开发利用。因为任何人都无法否认，核技术的开发应用确实为人类提供了安全绿色和可靠经济的能源。因而，我们需要正视核技术的应用，警惕技术悲观主义，更为重要的是，要努力探索、寻找有效路径来防范与应对可能出现的核技术风险。

（三）改进核技术评估与监管机制

发展与利用核技术，核安全是头等大事，是国家安全的重要组成部分。我们每一个人都应树立和谐共生的全球发展意识，保护环境、保护人类共同的家园，也就是保护我们人类自身。因而，需要建立与完善核技术评估与监管制度，充分调动政府和民众的力量，既要重视评估与监察机构的作用，也不能忽视群众监督。

从 2003 年起，为了加强对核安全的规范与监管，我国相继出台了一系列法律法规和政策声明，典型如《中华人民共和国放射性污染防治法》（2003 年公布，全国人民代表大会）、《放射性同位素与射线装置安全防护条例》（2005 年公布，2019 年第二次修订，国务院）、《放射性同位素与射线装置安全许可证管理办法》（2008 年公布，2021 年修改，中华人民共和国生态环境部）等。2014

---

❶ Charles B. Ramsey, Mohammad Modarres. Commercial Nuclear Power-Assuring Safety for the Future [M]. John Wiley & Sons, Inc., 1998: 14.

年 12 月，"为贯彻落实中国核安全观和国家安全战略，倡导和推动核安全文化的培育和发展，促进国家核安全水平的整体提升，保障核能与核技术利用事业安全、健康、可持续发展"❶，国家核安全局会同国家能源局、国防科工局联合发布《核安全文化政策声明》。这是我国关于"核安全文化"的首个政策声明，展示了我国政府在"核安全文化"建设事业上的决心，对促进我国核能与核技术开发应用事业的可持续健康发展具有重要意义。2015 年，国务院印发的《"十三五"国家战略新兴产业发展规划》将核技术应用纳入加强前瞻布局的战略性新兴产业。2016 年 1 月，国务院新闻办公室发表的《中国的核应急》白皮书透露，我国正在积极推进《中华人民共和国原子能法》和《中华人民共和国核安全法》的立法进程。2017 年 9 月 1 日，第十二届全国人大常务委员会第二十九次会议通过《中华人民共和国核安全法》，该法案规定："国家坚持理性、协调、并进的核安全观，加强核安全能力建设，保障核事业健康发展。"核安全工作必须坚持，"安全第一、预防为主、责任明确、严格管理、纵深防御、独立监管、全面保障"的原则。2018 年 9 月，《中华人民共和国原子能法（征求意见稿）》公开征求意见，征求意见稿对核材料与核燃料循环、原子能利用、安全监督管理等作出规定。

评估与监察机构的正式监管应与人民群众的配合监督有机结合。评估与监察机构的工作应当保证独立性，并强调专业性。独立性是指在评估与监管工作中，不应受到政治、经济等各方面社会因素的干预和限制；专业性是指对核技术风险的伦理评估与监管应该组织相关领域的专家，听取他们的意见和建议，并据此制定措施来控制和规避风险。此外，要重视群众监督的作用。"如果没有群众的理解、兴趣和批评的话，科学家保持心理上的孤立的危险倾向就会加强"。❷ 总之，"我们有一切理由可以相信：有一些祸害诸如疾病或者从事任何不愉快工作的必要性等，看上去似乎无法消除，但只要发起一个认真的、有充

---

❶ 国防科工局. 核安全文化政策声明 ［EB/OL］.（2015-01-14）［2022-08-01］. https：//www.mee.gov.cn/gkml/sthjbgw/haq/201501/W020150113590182574816.pdf.

❷ 贝尔纳. 科学的社会功能 ［M］. 陈体芳，译. 桂林：广西师范大学出版社，2003：107.

分经费的科学运动，努力发现上述祸害的原因并予以消除，都是可以加以解决的。"❶

（四）加快建设核安全文化

核安全是核能与核技术利用事业的生命线。2014 年 3 月，在荷兰海牙举办的第三届世界核安全峰会上，习近平主席阐述了中国"理性、协调、并进"的核安全观，强调"发展与安全并重、权利与义务并重、自主与协作并重、治标与治本并重"，做出了"中国将坚定不移增强自身核安全能力，继续致力于加强核安全政府监管能力建设，加大核安全技术研发和人力资源投入力度，坚持培育和发展核安全文化"等庄严承诺。2014 年 4 月，习近平主席在中央国家安全委员会上提出了"总体国家安全观"，核安全被正式纳入总体国家安全体系。当前，在我国，结合核技术利用单位的工作实际，核安全文化的推行与建设需要从以下三方面努力：分别从监管部门、持证单位和工作人员三类主体的角度提出相应的要求，促使它们共同为核安全文化建设而协同努力。

（1）核监管部门。第一，加大核技术安全性的政策与规范方面的引导和监管。随着科技的进步和人们越来越关注核技术使用的安全性问题，核技术监管部门应积极制定核政策法规，通过严格依法监管，提升核技术利用单位和人员的安全工作意识，从而实现自觉培育并建构"核安全文化"。第二，加强对核技术应用单位的安全检查和监督。定期对核技术设备进行安全检查和维护，严格执行核安全检查标准体系，保证核设备运行的安全高效。第三，建立社会监督机制，加强宣传和公众参与。社会公众监督的前提是公众对核安全文化的认同和内化，为此应该做到将核技术应用相关信息向公众公开，让公众在了解的基础上进行监督，在全社会营造出核安全文化的氛围，提升核安全文化的社会接受度。

（2）核持证单位。核持证单位是核开发利用的主体，更是核安全责任的主体，建设与普及核安全文化的绝大多数具体工作都是由核持证单位来完成的。对此，核持证单位必须奉行"安全第一"的准则，身体力行地确保核安全文化

---

❶　贝尔纳. 科学的社会功能［M］. 陈体芳，译. 桂林：广西师范大学出版社，2003：478.

相关工作的落实。第一，核持证单位应该建立安全管理规范体系，成立安全管理机构并明确其各自责任，确保与核安全相关的各项工作都落到实处。具体而言，如要定期审查核安全的各项规章制度以完善和改进核安全标准。第二，核持证单位应该提供坚实可靠的物力资源，拥有过硬的基础设施和硬件条件等，这样才能营造出核安全工作的适宜环境。第三，确保核安全所需的充足人力，特别是经验丰富的员工。核持证单位要定期开展核工作人员的资格审查和业务培训，综合全面衡量，尤其是关键岗位的工作人员要慎重选择，并且建立合理的奖励与惩罚制度，鼓励工作人员不仅要防范核重大危险，更要在细微处做好工作，及时发现、反馈与报告生产中碰到的具有安全促进意义的情况。

（3）核工作人员。从核持证单位方面来说，要做到尽可能排除安全隐患中的人为因素，则应该将对核工作人员的安全意识培训作为头等大事来抓。第一，要重视对核工作人员的风险伦理教育，特别是要强化责任伦理教育，以增强核工作人员的风险防控意识。核持证单位要帮助核工作人员牢固树立起社会责任意识，客观、公正地评估核技术活动，坚决抵制威胁人类发展和生存的核技术，主动承担起对人类、对社会、对自然的责任。第二，要重点培养核工作人员尤其是技术人员的核专业知识与专业技能，提供一切机会使其在具体的工作实践中得到不断的巩固和锻炼，以增强核工作人员的风险防控能力。第三，核持证单位应从单位管理和奖惩制度上鼓励核技术人员将安全生产放在第一位，激励核工作人员主动将核安全意识融入自己的工作当中，以培养核工作人员的风险防控习惯。

第二节　生命科技：生命与伦理的双重挑战

生命科技是一种对生命领域展开研究的科学技术，它不仅研究各种生命现象和活动的本质、特征及发生、发展规律，也研究生物之间、生物与环境之间的相互关系，目的是利用与改造动物、植物和微生物等生物资源，以便能够服务于人类。生命科技致力于增进人类的健康、有效治疗和预防疾病，增强人类控制和改造生物界的能力，最终的目的是造福全人类。

自 20 世纪 50 年代以来，生命科技的发展不断提速，这不仅使人类认识生命本质的能力大大提高，也极大地改善了人类的生命和生活质量，增加了人类的福祉。生命科技工作者攻坚克难，在器官移植技术与转基因技术等领域都取得了令人难以置信的成就。器官移植技术攻克了某些器质性疾病无法治愈的难题，转基因技术改造了自然界现有物种甚至创造出新的物种，就此而言，人类似乎正在扮演"上帝"的角色。不仅如此，人类甚至还具备了复制自己以获得"永生"的希望与可能。人类越来越为自己所取得的辉煌成就感到欢欣鼓舞。然而，一方面，我们应当辩证地看待与评价生命科技，因为它同世界上任何其他事物一样，也是矛盾的统一体；另一方面，人类的历史发展已经不止一次地证明，"科学技术越发展，它的正负作用也都越来越大"。❶ 正如恩格斯在《自然辩证法》中所说，"我们不要过分陶醉于我们人类对自然界的胜利。对于每一次这样的胜利，自然界都对我们进行报复。"生命科技的发展越来越多地引发了人们对伦理学的关注。尤其是在现代社会，生命科技的迅猛发展对传统社会伦理观念以及自然界生命法则产生了严重的冲击和挑战。比如：人类生命和健康的安全性问题，克隆、基因杂交和人造生命技术等对自然生命秩序的扰乱；人的权利和尊严问题，器官移植技术在生命发展和生命健康维护中可能导致人的主体异化；辅助生殖技术引发的家庭伦理问题，等等。

从某种意义上讲，我们认同将现代社会看作风险社会的观点，这样一来，生命科技的危险性便会成倍增加。根据生命科技以往的发展来看，人们所担忧的伦理问题主要源自生命科技可能带来的未知潜在风险。因此，现代社会需要对生命科技的发展进行合理的风险控制，应当在充分认识和评估生命科技利弊的基础上，明确其所引发的伦理问题及其成因，并有的放矢地采取对策，尤其是法律上的应对。法律的产生和发展源于社会的现实需要，法律应当也必须回应生命科技发展所引发的社会伦理问题与法律问题。

一、道德边界遭受的科技塑造

生命科技不断迭代更新，每一项新技术的诞生或应用几乎都直接或间接地产生了新的伦理冲突与困境："人类正面临着一种自相矛盾的尴尬境地。一方

---

❶　林德宏. 科技哲学与人类未来的命运 [J]. 科学技术与辩证法，2000（6）：11-12.

面，依靠技术进步，人类掌握了空前的改造自然的能力，创造并享受着巨大的物质财富。另一方面，技术进步也大大加剧了不利于自身异己力量的产生，其负面效应与日俱增，愈益昭彰，带给人类一个又一个苦涩之果。"❶ 生命科技的创新发展常常会冲击、挑战甚至完全颠覆现有的伦理体系；然而，我们又离不开生命科技，不断期待着它的新发展，因为生命科技本身内含着构建人类社会美好未来的机遇与可能。"由于人的欲望和本能所限，对生物技术的滥用在所难免。如果不能有效地防止生物技术的滥用，其必将对人的生命、健康等产生极为严重的危害和无法预料的后果。"❷ 就此而言，我们需要审慎地分析生命科技的负面效应，尤其是它所带来的伦理问题，这为我们最大限度地防范新生命科技有可能造成的灾难性后果，确保生命科技的研发、使用始终以增进受众个体和人类整体的身体健康与生活幸福为目的提供了基础和根据。

（一）现代生命科技对生命本身的挑战与冲击

（1）现代生命科技的新发现，如克隆技术、人造生命技术等将颠覆传统自然生命的本性。人工智能、基因克隆技术等极大地冲击和挑战了传统的自然生命产生方式。例如，2010 年在美国诞生了世界首例人造生命❸——"辛西娅"（Synthia，意为"人造儿"），这是世界上首个完全由人造基因指令控制的单细胞人造生命。克雷格·文特尔（Craig Venter）被誉为"科学狂人""人类基因组计划之父"，2010 年 5 月 20 日，文特尔宣布创造出世界上第一个完全由人类通过化学的方法合成的生命体"辛西娅"，其研究团队重塑了"丝状支原体丝状亚种"这种微生物的 DNA，并将新 DNA 片段"黏"在一起，植入另一种山羊支原体中。科学家设想，如果对这项技术善加利用必将造福人类。例如，人造有机体可以分解塑料和橡胶等垃圾从而解决环卫难题，还可以分解原油等海水污

---

❶ 高中华. 生态危机的技术内涵：对技术负面效应的评析 [J]. 科学技术与辩证法，2001（5）：38-40，52.

❷ 李恒. 试论生物技术对传统法律体系的挑战 [J]. 法律与医学杂志，2005（1）：23-28.

❸ 所谓人造生命的产生过程如下，首先从其他生命体中提取基因，建立新染色体，随后将其嵌入已经被剔除遗传密码的细胞中，最终由这些人工染色体控制这个细胞，发育成新的生命体。

染物，甚至能够分解二氧化碳，也能够生产氢气用作燃料，等等。但是，仍然有为数不少的科学家担心，如果这项技术被用于制造全新的病毒定将为祸人类，甚至可能制造出人类无法控制的更高级的细胞生命等。从这个意义上讲，此类新的生命科技相较于传统的自然生命产生方式而言，并非实现了某种突破或超越，反而有可能成为传统的自然生命产生方式的最大颠覆者。

（2）人造生命技术、基因克隆技术如果被用于人本身的克隆、复制和制造，势必引起不容小觑的伦理问题和生态危机。一方面，克隆技术严重冲击了传统社会所坚守的生命伦理观念。在传统社会，人类新生命是两性自然结合并繁衍的产物，这是人类及高等动物经过漫长的自然进化过程，自然选择地最有效的生殖繁衍方式，凭借这种方式，种族得以延续、生命得保安全。这种自然繁衍方式为人类个体意识的培养与人格尊严的保护奠定了自然的基础。然而，人为的克隆人剥夺了个体之独特性的自然基础，使克隆人在个体意识与自我认同等方面发生紊乱，进而有可能丧失主动性、积极性，在克隆人人格尊严得不到足够保护与满足的情况下，极易引发各种各样的社会问题。另一方面，就生态危机而言，克隆技术严重影响了自然生物进化法则。人造生命的出现，颠覆了生命一定要经由进化发展和完善的自然生物进化法则，实验室也可以成为新的生命体的发源地。对此，有学者表达了担忧："基因技术的发展改变了以往生命科学仅用于认识生物和利用生物的传统格局，而进入人工改造生物乃至创造新生物的局面。这种技术进步对医疗服务行业有直接的实践价值，但在提供新的医疗服务的同时，也萌生了伦理、法律、社会公平等方面的诸多问题。"❶ 此外，基因复制技术还可能威胁到人类的生存本身。复制意味着单纯的重复和完全的契合，人类的进化本来是一个复杂的演化过程，丰富性和多样性孕育其中，而基因复制技术的运用必将改变、颠倒这个过程。人类的生物多样性和复杂性也将无法维持，人类的演化甚至有可能停滞不前甚至产生倒退，这对人类的生存和发展来说是致命的危害。

生命科技的发展确实有助于揭示生命的本质和特征，但是，这种揭示可能

---

❶ 李建明. 基因技术的应用与医学伦理的冲突 [J]. 科技进步与对策，2005（11）：44-46.

出于某些目的而被滥用，我们在此以基因杂交为例。基因杂交突破了物种之间的自然界限，违背了生物进化的自然法则，实现了不同物种之间的融合。正是现代生命科技使得本应属于科幻世界的基因杂交变成了社会现实。然而生命科技发展至今，我们仍然为人兽基因杂交等问题所困扰。需要引起我们关注的是，"2008 年，在经过公众听证后，英国颁布了《人类受精与胚胎学法案》，在一定程度上开放了人兽杂交方面的研究，还赋予伦敦国王学院、纽卡斯尔大学和华威大学等三所研究机构进行相关实验的权利。"❶ 有报道称，自 2008 年英国颁布上述法案以来，在短短三年时间里，英国已经产生 155 个包含人类和动物基因物质的杂交胚胎。显然，人兽之间的这种基因杂交严重扰乱了传统的生命秩序，不管是将人类遗传物质植入动物胚胎中，还是在人类胚胎中植入动物基因，我们都将无法确定根据现有的生物学，以这种方式生长发育而成的到底是何种生物。传统的人与兽泾渭分明的生命秩序，因为人兽杂交问题而受到严重冲击。除此之外，现有动物作为一个物种的生命安全也受到威胁。

（3）克隆技术、人造生命技术等适用于人类本身必将侵犯人类尊严，有悖人人生而平等的社会价值观。各种生命科技应用的支持者大都出于功利性的考量，如医疗功能、经济效益、社会效用等，这些所谓正当性理由最根本的问题是忽视了社会的公平、平等、正义等价值。在现代社会，即使一个社会对生命科技应用安排得非常有效、完全合乎逻辑，也不代表它就是正义的、符合人类愿望的。在生命科技伦理领域，如果把功利主义贯彻到底，就会从根本上违背人类社会最应该坚持的这些伦理道德原则。例如，英国《人类受精与胚胎学法案》2015 年修正版本使线粒体捐赠技术在英国合法化，这使得"三父母家庭"在英格兰成为可能。如果基于功利性理由，这将被认为完全符合优生观念，进而有利于人类不断趋近于"完美"。然而，如果从平等、正义等价值观出发，这样的做法必将构成对人类尊严和人之完整性的严重侵犯，甚至还会导致两种意义上的"基因歧视"问题：一方面，克隆人有可能因为其"非我族类"而遭受

---

❶ 郑焕斌．英国上议院批准"人类受精与胚胎学法案 2008"修正案［EB/OL］．（2015 - 02 - 27）［2022 - 08 - 01］．http://scitech.people.com.cn/n/2015/0227/c1007 - 26604758.html.

歧视甚至敌视；另一方面，克隆人因为在人体机能等方面的优越性而极有可能在社会上形成一种对有着诸多自然弱点的"非克隆人"的轻视与歧视风气。相较于曾经的种族歧视和性别歧视，这将是一种更为可怕的新型歧视，不仅损害了人类的尊严，而且违背了文明社会人人生而平等这一基本的社会价值观。无论任何时候，要想发展生命科技，首要的前提都应该是人类核心利益的保护与扩张，只有以此为基础，我们才可能为了应对生命科技发展中的伦理问题来寻找可行性路径。正如爱因斯坦所说的："关心人的本身，应当始终成为一切技术上奋斗的主要目标。"❶

（二）现代生命科技对家庭伦理的挑战与冲击

现代生命科技的发展对于人类社会而言意义重大，它不仅为人类某些疑难病症如不孕不育的解决做出了贡献，一般而言，它也普遍提高了人类的生活和生命质量。尤其是人工授精、无性生殖、试管婴儿、人类胚胎移植等新技术的成功，标志着人类的生殖过程从此在某种程度上可以自主掌控。然而，当现代生命科技高歌猛进的同时，却一次又一次地冲击着人们既有的代际伦理观念。以基因克隆的方式产生生命，严重侵蚀和解构了以婚姻与血缘关系为基础的传统社会结构和社会关系，会导致如何确定其社会身份和地位等难题，如亲子关系的确认、抚养关系和继承关系的多元化，进而产生复杂的社会和伦理问题。

（1）生命科技的发展容易导致传统家庭结构的松散甚至解体。家庭作为现代社会的基本单位，是以夫妻之间的婚姻关系和父母子女之间的血缘关系为纽带与责任基础，共同生活、相互扶持而联结在一起的社会单位。所谓婚姻，是指男女之间以情感关系为基础，基于共同的性与经济等利益，自愿结合为伴侣一起生活，并承诺彼此忠诚的契约。《礼记·昏义》中写道："昏（婚）礼者，将合二姓之好，上以事宗庙，而下以继后世也。"婚姻除了是一种表达性爱和维系感情的方式之外，它的一项非常重要的社会功能是繁育、抚养后代，婚姻也是一个社会家庭结构得以保持平衡与稳定的重要基础，对

---

❶ 爱因斯坦. 爱因斯坦文集：第3卷 [M]. 许良英，范岱年，译. 北京：商务印书馆，2009：56.

于社会基本的道德维护是极为重要的。异源人工授精和异源体外授精确实解决了人类社会面临的某些生育难题，但它使得父母与子女之间的血缘关系发生变化，同时也使得婚姻繁育后代的基本功能发生变异，一家多族化的现象破坏了婚姻中心关系应有的排外属性。这样一来，家庭结构的稳定性降低而趋于松散化，更有甚者会造成传统家庭关系的解体，改变传统的婚姻模式，并改写传统的家庭伦理，冲击我们所熟悉的夫妻性爱和生育这些核心的家庭结构。如果说人工授精、试管婴儿或胚胎移植等都还保留了传统的精子与卵子结合的生育模式，那么，"克隆人"则彻底抛弃了这种生育模式，其产生的是完全基于单一亲代遗传性状的子代，而这意味着女性可以单独完成繁衍生息的任务，从而给男性的家庭角色与社会地位造成强烈的冲击，其可能带来的破坏性后果是人类目前无法想象的。

（2）生命科技的发展可能造成家庭伦理关系的混乱。马克思、恩格斯认为，"夫妻之间的关系、父母和子女之间的关系，也就是家庭……起初是唯一的社会关系"。❶ 这样看来，人类之所以能够生生不息、代代相传至今，正是因为传统的婚姻家庭重视生儿育女，将其看作婚姻的主要维系纽带，这种血缘关系也使父母自己的基因能够在后代身上得以延续。人类社会关系及其伦理秩序的建立正是以这种婚姻和血缘关系为基础，而人类社会的婚姻家庭法律也正是基于这种婚姻和血缘关系制定的，婚姻家庭关系中，个人所享有的权利、所应尽的义务和责任已经被明确规定。但是，在克隆人的情况下，提供细胞核的人、提供去核卵细胞的人以及提供子宫的负责孕育的人，这三者有可能是同一个人，也可能是两个人或三个人。在既有的社会伦理和法律规范范围内，他们和克隆人之间的生物学关系和社会关系无法定位，这必将导致夫妻、父母子女等基本的社会人伦关系也相应发生变异。在体外受精的情形下，精子或卵子的提供者来自夫妇以外的其他人，这就使在社会学的父母之外还存在生物学的父母，在法律的父母之外还有遗传学的父母。由此，传统的血缘关系和社会人伦关系无疑会遭受挑战，而传统的亲子伦理道德观念也将受到冲击。2015 年 2 月 24 日，

---

❶ 马克思，恩格斯．德意志意识形态［M］．中共中央马克思恩格斯列宁斯大林著作编译局，译．北京：人民出版社，1961：22.

"英国议会上议院以 280 票赞成、48 票反对的压倒性多数，批准了 2008 年《人类受精与胚胎学法案》的修正案，允许利用女性捐卵者的健康 DNA 替代一个卵子有缺陷的线粒体 DNA，使英国成为世界上第一个使该技术合法化的国家。"❶英国人类生殖和胚胎管理局（HFEA）主管萨里·切希尔表示，经历了多年的科学和伦理争论，英国议会最终决定允许进行线粒体捐赠，这为深受线粒体疾病困扰的家庭提供了拥有自己健康的遗传孩子的可能性。他说："英国是世界上第一个允许这种疗法合法化的国家，HFEA 将设计一种强有力的执照程序——在个案的基础上逐一考虑这种疗法的技术和伦理复杂性，以确保任何新生儿童具有最佳的健康生活机会。"❷ 即便如此，其所引发的伦理争议也定不会就此偃旗息鼓。

（3）生命科技的发展可能侵犯后代的权利。现实中，当克隆技术、人造生命技术用于人的生命繁衍本身时，都是现世人的意志的体现，而现世人的意志却用来决定未来人类后代的命运，这必将引发代际正义或代际公平的问题。德国学者库尔德·拜尔茨认为："基因—生殖工程确实为人的自由的决定创造了新的可能性；但是，决定空间的这种扩大所带来的基本伦理问题之一，就是这一决定所涉及人员的一个重要部分根本就没有表达意见的可能性。一个尚不存在的孩子对于通过体外受精来产生他的问题既无法表示赞成也无法表示反对；如果我们想一想预期中的克隆的可能性或者产生人—动物杂种的可能性，更不用提雷姆所宣称的向其他物态的过渡，那么，把医学伦理学中意义如此重大的'广泛征求的赞同意见'排除在外，该是多么富有戏剧性！"❸ 以此为根据，他提出了"同未出生的人协商"的问题，这就要求："如果当事者本人不能参与讨论的话，进行讨论的集体必须在一定程度上站在他们的立场上，以推论的方式

---

❶ 张荐辕．英国上议院批准"人类受精与胚胎学法案 2008"修正案［EB/OL］．(2015–02–27)［2022–08–01］．http：//www. biotech. org. cn/information/131001.

❷ 郑焕斌．英国上议院批准"人类受精与胚胎学法案 2008"修正案［EB/OL］．(2015 – 02 – 27)［2022 – 08 – 01］．http：//scitech. people. com. cn/n/2015/0227/c1007 – 26604758. html.

❸ 拜尔茨．基因伦理学：人的繁殖技术化带来的问题［M］．马怀琪，译．北京：华夏出版社，2000：259.

讨论他们的利益并使之在意见的形成中发挥作用。"❶ 在代理后代的利益以这种推论的方式进行协商或讨论的过程中，至少要做到以下两点：一是要持有一种高瞻远瞩的超前眼光，即充分考虑到本代人还未面临，但后代人可能会提出的新的利益要求；二是应该做到公允的换位思考，即若想推论后代人的可能利益，需要以本代人现有利益的立场为出发点，如果说我们无法确保后代人的利益一定超越本代人，但至少要保证后代人的利益不少于本代人。

（三）生命科技的发展带来的社会风险

我们探讨生命科技可能引发的伦理问题，用意绝不在于要遏制科技进步的脚步，阻碍科学研究的进程，而是希望能够就现代生命科技可能在伦理上引发的问题和产生的后果展开理性思考。在现代社会中，一方面，生命科技同传统科技一样着力改变自然，然而另一方面，它也在越来越多地改变着社会和人类自身。因而，生命科技带来的伦理问题，不仅是人类自身及其家庭的问题，而且是人类社会的问题。

一方面，科技与伦理的关系问题经常转化为金钱与道德的关系问题，这有悖社会正义。

在现代社会，为治病救人而进行器官移植，一个重要的难题就是可供移植的器官从何而来。如果器官的供求矛盾突出，如何才能做到对有限的器官进行公平合理的分配？而又如何能够保证器官来源合法合理？自 2015 年 1 月 1 日起，我国已经全面停止将死囚犯作为器官移植的供体。2015 年，我国公民逝世后器官捐献有 2766 例，2017 年已增加到 5146 例，以年均超过 20% 的速度增长，捐献总量位居世界第二位、亚洲第一位，每百万人口年捐献率从 2010 年的 0.03% 上升至 2017 年的 3.72%。2017 年，我国实施器官移植手术量居世界第二位，超过 1.6 万例，其中，来源于公民逝世后捐献的器官占比 86%，亲属间活体捐献的器官占比 14%。2018 年前 5 个月，我国实施器官移植手术 7559 例，与上年同

---

❶ 拜尔茨. 基因伦理学：人的繁殖技术化带来的问题 [M]. 马怀琪，译. 北京：华夏出版社，2000：261.

期相比增加 20.7%。具有器官移植资质的医院也由 163 所增加至 178 所。❶ 根据初步统计与估算，中国每年因末期器官功能衰竭需要器官移植的大约有 30 万人，即便近年来我国器官捐献数量有明显增长，但供求比例仍然极不均衡。每年都有很多病人在等待合适器官的过程中去世，尽管这是世界各国普遍都会面临的难题，但在中国这个问题尤为凸显，主要原因是受到传统习俗的束缚，而且器官捐赠的相关法律尚不完备。

此外，器官移植往往需要高额的医疗费用，这也使得这项技术难以普惠大众。不仅移植手术的费用动辄达到数十万元人民币，而且即使移植手术成功了，后续也需要终身服用抗排异的免疫抑制剂，这无疑也是一笔巨额支出。高昂的器官移植费用势必会使器官移植向着可负担人群倾斜，这意味着不同阶层的人群无法平等地享用医疗卫生资源。因此，我们不得不考虑如何平衡需要进行器官移植的不同阶层患者的医疗卫生权利，也需要平衡需要进行器官移植的患者和一般人的医疗卫生权利。基因资源的发掘与应用也遇到了同样的难题。在当今时代，人们早已意识到，基因资源蕴藏着巨大的商业发展潜力。于是，基因公司如雨后春笋般出现，它们的目标很明确，那就是争夺与疾病有关或致病基因的发明专利权，进而垄断针对这些基因的药物的研究、开发和销售市场。由此可见，生命科技的医疗事业，在市场与金钱逻辑的作用下，已经沦为资本逐利的竞技场，富人与穷人在竞争的过程中难言真正的公正；更有甚者，还会引发新型的生命科技犯罪。

另一方面，器官移植、基因技术等增加了人类社会的个体和群体所面对的风险，危害社会安全。从社会现实情况来看，在器官病变疾病的治疗中，器官移植的作用不可替代，再加上器官移植本身巨大的经济利益驱使，这就使买卖人体器官成为一种非法牟取暴利的手段。近年来，非法买卖人体器官的重大案件时有发生，甚至存在所谓的"卖肾车间"，令人不寒而栗。非法进行人体器官的买卖极具危害性，它不仅直接侵犯了器官提供者的生命权与健康权，而且严

---

❶ 中青在线．卫健委：2017 年我国器官移植手术量世界第二［EB/OL］．（2018-08-01）［2022-10-08］．https：//baijiahao．baidu．com/s？id＝1607589663010107836&wfr＝spider&for＝pc．

重阻碍了器官移植技术的健康有序发展，甚至有可能触犯刑法，构成故意杀人罪或故意伤害罪等。此外，目前基因技术能够实现在分子水平上对人类遗传物质进行操纵和修改，甚至可能通过施行遗传控制的繁殖过程，全面再造整个物种。这既威胁到了生物的自然多样性，也有可能破坏自然进化所遵循的生态平衡，对人类本身造成不可预知的生态风险。再以克隆人为例，假定通过克隆并进行基因重组可以复制某些有权势的个人或集团基于邪恶目的而需要的战争"机器"或工厂"劳工"。那么，工具意义上的基因"战士"和基因"工人"也就应运而生。这将给人类社会带来极大的不确定性和风险。更为可怕的是基因犯罪，究其实质，基因犯罪违背了社会伦理的基本要求，它侵犯的是人的生命健康权和人格尊严。随着现代基因工程研究不断向纵深推进，基因武器的面世与猖獗也是一个人类不得不提防的迫在眉睫的危险。所谓基因武器，是指通过研究不同种族和人群的基因特性，并有针对性地克隆某种细菌或病毒，向特定种族或人群投放并继而引发对其的伤害甚至毁灭。基因武器一旦落入政治野心家、战争狂人、宗教极端分子和恐怖集团的手里并为其所用，则有可能造成人类灭绝的灾难。

瑞士学者汉斯·昆曾经指出："自第一次世界大战以来，人的认识和权力已经发展成为无法测量的东西了。尤其在原子能和遗传工程领域中，正如我们所看到的那样，随之而来的是对下一代极其危险的深远后果。"❶ 因而，责任伦理的伦理准则对于科技领域尤其是现代生命科技领域而言，应该成为人们开展相关科研活动必须遵守的准则。既不能为了追求利润、权力和享受等目的而不择手段，也不能只孤立地强调真理、平等、博爱等价值观；只涉及单纯的内在动机，而忽视某种行为或决定的可能后果。人们应该既为自己的未来负责，也要担负起对后代的责任，"21世纪的口号应该具体地这样来提：全世界为了自身的未来而负起责任！为同时代人与环境负责，但也为后代负责。"❷ 为了担起我们这代人的责任，我们既需要一种全球的眼光，着眼于世界范围内全人类的现在和未来，在遵循生命伦理领域的国际统一行为标准的同时，尊重并照顾不同文

---

❶ 昆．世界伦理构想［M］．周艺，译．北京：生活·读书·新知三联书店，2002：38.
❷ 昆．世界伦理构想［M］．周艺，译．北京：生活·读书·新知三联书店，2002：40.

化之间的差异以及文化本身的多样性；同时也要真正地行动起来，因为人类的活动实实在在地在创造着人类自己及其子孙后代的未来。为此，我们应该首先揭示生命科技引发伦理问题的主要成因。

二、生命科技对伦理的冲击效应

美国著名法学家埃德加·博登海默（Edgar Bodenheimer）认为："社会正义观的改进和变化，常常是法律改革的前兆。"❶ 生命科学技术的进步和发展，常常冲击着人们的认识和伦理观念，甚至引起伦理领域的重大变化；反之，人类社会伦理观念的变化又反过来影响着科学技术的发展，既有可能是正向的促进，也有可能是反向的抑制。

（一）生命科技发展挑战了既有伦理观念

一方面，生命科学技术给人类的想象力插上了一双真正能够飞翔的翅膀，使人们的认识与判断能力得以不断提升。2019 年 1 月 24 日新华社报道："5 只生物钟紊乱体细胞克隆猴登上中国综合英文期刊《国家科学评论》封面，标志着中国体细胞克隆技术走向成熟，实验用疾病模型猴批量克隆'照进现实'，全球实验动物使用数量有望大幅降低，药物研发驶入'快车道'。"❷ 过去只有在神话故事中才会出现的真假"美猴王"这样的故事，自 1997 年克隆羊"多莉"诞生以来，在现实生活中不断上演，尤其对于"克隆人"的担忧和恐惧成为人们真正需要思考与面对的问题。2018 年 11 月底，也就是第二届"国际人类基因组编辑峰会"召开的前一天，贺建奎宣布一对名为"露露"和"娜娜"的基因编辑婴儿在中国健康诞生。经过修改这对双胞胎的一个基因，使她们在出生后即具有天然抵抗艾滋病的能力。虽然这是世界首例基因编辑婴儿，但事实上，这项技术早已成熟，各国科学家只是囿于伦理的考虑与法律的限制而一直没有将其付诸实践。这到底意味着将基因编辑用于疾病预防的重大技术性和历史性突破，还是有悖伦常、违背自然发展规律的一次人类僭越？如果允许这种僭越，

---

❶ 博登海默．法理学：法律哲学与法律方法［M］．邓正来，译．北京：中国政法大学出版社，1999：269.

❷ 世界首批体细胞克隆疾病模型猴在中国诞生［EB/OL］．（2019-01-24）［2022-08-30］．slide.news.sina.com.cn/slide_1_2841_350290.html#p=1.

是不是也可以允许人们组装集所有优良性状于一身的"超级基因片断",为创造"完美超人"而努力？我国相关政府部门的反应可以说给这个问题提供了一个答案。2018 年 11 月 27 日，也就是基因编辑婴儿公布的第二天，广东省、深圳市随即成立联合调查组，开展对"深圳基因编辑婴儿事件"的全面调查。2019 年 1 月 21 日，事件调查组的有关负责人表示，"对贺建奎及涉事人员和机构将依法依规严肃处理，涉嫌犯罪的将移交公安机关处理。"❶

另一方面，随着人们认识与判断能力的提升，其价值观念也会发生变化，很多过去被认为是正确的，现在变成了错误的；许多过去不可接受、不被认同的，现在变成了生活日常或"见怪不怪"。生命科技的发展造成了社会生活现实的变化，进而影响并改变着人类的社会意识观念、社会价值观念与法律观念，并最终生发出法律规范与制度层面的根本性变革。问题是，这种转变并非都如美国的种族隔离制度的终结那样，为实现人与人之间的真正平等做出卓越贡献。比如对"安乐死"所引发的生命伦理的质疑。人们常言"医者仁心"，无论是从对传统文化的理解来说，还是就当前医务工作者的基本职业道德规范而言，"救死扶伤，治病救人"都是医者应该遵循的伦理准则。因此，保护生命、延续生命都被认为是绝对的善，而放弃抢救濒临死亡的患者的行为则被认为是绝对的恶，更何况是执行"赐人死亡"的安乐死行为？正因为如此，大多数国家都反对安乐死，荷兰是世界上第一个将安乐死合法化的国家。然而，不得不引发我们思考的是，有许多打算寻求安乐死的人曾经涌向荷兰，以求一死。对于人到底有没有选择死的自由这个问题，需要人们从伦理、道德、法律等不同维度去认真思量。

（二）生命科技发展冲击关于人之基本假设的观念

生命科技的产生、发展和应用给人类带来的到底是福利还是祸端？要回答这个问题，我们需要充分认识英国哲学家罗素的以下见解所发出的明智告诫："科学提高了人类控制大自然的能力，同时据此认为可能会增加人类的快乐和富

---

❶ 阿飞酱."基因编辑婴儿事件"初步调查结果：将对贺建奎依法严肃处理［EB/OL］.（2019-01-21）［2022-10-08］. https：//www.jiemodui.com/N/103936.html.

足。这种情形只能建立在理性的基础上，但事实上，人类总是被激情和本能所束缚。"❶ 生命科技本身无法决定自己是站在善良一端，还是为邪恶所利用，因为就其最显明的本质而言，生命科技仅仅是一种工具，人类既可以利用生命科技的最新成果提高生命质量，也可能用它来制造生物武器、病毒等为祸全人类。所以，我们可以看到，即便在所谓的自由资本主义国家如美国，堕胎也遭到人们的普遍反对，在 20 世纪 70 年代"罗伊诉韦德"案以前，美国多达四十几个州都明确立法禁止堕胎。即便在"罗伊诉韦德"案判决之后，美国国会为了限制该判决的效力和影响力，也出台了相应的应对政策，如拒绝对实施流产手术的诊所给予医疗拨款。究其根本，随着生命科技的飞速发展以及其应用范围与领域的不断扩大，不断冲击着我们对人本身、人与他人、人与社会之间关系的既有认知。因此，在生命科技领域，对人的基本假设与经济学领域精于算计、谋求自身利益最大化的"理性人"假设形成了鲜明对照。

一般而言，生命科技伦理关涉的是整个人类社会的伦理取向和价值观念，因此，人不应该仅仅被当作"国家人"，而更是"世界人"。一个社会只有首先着眼于人类本身的利益，才能既保障本国民众的生命健康、提升本国民众的生命质量，又关注整个人类的幸福和发展。我们应当充分意识并理性评估新兴生命科技的开发和利用可能带来的风险与负面效应，并通过法律的规制方式保证生命科技产业的合理良性发展，有效防止滥用和误用生命科技成果，最终实现公众福利的最大化。正因如此，寻求建构一种所谓全球伦理值得期待。"我们所说的全球伦理，指的是对一些有约束性的价值观、一些不可取消的标准和人格态度的一种基本共识。没有这样一种在伦理上的基本共识，社会或迟或早会受到混乱或独裁的威胁，而个人或迟或早也会感到绝望。"❷ 在生命科技的发展过程中，我们应该拥有一种全球的视野和眼光，采纳一种理想与现实相结合的人类观，在平等、尊重、理解与互利的基础上同世界各国开展合作，使生命科技能够在尊重人类共同价值的同时，兼顾价值的差异性与多样性。

---

❶　朱勇，崔玉明 . 医疗新处遇的法律问题与研究 ［M］. 北京：中国经济出版社，2005：38.

❷　库舍尔 . 全球伦理 ［M］. 何光沪，译 . 成都：四川人民出版社，1997：12.

（三） 生命科技的发展造成"法律空白"

在生命科技活动中，产生了一些前所未有的新型社会关系，给一些传统法律领域提出了新问题，尤其使婚姻家庭和继承等方面的法律受到严峻挑战。社会的需要是科学技术发展的源泉与动力，反过来，科学技术的发展也激发和创造出新的社会需求。而法律源于社会生活的需要，它相对滞后于科技的发展，因此，在新的法律规范应运而生之前，我们只能将压力全部置于伦理领域，科学技术发展因而造成对旧有的伦理道德规范的猛烈冲击。对此，亨利·梅因（Henry Maine）爵士认为："社会的需要和社会的意见常常是或多或少走在'法律'的前面的。我们可能非常接近地达到它们之间缺口的接合处，但永远存在的趋向是要把这缺口重新打开来。因为法律是稳定的；而我们所谈到的社会是进步的，人民幸福的或大或小，完全决定于缺口缩小的快慢程度。"❶ 所以生命科技发展必然带来法律的短期空白，这样所有争议的焦点都将集中在伦理领域；只有当生命科技发展到一定阶段，在伦理领域去伪存真之后，人们对它才会逐渐达成某种共识，并为法律的出台提供坚实的基础。

以克隆人为例，我国《民法典》第六编"继承"规定父母、子女之间互为第一顺序继承人，而克隆人与被克隆人之间的关系显然得不到既有法律的明确认定，若要避免将来他们之间的继承问题带来的种种麻烦和困扰，在相关法律作出明确规定之前，所有的压力必将集中在社会家庭伦理领域。再如，我国《民法典》第五编"婚姻家庭"规定父母子女之间有相互抚养、赡养和监护的义务。在法律未明确将克隆人与被克隆人之间关系确定为父母、子女关系之前，他们之间也就不存在受法律约束的相互抚养、赡养、监护等义务，如果一方未履行相应义务，也只能受到伦理道德的谴责，而无法对其加以法律上的追究。即在生命科技发展造成法律短期"空白"期间，目前的社会伦理领域将不得不承受空前的压力。2004年1月13日，国家科技部、卫生部正式印发国家人类基因组南方研究中心的《人胚胎干细胞研究伦理指导原则》，报送全国各相关单位，但是"人体克隆"的问题至今在法律上还没有得到有效处理。为了进一步规范"人体克隆"的研究者，我们在吸取他国在克隆人问题上的立法精粹，加

---

❶ 梅因. 古代法［M］. 沈景一，译. 北京：商务印书馆，1996：15.

快国内相关立法步伐的同时，亦应不断开展与深化我国与他国及国际社会的法律协作。只有依靠各个国家及其人民的共同努力，克隆人问题才能够受到有效的规范与控制。

在当下社会，一边是生命科学技术的无限扩张，另一边是生命伦理道德观念的相对稳定，二者之间的冲突与碰撞大有愈演愈烈的趋势。既然我们都认同人类社会的生存与发展离不开科学技术，那么我们需要做的就是在现有的科学技术价值与人类社会价值之间找到某种平衡与制约要点，有的放矢、不遗余力地解决当前生命科学技术所触发的伦理道德难题。很大程度上，"人只有以技术为武器才能战胜现代技术本身。正如只有靠适当的技术反措施，才能消除技术化的不良后果一样，在伦理学领域只有通过合理的系统方法才能取得预期的结果。"❶

三、以法律规制生命科技的基本维度

生命科技的飞速发展引起了诸多社会伦理问题，使传统的伦理道德观不断经受挑战，但我们要做的并非停下生命科技发展的脚步。确实，生命科技的发展需要生命科技伦理的引导与规范，同时，生命科技的发展也为生命科技伦理的革新创造了机遇和条件。我们要看到，科技与伦理之间既相互掣肘，也相互成就。我们既不能固守传统的伦理规范来钳制生命科技的创新发展，更不应该为了适应生命科技的发展需要而随意或迎合地改变、放弃伦理的基本价值，对生命科技的发展采取完全放任的态度。因此，我们既要尊重和维护人类的尊严与基本价值，又要保证和促进生命科技的健康绿色发展。这要求我们既要坚守伦理原则的稳定性，又要包容伦理规范的开放性。我们应该在对话与交流中摒弃成见，在协商与妥协中达成共识，从而保持人类理性与情感碰撞中的适度张力，在法律与道德的协作中寻求力量的均衡。

（一）从生命科技伦理到生命科技法律

法律的基本原则并不能被凭空构想出来，而是需要理性面对生活现实的纷繁变化，并进行审慎的反思与智慧的建构。"生活是不断发展的，包括它自身的

---

❶　拉普．技术哲学导论［M］．刘武，译．沈阳：辽宁科学技术出版社，1986：151.

尺度和秩序；而存在于秩序之中的东西，人们称之为事物的本性。大多数思想家在缺乏某种确定的法规作指导或在法律本身不完整或不明确的时候，往往会诉诸这种事物的本性。"❶ 生命科技法律的立法价值取向既要尊重生命科技的实践价值，又要兼容生命伦理学的基本价值；这两者共同构成生命科技的法律原则的思想来源与基础。在当今时代，生命科技的发展亟须立法层面的规范与保障；然而，生命科技的立法反过来应该建立在生命科技实践的基础上，并从中找到基本的立法原则。如果我们用哈耶克的观点来看，他所强调的真正意义上的法律是所谓的"内部规则"，重点是这种规则是一种自生自发秩序的产物，是无数代人在历史发展过程中无意识地参与社会生活实践而形成并不断演进的规则，而其核心正是由习俗和文化传统等的基本价值观念体系所构成的，因而极易得到人们的共同遵守。在哈耶克看来，在任何社会中，只有充分包含、体现这些基本价值观念的规则，才是保障自由的、真正意义上的法律，这也是一个社会的法律能够得到民众的普遍认可与遵守的基础。尽管社会生活与实践会产生新的需要，法律也需要随之而相应地改变和变革，但无论其怎样改变，都不应该背离这个社会的基本价值观念。正如美国著名法学家霍姆斯（O. W. Holmes）所言："法律的生命向来不是逻辑，而是经验。人们当时感受到的必要性、盛行的道德理论和政治理论、公共政策的确立（无论是明言的还是无意识的），甚至法官与他们的同胞共有的偏见，在决定人们应当受到支配的规则的时候，具有比逻辑推论更大的作用。"❷

进入 21 世纪以来，国际社会不断努力推进生命科技领域的相关法律规制事宜。联合国大会早在 2001 年年底就通过决议，要求其法律委员会审议《禁止人的克隆生殖国际公约》的起草事项。可惜的是，各国并未就是否完全禁止人的克隆达成共识，无奈之下，联合国大会于 2003 年 10 月决定将《禁止人的克隆生殖国际公约》的起草推迟一年。直到 2004 年 10 月，各国终于就禁止生殖性克隆达成共识，但在是否禁止治疗性克隆问题上仍存在难以弥合的分歧，于是

---

❶ 哈耶克. 法律、立法与自由：第一卷[M]. 邓正来，张守东，李静冰，译. 北京：中国大百科全书出版社，2000：192.

❷ 霍姆斯. 普通法 [M]. 郭亮，译. 北京：法律出版社，2021：1.

联合国法律委员会决定放弃起草具有法律约束力的《禁止人的克隆生殖国际公约》，转而谋求不具有法律约束力的政治性宣言，即《联合国关于人的克隆宣言》。《联合国关于人的克隆宣言》最终于 2005 年 3 月 8 日获得联合国大会的批准。宣言明确要求各国一律禁止"有违人类尊严的任何形式的克隆人"。但关键在于这份宣言不具有实质性的约束效力，而仅仅只能号召各国抓紧制定和实施禁止任何形式克隆人的国内法律。从《禁止人的克隆生殖国际公约》到《联合国关于人的克隆宣言》，其间彰显的正是要实现"从生命科技伦理到生命科技法律"的实质性跨越的难度极大。

对于这一判断，我们从国际社会前前后后制定和发布的若干宣言中也可以得到印证。联合国教科文组织先后制定了 1997 年的《世界人类基因组与人权宣言》（Universal Declaration on the Human Genome and Human Rights）、2003 年的《国际人类基因数据宣言》（Universal Declaration on Human Genetic Data）以及 2005 年的《世界生物伦理与人权宣言》（Universal Declaration on Bioethics and Human Rights）等文件。多年以来，欧洲委员会积极寻求保障生命医学和生命科技进步中人的权利和尊严的路径，并努力敦促国际社会达成生命科技领域伦理与法律争议共识，其于 1997 年制定的《奥维多公约》（Dignity of the Human Being with Regard to the Application of Biology and Medicine）已于 1999 年 12 月 1 日正式生效。除了《奥维多公约》之外，前述文件都是不具有法律效力的国际性宣言。由此可见，在国际社会，"从生命科技伦理到生命科技法律"还有很长的路要走。

（二）从生命科技国内法律规制到国际法律规制

改革开放以后，我国在生命科技研发应用领域实现了非常迅猛的发展。与此同时，生命科技相关法律问题也开始凸显，而这些法律问题已经超出了我国传统立法的涵盖范围。为此，我国为了顺应生命科技发展的需要，逐步强化相关领域的立法工作并取得显著成效。在基因科技的研发与管理方面，我国相继出台了若干部法律规范性文件，最有代表性的为：1993 年的《基因工程安全管理办法》，2001 年的《农业转基因生物安全管理条例》，2002 年的《农业转基因生物安全评价管理办法》，2003 年的《人用重组 DNA 制品质量控制技术指导原则》《人用单克隆抗体质量控制技术指导原则》和《人基因治疗研究和制剂质量控制技术指导原则》，以及 2006 年的《农业转基因生物加工审批办法》等。在辅助性生殖技术的立法规范方面，我国先后制定了 2001 年的《人类辅助生殖技术管理办法》《人类精子库管理办法》以及 2003 年的《人类辅助生殖技术规范》等多部重要规章。在器官移植技术的立法规制方面，我国大陆地区第一部真正意义上的人体器官捐献移植专门地方立法于 2003 年 8 月由深圳经济特区出台，这部立法对于我国器官移植地方立法甚至国家立法都具有先锋模范作用。在这部立法的推动下，国家层面的立法工作也开始启动，卫生部颁布了《人体器官移植技术临床应用管理暂行规定》（2006 年），国务院制定了《人体器官移植条例》（2007 年）。由上述法律规制可知，我国生命科技领域的立法层次主要还是在行政法规、行政规章、地方性法规这个级别，立法层次显然有待提高。

其他国家的生命科技法律规制有可能为我国法律规制的日臻成熟提供某些参照和镜鉴。在基因重组技术问题上，早在 1976 年，美国就率先颁布了《重组 DNA 分子研究准则》，距离基因重组技术出现不过几年时间，随后德国、英国、日本等国家也先后制定了相应的法律。基因重组技术不断发展，人们对它的认识也不断深入；规制的规则也逐步得到修改，限制性标准不断被放宽。美国国立卫生研究院在 1976—1983 年历经五次修改逐步放宽了《重组 DNA 分子研究准则》；联邦德国于 1977 年出台《防止体外重组核酸危害的准则》，到了 1981 年，也已进行过四次修改与放宽；日本在 1979 年颁布《重组试验准则》，到 1983 年已经先后经历五次修订，限制性标准也是呈现松缓的态势。在克隆人问题上，《欧盟基本权利宪章》以及各个欧盟成员国的政府在禁止克隆人的问题上立场都十分坚定。2001 年 7 月，俄罗斯批准了《暂时禁止克隆人》法案，该法案对在俄境内进行的克隆人实验做出了法案生效后 5 年的禁止期限。我国并未出台相关法律规定禁止克隆人的实验，根据法无明文禁止即自由的原则，可以推定目前在我国进行克隆人的实验是合法的。但是，目前已经有很多国家立法规定禁止克隆人，我国将来的相关法律规制也需要充分考虑和尊重科技发达国家的立法经验。再如，对于人类基因技术问题，我国大陆地区尚未形成全面、系统的法律规范与政策。我们理应借鉴比较法的经验，顺应当今社会基因发展的趋势，推动"基因技术法"的出台。

对生命科技的国内法律规制，一方面，中国与其他国家尤其是西方国家在伦理观念上存在差异，不同的伦理观念可能会导致在生命科技立法方面作出不同的价值选择。比如，在对待生命的概念方面我们与西方就有重大差异，由于宗教信仰的缘故，西方人认为生命开始于胚胎形成之际，这样，破坏或遗弃胚胎就会被认为已经侵犯了生命的神圣与尊严，所以有关胚胎干细胞的研究是不符合生命伦理规范的。在我国，人们则普遍认为生命开始于分娩存活之际，再加上我国长期实行计划生育政策，谴责胚胎干细胞研究这类行为的人较少，可以说，我国的伦理道德观念与环境支持相关研究，也为相关规制性法律的尽早出台提供了可能。另一方面，生命科技伦理事关人类本身的生存与幸福，因此，世界范围内的人们应当求同存异，而不应该固守西方人或东方人的共同伦理，欧洲人或亚洲人的共同伦理，或者某个国家的共同伦理。我们应该保持一种宽容的精神，尊重不同文化背景下人们在生命观、价值观等方面的差异，正确对待生命科技领域伦理的多维度现象。同时，在生命科技领域亦应努力达成最低限度的全球伦理共识，将其作为我们对生命科技进行国内与国际法律规制的共同逻辑起点。

（三）生命科技的法律规制应以生命科技伦理的全球共识为基础

1945 年 8 月，诞生于纽伦堡欧洲国际军事法庭的《纽伦堡法典》是国际社会第一部生命伦理法典，该法典以人的生命价值、尊严与社会的公平正义等基本观念为根本出发点，它是人类社会历史上第一部科学规范人体实验的道德法典。在 60 年之后的 2005 年 10 月 19 日，联合国教科文组织第三十三届大会通过了《世界生命伦理与人权宣言》，该宣言明确了与生命科技相关的伦理问题及其处理准则，其中第一项原则即为"尊重人的尊严和人权"，并且着重强调单纯的科学或社会利益不能凌驾于个人利益和福祉之上。随着生命科学技术的新发展和新应用，法律所具有的变动性越来越大，这必然会对人类社会伦理共识构成挑战和冲击。然而，通过比较可以发现，对生命科技的法律规制在尊重人的尊严、生命价值等法律原则层面，具有极大的稳定性。这样看来，对于生命科技所产生或可能产生的种种负面效应，我们更需要以法律原则为指引的法治之法，"它所蕴含的对人的生存状态、自由、权利、尊严和价值的关怀和尊重，就构成对科学技术的非理性、非人道利益的抑制，对因过度强调技术理性而导致的人的技术化、客体化和社会生活的技术化的矫正"。❶ 生命科技领域的法律规制为了应对生命科技发展给人类提出的现实难题，应遵循如下两项基本原则。

第一，让技术的发展尊重生命。生命是一切的前提与根源，生命亦是人类尊严的保障，二者密不可分，生命科技发展的终极目的只能是保障生命安全及尊严。"无论是直接影响人类生育、生命的人工辅助生育技术、器官移植技术，还是破解生命秘密的基因科学以及基因工程，都直接或间接地关涉着人类的生命。"❷ 这些生命科技的发展缘起于人类生命繁育、维护及保障人类生命健康安全方面的实践难题，它们关注的是人类生命本身以及人类的幸福。因而，现代生命科技的法律规制首先要保证的就是它要尊重人，具体来讲，要尊重人的生命权、健康权、知情同意权、自主权等权利。其中，生命权是基础和核心，也就是说，所谓尊重原则的道德意义就是将人的生命视作最高价值，任何威胁和伤害人的生命的技术都是不道德的。尊重人的尊严，重点在于承认人是一个独立自主的社会存在体，他有权决定自己的价值观和价值取向，有权决定选择何种生活方式才算有尊严地活着，社会绝不容许任何生命科学技术对此加以僭越或侵犯。不仅在生命科技研究与应用中应该遵循尊重人的生命与尊严原则，在生命科技的法律规制中，也应该将其作为一项基本原则与根本指导思想。

无害原则是指生命科技的研究、开发与应用，无论动机如何，也无论有意还是无意，都不应对一般意义上的个人特别是牵涉其中的志愿者、病人等实验人群造成伤害，甚至不能容忍可能带来伤害的风险。生命科技之所以得以发展，正是因为它秉持致力于增进人的健康和幸福这一宗旨，如果科技手段反而对人造成伤害，那就彻底背离了其初衷。生命科技法律规制应坚持的最基本、最底线的原则是无害原则，应尽最大的努力避免伤害发生或把伤害控制在一定限度内。所以，法律绝不能纵容"任何人以任何借口在任何时候利用生命科技伤害任何人"。然而，悖谬的是，任何对科学技术的应用本身都包含一定的风险性，妄想不承担任何风险，这是不现实的也是不可能实现的。在某些特定条件下，

---

❶ 张文显. 法理学[M]. 2 版. 北京：高等教育出版社，2003：139.

❷ 薛现林. 生命科技发展与法律的回应 [J]. 河北师范大学学报（哲学社会科学版），2004（4）：53-59.

如在知情同意的前提下，为实现全人类的健康利益，又可以允许技术手段对个体造成轻微的、可逆的伤害，因为这样做的最终目的是把对生命的伤害降至最低限度。正是基于人类生存与发展的需要，法律应该保障生命科技研发的适度自由，对生命科技的法律规制采取审慎宽容的立场。这是法律规制生命科技之无害原则的当然含义。

第二，以技术正义促进社会正义。符合无害原则标准的技术并非就是当然可以开展的技术，满足安全性要求的技术，还有必要满足效用原则，因为安全的技术如果无益于人类健康和幸福，那么对于这样的技术，人类是没有必要投入过多的人力、物力和财力的。因此，经过无害原则检验的技术，还需要相关人员如生命科技的研究、开发、应用人员和决策人员，对该项技术是否符合效用要求作出理性的判断。所谓有益或效用原则，主要是指通过生命科技的研究、开发和应用，是否确实有助于人类及特定当事人预防、消除或补救某些伤害。有益或效用原则是功利主义理论的一项基本原则，它在对生命科技的研究和应用产生的益处与危害进行计算、比较与衡量的基础上，追求的是能够带来最大的好处、产生最小危害的技术。当一项新的生命科技诞生的时候，往往很难厘清其中的利害轻重，这时，我们应该"两利相权取其重，两害相衡择其轻"，评判标准中最重要的便是人类的生命尊严和发展。我们既要保证生命科技为真正需要它的人增福添益，同时更要顾全人类社会的安全与可持续发展。因而，坚持有益或效用原则意味着，我们需要在纠缠不清的复杂利害关系中找到利害的恰当平衡点，兼顾大多数人的利益与福利，做出能够获得大多数人认可的道德抉择。

具体来讲，我们将从以下三个方面进行综合考量：一是某项生命科技确实能够对特定当事人以及人类的健康和福祉有所助益，例如，该项生命科技能够根治或缓解某类疾病，同时还要确认，这种科技的应用不会给病人或他人造成太大的伤害。二是某项生命科技可以改善接受者的健康状况，提高其生活质量，这时我们同样不能忽视，该项技术是否会给他人、社会和环境带来危害。三是某项生命科技如果获得成功，将为人类社会整体带来福利，这时需要判断其是否会给接受者或受试者带来严重伤害。也就是说，我们始终要遵循一项最根本的原则，那就是任何人都不得以为了社会利益、为了全人类的健康利益或者为了科学发展的利益等，强迫受试者牺牲其个人的利益。我们将之总结概括为，有益或效用原则永远不应当凌驾于人的生命与尊严原则之上。

总之，生命科技的发展应始终以保障人的生命健康与生命尊严、提升人的生活质量与生活幸福为旨归，一旦生命科技的开发和应用不利于甚至阻碍了上述目标的实现，这两者之间就产生了矛盾和冲突。这个时候，就更需要法律来加以调整和规制，因为解决社会生活中的矛盾和冲突正是法律的一项重要功能。任何生命科技的开发和应用本身都不可避免地包含一定的风险性，这是我们为了发展科技不得不付出的代价。既然人类要生存与发展不可能放弃对科学技术的应用，那么，我们就只有理性地面对、勇敢地承担任何可能的风险。东汉时期政论家、史学家荀悦在《申鉴·杂言》中有一段话："先其未然谓之防，发而止之谓之救，行而责之谓之戒"，而"防为上，救次之，戒为下"，说的正是这个道理。

第三节　网络科技：穿梭在虚拟与现实之间

信息网络❶技术深刻地改变了人们生活的许多方面，包括教育、工作、医疗、娱乐、通信、工业生产、商业、社会关系和冲突的性质等。因此，它们也对我们的道德生活和当代伦理学说产生了深刻、广泛和与日俱增的影响。我们的环境、人类社会和日常生活的信息化，创造了全新的现实，创造了前所未有的现象和经验，提供了丰富的、极为有力的工具和方法，提出了广泛的独特问题和概念，开创了迄今为止我们所面临的无限可能。因而，它也深刻地影响了我们的道德选择和行为，影响了我们理解和评估伦理问题的方式，并提出了基本的伦理问题，这些问题的复杂性与维度正在迅速增长和演变。可以毫不夸张地说，我们今天面临的许多新的伦理问题都与信息革命有关。

2018 年 4 月，习近平总书记在出席全国网络安全和信息化工作会议时指出：

---

❶　信息网络，包括以计算机、电视机、固定电话机、移动电话机等电子设备为终端的计算机互联网、广播电视网、固定通信网、移动通信网等信息网络，以及向公众开放的局域网络。

"网信事业代表着新的生产力和新的发展方向，应该在践行新发展理念上先行一步，围绕建设现代化经济体系、实现高质量发展，加快信息化发展，整体带动和提升新型工业化、城镇化、农业现代化发展。"❶ 信息网络的伦理问题与其他领域的伦理问题相比较，并没有什么不同之处或者引发了新的伦理问题。信息网络伦理问题的不同在于，计算机的发展和使用以新的和不同的方式提出了旧的问题，并且经常创造出所谓的政策真空。作为一种应用伦理，关键问题是，信息网络技术伦理应该是被动的、主动的还是两者兼而有之？也就是说，信息网络技术伦理应该只是对现有问题做出反应，抑或试图预测可能出现的问题，还是同时做出反应和预测？显而易见，伦理可以对技术做出反应，也就是说，伦理规范是在技术发展之后完成的；或者它可以是主动的，也就是说，在技术开发之前先完成。如果伦理规范在技术开发之前完成，则难以预测它的影响会怎样；如果在技术开发之后进行，则难以控制其影响。因为当一项技术处于相对早期的开发阶段时，尚不清楚应对其进行哪些更改；或者当一项技术处于相对较晚的开发阶段时，更改成本高、难度大且耗时长。如果是前者，那么控制是不可能的；如果是后者，那么控制是不可行的。

当采取主动的信息网络技术伦理方法时，重点是不同的。人们更有可能，而且事实上也确实如此，有必要仔细考虑技术的需求，这涉及思考一个人认为什么样的生活是好的生活。这种方法意味着采取某种行动，以特定的方式指导技术的发展。这种积极的态度也凸显出对应用伦理的更积极的看法。伦理学家经常被视为只起到消极作用，总是批评和试图阻碍发展。虽然这种观点在某种程度上是正确的，但它并不是伦理学家应该做的唯一事情。技术显然具有积极作用，在许多方面，我们的生活因为各种技术而变得更好，而伦理规范对技术发展的指导则为此提供了保障。正如习近平同志指出的那样，要推动依法管网、依法办网、依法上网，确保互联网在法治轨道上健康运行。❷

---

❶　张晓松，朱基钗. 敏锐抓住信息化发展历史机遇. 自主创新推进网络强国建设［N］. 光明日报，2018-04-22（01）.

❷　张晓松，朱基钗. 敏锐抓住信息化发展历史机遇. 自主创新推进网络强国建设［N］. 光明日报，2018-04-22（01）.

一、虚拟化生存下的伦理问题

根据中国互联网络信息中心（CNNIC）第 50 次《中国互联网发展状况统计报告》，截至 2022 年 6 月，我国网民规模为 10.51 亿，互联网普及率达 74.4%，国民使用手机上网的比例达 99.6%。毫不夸张地说，我们生活在一个网络化的环境即信息网络空间中，这个环境正变得在时间方面越来越同步，在空间方面越来越去中心化，在交互关系方面越来越具有相关性。如果我们不认真对待我们正在建设后代会居住的新环境这一事实，我们必将陷入困境。我们应该研究信息网络空间的生态系统，认识到信息网络空间是一个公共空间，需要对其进行保护和改进以使所有人都能受益。

保护和改进信息网络空间不仅是一个技术问题，更是一个复杂的伦理问题。信息革命恰如以前的产业革命（特别是农业革命和工业革命），在我们的社会结构和物理环境等方面创造了巨大的变革机会。信息技术作为人类社会一种巨大的变革力量，如果未受到相应道德规范的约束，极有可能被滥用，产生诸如不良信息泛滥、网络侵权、网络攻击等伦理问题。因此，既然人们凭借高度发展的信息技术拥有并维系着其数字化的生存，那么就必须努力为数字化生存建构合理的伦理空间，即信息网络伦理。"通过构建新的算法或对机器状态的新解释，我们几乎可以无限制地调整它们的功能。"❶ 对计算机应用没有限制，因此对这些"机器"所能产生的微妙的道德和社会问题也没有限制。基于这些和其他原因，信息网络伦理问题不能简化为应用伦理学的其他领域的问题，也不能被应用伦理学其他领域的问题所涵盖。

（一）网络信息自由易被滥用，导致垃圾信息泛滥

新兴信息网络时代的最大遗产很可能是言论和信息制作的民主化。由于网络的进入门槛低，信息网络为新的声音创造了发声与被倾听的机会。它不仅增强了公民个人的力量，而且通过使关于公共问题的辩论更具包容性，从而强化了民主建设。信息网络甚至使普通公民也能成为"政治宣传册作者"，即便是一

---

❶ Moor J. The Future of Computer Ethics：You Ain't Seen Nothin'Yet ［J］. Ethics and Information Technology，2001：89-91.

个小城镇的叫喊者，他的声音也比任何临时演讲台都能引起更大的共鸣。然而，这种新媒体所创造机会的扩大也有阴暗的一面。有许多有害的和攻击性的言论形式玷污了信息网络空间，使其成为一些人表达敌意的地方。我们可以很容易地找到美化暴力和仇恨的网页，匿名发布，不考虑责任。此外，还有许多网页夹杂色情资料，孩子们可以很容易地访问这些资料。这些有害的、虚假的信息占用了大量宝贵的网络资源，不仅大大降低了网络运行的效率，也使信息网络空间的伦理生态环境受到污染与破坏。因此，我们应当思考如何抑制或控制特定形式的语言冲动，使信息网络空间更加健康积极。

同处于真实社会中一样，言论自由的要求在信息网络社会同样适用。但由于网络空间的虚拟性、开放性与数字化等特性，人们的言行很难受到社会道德规范、社会舆论等的监督和制约。一方面，在信息网络空间中，如果有人缺乏自我控制能力，则会导致个人的欲望、本能和冲动等无限释放。这种情况将导致网络上很容易传播一些无凭无据的流言、传闻、诽谤，甚至暴力、色情等不健康的信息，也容易传播包括企业信息、个人信息、服务信息等在内的真假难辨的可疑信息。以网络暴力为例，信息网络空间中的暴力行为一般很难得到追究，而且往往是大量的网民共同实施的集体暴力行为，很难进行确定和追究，从而导致信息网络空间成为一些人宣泄日常工作生活中积累的不满情绪的便利通道。这样的网络狂欢过后，除了对当事人的生活和精神状况造成极大的伤害之外，不可能追究所有人的责任，结果只能是"一拍而散"。另一方面，信息网络空间由于其信息审查制度的非严格性以及信息网络流量的高运载性，往往导致信息垃圾无法被及时发现并予以阻止或清除。虚假的、错误的、有害的信息可以瞬间在极大范围内传播，产生的影响将以几何倍数增加。由此所造成的危害之大，是线下信息传播所无法比拟的。解决信息垃圾的污染问题，关键在于，厘清信息网络空间的言论自由是否同真实社会中一样，需要确定其边界，并同时履行对社会的伦理责任与承诺。

曾经担任电子前沿基金会副董事长的约翰·佩里·巴洛（John Perry Barlow）早在 1996 年便发表了《网络空间独立宣言》，其中有很多饱含激情的观点，如"工业世界的政府，你们这些肉体和钢铁的巨人，令人厌倦，我来自网络空间，思维的新家园。以未来的名义，我要求属于过去的你们，不要干涉我们的自由"。但仔细研读，当能发现，巴洛所追求的是一种信息网络空间的新的伦理愿景，而非"不讲道德"。他说，"我们将在网络空间创造一种思维的文明，这种文明将比你们这些政府此前所创造的更为人道和公平。"❶ 这也将是我们今天对于规制信息网络空间的信息垃圾泛滥问题所希望达成的一种状态。

（二）个人隐私受到挑战与侵犯

如果说，信息垃圾泛滥涉及的是信息网络空间言论自由边界的界定与规范问题，那么信息网络空间内个人隐私遭受侵犯则关涉个人尊严底线的捍卫问题。个人隐私内容包括个人数据、个人私事和个人领域等，在信息网络环境下保障个人隐私，即意味着个人控制被他人收集到的个人信息的权利。个人隐私的保存与保护方式在线下社会环境中与信息网络空间里是截然不同的。我们以信息网络空间里个人隐私权保护尤显突出和重要的个人数据为例，个人数据包括有关个人的一切信息，如个人的身世、财产、婚姻、信仰、经历、职业、住址等。不管这些信息是可以直接获得的，还是通过分析与比较推论出来的；不管它们是动态的，还是的静态；也不论它们以何种载体形式表现出来，都属于个人数据。在信息网络空间内，人们的个人数据都是以数字化、电子化的形式存储在单位或个人的计算机或手机等电子设备上。我们暂且不论计算机或手机遗失、遭窃等极端情况，在电子设备联网的情况下，个人隐私被窃取并公开的可能性非常大，甚至这些个人信息本身就是保存在网络空间中的。正如斯皮内洛所说的那样："卷宗社会（dossier society）的基础正在建设之中，在这样一个社会里，利用消费者平常交易中所采集到的数据，计算机可被用来推测个人的生活方式、习惯、下落、社会关系等"。❷ 而在这种所谓的卷宗社会里，个人的信息本身就具有极高的商业价值，这既为信息窃取者提供了丰厚的利润回报空间，也反过来使个人隐私信息的保护增加了难度。

中国互联网络信息中心第 48 次《中国互联网络发展状况统计报告》指出，截至 2021 年 6 月，61.4% 的网民表示过去半年在上网过程中未遭遇过网络安全

---

❶ John Perry Barlow. A Declaration of the Independence of Cyberspace ［EB/OL］.（1996-02-08）［2022-08-01］. https：//www.eff.org/cyberspace-independence.

❷ 斯皮内洛. 世纪道德：信息技术的伦理方面 ［M］. 刘钢，译. 北京：中央编译出版社，1999：169.

问题，与 2020 年 12 月基本保持一致。此外，遭遇个人信息泄露的网民比例最高，为 22.8%；遭遇网络诈骗的网民比例为 17.2%；遭遇设备中病毒或木马的网民比例为 9.4%；遭遇账号或密码被盗的网民比例为 8.6%。❶ 研读以上统计数据可以发现，在移动互联的时代，未来个人信息泄露问题还将遭遇空前的严峻挑战，这要求我们必须对此给予充分重视。因为，如果任由鼠标肆虐，侵犯的将不仅是个人的隐私权利，实际上更对社会秩序的维护和社会信用的建立具有不容小觑的破坏作用。正如 2018 年 4 月，习近平总书记在全国网络安全和信息化工作会议中所系统阐释的那样，要形成多主体参与、多手段结合的综合治网格局，明确网络安全对社会经济稳定运行的重要性，要实现信息领域核心技术的突破。❷ 这尤其对信息系统从业人员提出艰巨的挑战，即在确保其组织信息资产的保护、隐私和安全的同时，要满足提供准确、可见和及时的信息的期望。

（三）网络知识产权侵权问题严重

2019 年 3 月 11 日，成立不到两年的移动阅读平台"快点阅读"又一次陷入抄袭风波之中。"据某微博用户描述，自己的原创作品在未被授权的情况下，直接出现在了'快点阅读'的平台上，但作者署名却换成了另外一个人。北京商报记者调查发现，自 2017 年上线后，'快点阅读'曾多次遭到其他阅读平台、作者乃至读者提出的抄袭控诉。"❸ 我们需要反思，究竟是什么原因导致诸如此类的信息网络空间知识产权侵权问题在近几年非但没有从根本上得到解决，反而呈现愈演愈烈的势头。

许多学者都提倡信息网络空间应该创设一种信息自由与共享的生态环境，但随着信息网络的商业化发展，保护知识产权已经成为人们的共识。2017 年发布的《中国网络文学版权保护白皮书》数据显示，"2015 年盗版给网络文学带

❶ 中国互联网络信息中心．第 48 次《中国互联网络发展状况统计报告》[EB/OL]．(2021 - 08 - 30) [2022 - 08 - 01]．http：//jyh. wuhan. gov. cn/pub/wxb/xxh/hyfzyw/202108/t20210830_1768570. shtml.

❷ 张晓松，朱基钗．敏锐抓住信息化发展历史机遇．自主创新推进网络强国建设 [N]．光明日报，2018-04-22 (01).

❸ 北京商报．再陷抄袭风波"快点阅读"成侵权黑洞 [EB/OL]．(2019 - 03 - 12) [2022 - 08 - 30]．https：//finance. sina. com. cn/chanjing/gsnews/2019 - 03 - 12/doc - ihsxncvh1736153. shtml.

来的损失达 79.7 亿元，其中移动端付费阅读收入损失达 43.6 亿元，2016 年，损失上升达到 79.8 亿元，其中移动端付费阅读收入损失达 50.2 亿元。"❶ 我们应当清醒地意识到，在当今社会，飞速发展的知识经济已经成为一种非常重要的经济形式，而保护发明创作者的正当权益进而激发其积极性是社会进步的基础和要求。就著作权而言，信息网络技术使得大范围地快速传播作品不仅操作简单而且成本低廉，但著作权人单凭一己之力很难了解到自己的作品被使用的情况如何，自己的各项权益是否已经招致损害。传播技术和方式的发展与变革为著作权制度的发展创造了条件，但同时也为著作权人的维权带来了前所未有的困难。在历史上，版权制度曾经数次遭受过我们所熟知的无线电广播、电视和卫星传播等新技术的严峻挑战，但令人欣慰的是，这些技术也同时推动着著作权保护制度的发展和完善。

目前，信息网络已经成为享有著作权作品的一种重要的传播途径。在信息网络的普及度越来越高的同时，网上侵犯著作权的行为也花样繁多、令人应接不暇，如擅自上载著作权人的作品、擅自转载新闻单位发布的新闻、传播走私盗版的音像制品等。我们强调信息自由和共享，但绝不是没有限制和约束的"野蛮狂欢"，也绝对无法容忍对信息资源的疯狂掠夺和侵犯。我国修订后的《著作权法》针对这种情况，也明确规定了著作权人享有信息网络传播权。《著作权法》第 10 条规定，"信息网络传播权，即以有线或者无线方式向公众提供作品，使公众可以在其选定的时间和地点获得作品的权利"，也就是说，通过网络向公众传播作品，属于著作权法规定的使用作品的方式，《最高人民法院关于审理侵害信息网络传播权民事纠纷案件适用法律若干问题的规定》（2012年）第 3 条明确规定："网络用户、网络服务提供者未经许可，通过信息网络提供权利人享有信息网络传播权的作品、表演、录音录像制品，除法律、行政法规另有规定外，人民法院应当认定其构成侵害信息网络传播权行为。"

信息网络是技术含量极高的领域，在网络技术条件下的侵权行为，不仅不易被发现，而且其举证、质证、确认等均需强大的技术支持。2016 年 11 月，国

---

❶ 艾瑞咨询 . 2016 年中国网络文学版权保护白皮书［EB/OL］.（2017-04-12）［2022-03-12］. http：//www. 199it. com/archives/581527. html.

家版权局针对网络文学领域的侵权盗版行为，下发了《关于加强网络文学作品版权管理的通知》，进一步明确了通过信息网络提供文学作品以及提供相关网络服务的网络服务商在版权管理方面的责任、义务，细化了著作权法律法规的相关规定，对规范网络文学版权秩序具有重要意义，标志着中国网络文学版权保护和正版化进程迈入新的发展阶段。为了营造良好的网络版权环境，2022 年 9 月，国家版权局、工业和信息化部、公安部、国家互联网信息办公室联合启动打击网络侵权盗版专项行动"剑网 2022"，这是全国连续开展的第 18 次打击网络侵权盗版专项行动。尽管著作权保护力度空前，但对内容创建者和提供商来说，控制数字信息仍然是一项艰巨的挑战。控制创意作品的复制权一直是著作权保护的本质，但如何才能真正遏制信息网络空间中的"翻录"以及数字音乐和电影文件交换等活动？与此同时更要权衡，信息网络空间强化著作权等知识产权保护，是否会推动一种信息的"封闭运动"，并且对公共领域产生不利影响。

（四）信息安全受到威胁，信息网络犯罪猖獗

对于一般人而言，信息网络无非是一套为了满足人们的某种特定需要或达到特定目的而设计运行的软件和硬件组合。然而，问题在于，再周密的自动化信息网络系统，也会受到人们在信息网络空间中活动的影响，并进而发生改变。这意味着，信息技术本身即可以成为破坏信息网络安全的工具，不法分子利用网络的缺陷，借助某些网络工具和技术对他人的网络系统加以破坏与侵犯，如传播病毒等，造成有害影响和巨大损失。例如，通过植入计算机病毒或逻辑炸弹，破坏信息系统的程序，窃取和蓄意篡改信息等，造成个人或者政府等部门重要信息的泄露和破坏。网络信息安全遭受破坏引发的网络犯罪行为主要有网络盗窃、网络诈骗、网络洗钱等。《中华人民共和国刑法》所指的信息网络犯罪是"行为人运用计算机技术，借助于网络对其系统或信息进行攻击，破坏或利用网络进行其他犯罪的总称。既包括行为人运用其编程，加密，解码技术或工具在网络上实施的犯罪，也包括行为人利用软件指令、网络系统或产品加密等技术及法律规定上的漏洞在网络内外交互实施的犯罪，还包括行为人借助于其居于网络服务提供者特定地位或其他方法在网络系统实施的犯罪"。网络犯罪针对和利用的都是网络本身，网络犯罪危害的是网络及其信息的安全与秩序，它

具有隐蔽性、智能性、匿名性、无国界性、技术的复杂性及巨大的危害性等特点。

以网络诈骗为例，新型电信网络诈骗手法不断翻新，给社会带来危害。中国互联网络信息中心公布的第 48 次《中国互联网络发展状况统计报告》显示，截至 2021 年 6 月，遭遇网络诈骗的网民比例为 17.2%。❶ 相对来说，由于信息网络的虚拟性强，通过网络进行的恶意诈骗通常都是靠网络或者远程联系，极少需要实际的交流，这种情况下，诈骗的隐蔽性与欺骗性更高，更不容易被当事人识别出来，也增加了追责的难度。

若要减少甚至遏制网络犯罪，信息技术方面的努力确实可以有所帮助。但同时要意识到，信息网络安全的问题不是工程师们——通过创造性地使用无比丰富的代码语言，消灭将可能危害信息网络系统正常运转的网络病毒、蠕虫以及攻击行为——单独可以保障并解决的问题。信息网络中的硬件和软件并非会完全按照工程师们的预先设想来运行，我们还必须依靠社会制度本身的规制力量来提供技术整体运作环境方面的保障。

二、信息网络使人走向异化的诱因

在信息网络空间中，主体并非一个人类中心主义的行为者概念，因为其中还包括非人实体和非个人实体，以及网络化的、多主体系统和混合行为主体（如公司和机构）。而由这些主体构成的基于网络的信息环境即信息网络空间，就包括自然生态系统和人工（合成的、人造的）生态系统。它是指以信息方式理解的整个环境，即由所有信息实体（也包括公司、政府等信息行为主体）组成的环境，它们的属性，以及它们相互作用的过程和相互关联的网络。而对于信息网络空间这样一个快速发展的概念，它不仅可以被理解为内容空间，而且正越来越被理解为由信息实体（informational entities）填充的网络环境空间。这个空间原则上应当为网络主体的道德决策提供可能的指导，并有可能约束和引

---

❶ 中国互联网络信息中心. 第 48 次《中国互联网络发展状况统计报告》[EB/OL]. (2021 - 08 - 30) [2022 - 08 - 01]. http：//jyh. wuhan. gov. cn/pub/wxb/xxh/hyfzyw/202108/t20210830_1768570. shtml.

导网络主体的道德行为。这提醒我们，剖析信息网络的伦理问题需要从信息网络空间的诸多伦理要素着手。

（一）信息网络的虚拟性导致信息网络主体异化

不同于现实的物理空间，信息网络空间可以被定性为一个"虚拟的世界"，由此在信息网络中活动的主体也就成了虚拟世界中的虚拟个体。在信息网络空间中，个体通常会以完全不同于现实社会中真实身份的虚拟身份出现，网络中的个体形象与其在现实中的任何形象往往反差极大，而且人们也可以以一个或多个虚拟的身份活跃于信息网络空间。这种近乎"隐身式"的生活方式，的确给个体增加了现实生活中从未有过的新奇生活体验，但也在很大程度上为个体增添了因角色错位而造成的无尽困扰，人们所持有的既定价值观念与文化观念冲突等也会被带到网络信息活动中，并且极有可能会产生变异，其矛盾与张力将以新的数字化形式反映出来。信息网络中的虚拟互动反过来会使个体在遵守现实生活中的角色规则时发生困难，造成履行相应社会角色义务时的不适应与不情愿。

我们可以发现，在信息网络的虚拟世界中，现实世界中表现为自律和他律的两种伦理规范似乎都可能发生失灵。因为，一方面，信息网络空间的虚拟性破坏了人的道德自律基础，为激活人类本性中的最原始的"邪恶"部分创造了良好的契机。斯坦福大学教授菲利普·津巴多所作的"监狱实验"早已证明，环境可以逐渐改变一个人的性格，而情境可以立刻改变一个人的行为。这个实验中的所有人，都被深深卷入自己所扮演的角色无法自拔，不管是虐待者还是受虐者，甚至于主持实验的教授也被卷入其中，成了维持他那个监狱秩序的法官形象。在信息网络空间中，人作为信息的提供者、接受者、消费者、承担者等，其自身的主体性也不断发生着转变。另一方面，信息网络空间中个体与个体之间隐蔽的交往方式（现实世界中的"人—人"交往变成了"人—网络—人"的交往）极易使人的行为产生对现实道德进行挑战与背离的心理，从而缺乏一种来自外界道德他律的约束力量。尤其是当人的行为隐蔽性极强而难以被发现，而且监管与制裁很难奏效的时候，道德准则更容易被轻视和践踏。尤为雪上加霜的是，信息网络社会中，主体之间以数字和符号形式进行的交往，对个体而言具有再造和遮蔽作用，这也为一种非理性的集体无意识的网络"为恶"提供了可能，在他人的附和与帮衬下，个体在判断具体问题的时候容易理直气壮地感情用事、不讲逻辑以及泛道德化。这样，裹挟于信息网络空间各种关系中的个体在不知不觉之间就丧失了独立自主地理性思考与判断分析能力。

（二）信息网络传播的多向互动导致信息变异，进而使受众异化

信息网络给每个用户都提供了成为传播者的可能，现在的"网红经济"现象就是其中的一个典型代表，它打破了广播电台、电视台这些传统媒体传播的单向性。所谓单向性体现在，传统媒体从业者负责采集信息，而受众只需要接收信息即可，当然这种传播的单向性正是由报纸、广播或电视这些媒介的特性决定的。我们可以看到，在前网络时代，媒体提供什么信息，民众就会接收什么信息，在这个过程中，受众只是单纯被动的信息接收者，几乎没有发挥自己主动性的空间。即使民众偶尔会将一些信息反馈回媒体，也因为时空或其他多种因素的限制而难以进行互动与沟通。比较而言，信息网络的传播具有多向、互动的特性，不仅信息发布者来源众多，不再局限于传统的媒体从业人员，而且信息发布者之间会相互影响，从而能够接收到不同的信息并可以据此对自己的认知进行修正与完善。除此之外，每个信息的接收者也都是潜在的信息发布者，他们完全可以基于个人独特的经验与知识体系发布自己的见解和观点，甚至是自己了解的背景或细节。这样一来，不同的传播者、不同的接收者、传播者和接收者彼此之间都能够在网上即时、便捷地进行交流。这也就意味着，传统媒体时代横亘在传播者和接收者之间的清晰边界已经变得模糊甚至消失不见，传统传播者可能具有的那种对接收者的控制和剥夺的地位与关系也被消解和改变。在信息网络时代，众多传统媒体也都纷纷开启了互动的旅程，通过扫描二维码、发表弹幕留言等多种方式同受众进行互动。截至 2017 年 6 月，我国民众使用率排名前三位的社交应用都属于综合类社交应用。截至 2021 年 6 月，我国在线办公用户规模达 3.81 亿，较 2020 年 12 月增长 3506 万，网民使用率为 37.7%。在线办公细分应用持续发展，在线视频/电话会议、在线文档协作编辑的使用率均为 23.8%。❶

---

❶ 中国互联网络信息中心．第 48 次《中国互联网络发展状况统计报告》［EB/OL］．（2021 - 08 - 30）［2022 - 08 - 01］．http：//jyh. wuhan. gov. cn/pub/wxb/xxh/hyfzyw/202108/t20210830_1768570.shtml.

信息网络传播多向、互动的特点，使得信息在传播过程中会发生变异，进而导致网络主体的行为变异。首先，传统媒体的信息发布已经经过媒体从业者严格的筛选，筛选过的信息也往往经过专业的技术处理之后才传达给受众，这已经充分考虑了受众的理解能力与习惯。然而，信息网络传播的信息水准则参差不齐，既有逻辑清晰、内容明确的，也有庞杂繁复、晦涩难懂的，如此则极为考验受众的信息接收与处理能力。恰如乔治·米勒所说的那样："我们能够接受、处理和记忆的信息量有严格的限度。"❶ 人们通常是通过对信息进行分类、摘要或编码等方式来接受和处理信息的，然而信息网络空间中呈碎片化形态的信息爆炸性膨胀已经远远超出人们的理解和承受能力。其次，网络信息传播不同于传统媒体，在网络上，不同的信息链条和信息组合排列都会影响信息传播的效果，有时甚至会出现与传播初衷大相径庭的结果。传统媒体的单向传播方式，其传播效果主要受接收者个体差异的影响，而信息本身不会产生形态上的变化。有时会因为突出某一方面如同样的内容而采用不同的标题，而使信息中包含的更重要的内容被忽视或被淹没；有时也会由于加入了相关性不强的信息而使最初的信息变得庞杂拖沓而难以理解；有时出于不良目的传播的一条虚假信息会引发一系列的连锁反应，导致网络的群体踩踏事件，等等。这些都是信息网络传播过程中的信息发生变异的情况。如此一来，当"一个人接收的信息超过他能处理的极限时，可能……导致紊乱"❷，进而可能引发严重的行为失常。

（三）信息网络技术异化，引发人的生活异化

信息网络本身提供的是自由传播信息和惬意沟通交流的技术空间。1996 年 2 月 8 日，约翰·佩里·巴洛发表了《网络空间独立宣言》，宣称"我们正在建立的这个全球性社会空间，完全独立于可能强加到我们头上的任何强权。他们既无法用任何道德规范来约束我们，也不存在其他令我们感到恐惧的力量。"❸

---

❶　托夫勒. 未来的冲击 [M]. 孟广均，吴宣豪，黄炎林，等译. 北京：新华出版社，1996：296.

❷　托夫勒. 未来的冲击 [M]. 孟广均，吴宣豪，黄炎林，等译. 北京：新华出版社，1996：296.

❸　John Perry Barlow. A Declaration of the Independence of Cyberspace [EB/OL]. (1996-02-08) [2022-10-08]. https：//www. eff. org/cyberspace-independence.

通过信息网络平台，传统的所属国籍、所在地区、所属族群、所属阶层等妨碍世界各地民众进行平等交流的阻碍都已经不复存在，包括参与微信、微博、"脸书"等社交平台完全打破了这些界限，计算机游戏、手机游戏等娱乐互动活动也已经成为信息网络时代的新型交往方式。信息网络空间的"遗世独立"特性为人们之间的无障碍、无保留交换信息与观点提供了非常公允的机会与畅通的渠道。然而，这样一个表征自由、平等与民主的信息网络社会，在自身的飞速发展过程中，信息网络技术却出现了异化现象。由于网络主体最大限度地参与了信息网络整体文化环境与生态的建设，乍看之下，信息网络活动确实遵循了民主、平等等现代社会所希求的价值原则，但继续深入探究则可以发现，某种深刻的不平等隐藏其中。信息网络活动无时无刻不受到网络运营商和管理者的监督与掌控，或多或少正是他们操控着允许进入网络的信息选择以及信息进入网络的深入程度，信息网络俨然已成为众多商家谋取暴利的一种手段。

我们早已经见怪不怪的职业化"网络炒家""网络水军"等，通过在不同微信群、QQ群、网站群发消息，完成客户指定的事件炒作、广告推广、网络投票活动等任务后，即可获取相应的收益。实际上，在"网络水军"的背后早已形成一条完整的产业链。2017年7月，在公安部统一指挥下，广州市公安局经过3个月的缜密侦查，挖出一个以"三打哈"网站为核心，形成"有偿删帖、发帖、灌水"的中介模式产业链的特大"网络水军"团伙，共抓获犯罪嫌疑人77名，涉及全国21个省份，涉案金额近400万元。[1] 在巨大的经济利益驱使下，信息网络技术的发展已经改变了初衷，发生了异化。信息网络不仅给人们带来了更多的乐趣、更大的自由和便捷，也为人们增添了很多本无必要的烦恼。在毫无察觉与防备的情况下，众多网民不时地被一个又一个精心打造的舆论热点、娱乐绯闻、奇闻逸事等内容所吸引，进而为商家赢得了可观的点击率；不时地在众多"网咖"与"网红"的鼓动和诱导下进行一次又一次冲动的网络购物与消费，从而为商家贡献了不菲的经济回报。甚至有些人在经济利益的驱使下，通过网络大肆散布不实消息以误导、左右舆论走向，也有人不择手段地非法侵占

---

[1] 湖南网警巡查大队．起底"网络水军"产业链［EB/OL］．（2018-02-05）［2022-10-08］．https：//baijiahao．baidu．com/s？id=1591549733464853242&wfr=spider&for=pc．

他人的信息，侵入竞争对手的网络系统盗取商业秘密等，上述行为已经完全偏离了法律轨道。商业利润不断控制、侵蚀着信息网络空间中主体的活动，而长期依赖互联网的人们也甘愿按照技术规定好的方式生活和生产，甘愿享受这个技术陷阱的"温柔乡"而不愿醒来。不仅人的日常生活被异化，人性也面临着被异化的风险。为自由而生的信息网络技术一不小心完全可以变成技术的专制，为了从根源上发现问题并寻找解决问题的对策，我们必须直面信息网络可能引发的伦理问题。

（四）信息网络的非中心性增加了技术监管的难度

互联网的管理与其他机构的最大不同是管理上没有特定的中心，它的管理是以 ISP 即互联网服务提供商为局部中心的体系。这种管理体系使每一个互联网用户都听命于自己的 ISP，而不管 ISP 与用户的具体地理位置如何。这意味着，信息网络社会中没有一个中央权力控制机构，现实社会中的等级结构在网络社会中被瓦解了，权力分散到更多的群体之中。现实社会中，权力依职能和职位进行分工与分层，权力和权限的分配依人们的职务等级确立，然而在信息网络中，显然要求某种与此不同的权力运作模式。一方面，信息网络具有流动性、共享性、扩散性等特性，信息网络空间的行为主体即网民也具有分散、流动的特性，其身份极难确定；另一方面，网民在信息网络空间的行为常常表现出试图摆脱特定身份之各种限制的意图，他们追求自由、反抗单一权威而寻求治理主体的多元性。所有这些都决定了信息网络空间中的权力运作是广泛散布、交互碰撞的。

信息网络空间中构建了一个虚拟的复杂社会关系网络，全然超脱于现实社会关系，现实中受到颇多关注的身份、地位等不再那么重要，网民在网络生活中若想树立威望，通过操作鼠标和键盘就可以实现。"我们经由电脑网络相连时，民族国家的许多价值观将会改变，让位于大大小小的电子社区的价值观。我们将拥有数字化的邻居，在这一交往环境中，物理空间变得无关紧要，而时间所扮演的角色也会迥然不同。"❶ 在多元权威的结构模式下，网络主体可以通过数字化的行动施加自己的影响力，管理员和版主之间、虚拟权威和网民之间

❶ 尼葛洛庞帝. 数字化生存 [M]. 胡泳，范海燕，译. 海口：海南出版社，1997：16.

只有通过持续地开展对话协商来解决分歧，而难以形成某个权力中心，更加难以通过外在的监控来保证网络环境空间的健康发展。不可否认，技术手段对于监督、控制网络信息活动而言确实具有无法取代的关键作用，而且许多新的技术方法和工具如量子信息技术、类脑计算、人工智能等还在不断问世。然而，正是在技术的不断更新变革中，新技术方法也不断地为反抗与逃离技术监管提供了可能，再严密的技术屏障也难保不存在漏洞；甚至可以说，没有不存在的技术漏洞，只有尚未被发现的技术漏洞。信息网络技术"内在的脆弱性"和"外在的局限性"都极大地影响了其对网络信息活动的监控功能。我们甚至不得不承认，可能永远也找不到绝对可靠的防范措施。

（五）信息网络政策和法律有待完善

目前，我国信息网络领域的现行规范性文件可以说已经非常丰富与全面。2017年6月1日，《网络安全法》正式实施，这标志着我国在网络空间的治理方面、网络信息传播秩序的规范方面、网络犯罪的惩治方面等都开始了新的征程。2017年6月，国家新闻出版广电总局印发《关于进一步加强网络视听节目创作播出管理的通知》，强调"网络视听节目要与广播电视节目同一标准和尺度"，相关政策安排十分有利于该行业整体内容质量的净化与提升。自2016年年底《互联网直播服务管理规定》出台以来，针对网络直播平台低俗内容的治理行动陆续展开。2017年国家互联网信息办公室先后发布《互联网新闻信息服务管理规定》《互联网信息内容管理行政执法程序规定》《互联网论坛社区服务管理规定》《互联网跟帖评论服务管理规定》《互联网群组信息服务管理规定》《互联网用户公众账号信息服务管理规定》等相关管理办法和规定，对于形成积极健康的网络文化氛围具有重要意义。2018年1月，《中华人民共和国反不正当竞争法》正式实施，规定"经营者不得利用技术手段，……破坏其他经营者合法提供的网络产品或者服务正常运行"。2018年7月，中央全面深化改革委员会第三次会议决定，在北京、广州增设互联网法院，这进一步推动了信息网络空间治理的法治化发展。此外，2018年1月，《网络餐饮服务食品安全监督管理办法》正式实施。2018年2月，国家互联网信息办公室发布《微博客信息服务管理规定》。2018年5月，《个人信息安全规范》正式实施。2019年1月和11月《中华人民共和国电子商务法》《中华人民共和国网络安全法》分别正式实施。2021

年4月，《中华人民共和国数据安全法》及《中华人民共和国个人信息保护法》正式实施。

然而，诚如美国的"数字革命传教士"尼古拉·尼葛洛庞帝所言："我觉得我们的法律就仿佛在甲板上吧嗒嗒挣扎的鱼一样。这些垂死的鱼拼命喘着气，因为数字世界是个截然不同的地方。大多数的法律都是为了原子的世界，而不是比特的世界而制定的。"❶ 还有其他学者也表达过类似的见解，如"你们关于财产、表达、身份、迁徙的法律概念及其关联对我们不适用。这些概念建立在物质的基础上，我们这里没有物质。我们的身份无关肉体，所以和你们不一样，我们不能通过肉体的强制来获得秩序"。❷ 再如，"计算机网络的电子环境的显著特点是多样性、复杂性、差异性和治外法权。所有这些特征对调节信息的产生、组织、传播、存档的法律都提出了挑战。"❸ 就我国现状来看，法律、法规发展与更新迭代的速度很快，但还是无法企及信息网络技术的发展速度及其引发的相关网络伦理问题产生的速度。关键问题是，信息网络政策和法律应该是被动的、主动的还是两者兼而有之？我们可能会发现既有的法律法规更多的只是对现有信息网络伦理问题做出反应的结果，而很难进行一种前瞻式的法律创制。

三、网络空间法律治理的价值取向

当下，信息网络已广泛关涉政府行政、国防工业、商事合作等方方面面。信息网络空间拓展了人们的活动范围，丰富了人们的生产、生活内容，为人们创造了新的财富和社会生产力。然而，我们必须承认，信息网络在增加人们生活的便捷性、丰富性和高效性等的同时，也时刻伴随着各种风险，如关键基础设施遭到攻击、个人隐私遭到侵犯、通信秩序受到扰乱等诸多网络安全问题，

---

❶ 尼葛洛庞帝. 数字化生存 [M]. 胡泳，范海燕，译. 海口：海南出版社，1997：191.

❷ John Perry Barlow. A Declaration of the Independence of Cyberspace [EB/OL] (1996-02-08) [2022-10-08]. https：//www. eff. org/cyberspace-independence.

❸ Branscomb J. Common Law for the Electronic Frontier [J]. Scientific American，1991 (September)：154.

而网络犯罪作为一种新型的犯罪形式，其数量也呈逐年递增趋势。如果我们不能及时采取有效措施降低相关的风险，必然会不利于社会经济平稳健康发展。因此，我们应当毫不迟疑地加强对信息网络的法律规制，而且务必做到在保护社会的利益和保障个人的自由之间张弛有度。我们应当建立完善的信息网络法律法规体系，进一步使这个虚拟世界规范化、法制化，尽量减少它的负面效应，既要积极促进其发展，又要对其加强法律监管。2017年12月24日，全国人大常委会审议关于检查《网络安全法》《加强网络信息保护的决定》实施情况的报告，建议加快个人信息保护、关键信息基础设施保护、网络安全等级保护、数据跨境评估等网络安全法配套法规的立法进程。这标志着信息安全将由合规性驱动过渡到合规性和强制性驱动并重，使人们在法制的约束下活动于信息网络这个虚拟社会，从而强制规范人们在信息网络空间的行为，将为此后开展的网络安全工作提供切实的法律保障。

（一）尊重信息网络特性，遵循信息网络规律

信息网络具有超越时空的特性（如全球性、跨地域性、不确定性）、技术性和发展变化迅捷等特点，这些特性既为信息网络的法律规制提出了很多难以克服的困难，同时也提供了进行有效法律规制可以参考的价值。首先，信息网络的法律规制不应当指望一劳永逸而应该与时俱进。这要求我们在立法的过程中，应当放弃试图一举决定所有这些具体法律标准，并且通过立法把"变数"化为"常数"的做法。在信息网络这个虚拟数字世界中，不需要这样去做，推动信息网络变革的永远都将是信息网络本身。到目前为止，信息网络所有的发展，它的无与伦比的魅力与光环，不只是在于它在大众当中极高的普及率，更在于它不是在某个发布命令者或某个设计师的命令规划下发展起来的，而是所有参与其中的人，以及越来越多的将会参与其中的人共同努力、自然演变的结果。其次，由于网络信息海量化，信息的更新速度每时每秒都以几何倍数增长，由某个政府部门直接进行全面监管是不现实也是不可能的。实际上，我们应该意识到，信息网络的真正价值正越来越和信息无关，而和社区有关。信息网络用户构成的社区将成为日常生活的主流，该社区会不断发展壮大，最终它的人口结构将逐步接近世界本身的人口结构，甚至会超越它，原因是在信息网络空间中，单个个体完全可以以不同的身份参与多个社区的建构。信息网络空间正在创造

着一个崭新的、全球性的社会结构，而这种社会结构的特性是内部相互沟通、权力分散，事实证明，这种社会结构的适应力和生存力异常强大，这也决定了我们对于信息网络的法律规制应当顺势而为，而非逆势打压。

（二）信息网络自由与限制有机结合

信息网络确实给人们提供了前所未有的信息自由度，但并不存在绝对的信息自由。"如同许多新技术的应用一样，网络技术也不过是一柄人类为自己锻造的双刃剑，善意的应用将造福于社会，恶意的应用则将给社会带来祸害"。❶ 信息网络的数字空间完全不受三维空间的限制，要表达一个构想或一连串想法，"可以通过一组多维指针（pointer），来进一步引申或辨明。阅读者可以选择激活某一构想的引申部分，也可以完全不予理睬。整个文字结构仿佛一个复杂的分子模型（molecular model），大块信息可以被重新组合，句子可以扩张，字词则可以当场给出定义。"❷ 作者在"出版"著作时自行嵌入其信息内容的若干连接，也可以在出版完成之后，由读者们自行陆续完成，这样，著作不再被固定在它出版时的样子，而完全可以被想象成"传达的是一系列可随读者的行动而延伸或缩减的收放自如的信息"。观念的市场具有充分的开放性和层次性。然而，信息网络空间的空前自由度也使网络信息良莠不齐，造成了信息污染，不断增加了网络主体的信息甄别难度。由是观之，若要充分发挥信息网络在维护社会公共利益方面的功能，应限制信息网络空间的绝对自由。其中，ISP 是"网络接入服务、网络信息内容服务、网络平台以及其他网络服务的提供者，熟悉网络信息传递的技术特征和信息内容特征，熟悉网络信息流转的规律，因此，由 ISP 承担信息审查、删除、记录以及向相关国家管理机构提供协助等信息治理义务，是社会效益最大化的必然要求"。❸ 习近平同志指出："要压实互联网企业的主体责任，决不能让互联网成为传播有害信息、造谣

---

❶ 弗劳尔. 网络经济：数字化商业时代的来临［M］. 梁维娜，译. 呼和浩特：内蒙古人民出版社，1997：323.

❷ 尼葛洛庞帝. 数字化生存［M］. 胡泳，范海燕，译. 海口：海南出版社，1997：88.

❸ 谢晓专. ISP 的信息治理责任及其理论依据［J］. 科技与法律，2009（6）：55-59.

生事的平台。"❶ 信息网络的法律规制，其根本目的是建构一个更加和谐的社会，一方面要尊重公众对自由的追求，另一方面又要使整个网络社会的内在秩序得到维持。

（三）技术改善与技术监管相权衡

国家应该在何种程度上监管信息网络？这一争论并没有抓住发展信息网络面临的主要问题。去监管化的成功必须以发挥作用的《网络安全法》等为前提。没有这样的法律架构，去监管化将造成信息网络空间的混乱与暴力。有了这样的法律架构，很多监管就不再必要，废除它们也就卸下了信息网络事业的负担。信息自由存在于信息网络的法律架构与不必要的监管负担的消解之中。信息网络发展的第一动因就是信息自由的"法制化"，即创造作用的《网络安全法》等，并废除不必要的监管。一方面，想要维护安全和遏制住一些网络违法事件，网络安全技术的改善，也是一个必要的手段，需要通过更好的安全手段来限制违法行为的扩张，将这些违法行为阻挡在网络之外。毫无疑问，没有网络安全技术的改善，实际上很难应对信息网络面临的威胁和挑战，更难以控制住违法行为的不断扩张。我们需要通过加强立法来监管与消除信息网络应用带来的有害信息扩散、知识产权侵害等负面影响。另一方面，监管信息网络的各种活动、制裁信息网络的种种不法行为，应当以不束缚其发展为根本。信息网络的法律监管既要及时跟进应对，也要容留发展的空间，待条件成熟后再出台相关立法也不迟。以我国《电信法》的立法过程为例，"为了规范电信市场秩序，维护电信用户和电信业务经营者的合法权益，保障电信网络和信息的安全，促进电信业的健康发展"，2000年9月20日国务院颁布了《中华人民共和国电信条例》。当时，社会各界预计，我国有望于2005年出台《电信法》。然而，直到2019年1月24日，电信法立法专家组第一次研讨会在北京召开，才将《电信法》列入十三届全国人大常委会立法规划。从1980年提议到现在，历时42年，《电信法》立法工作终于有望取得新的进展。从某种意义上说，我国《电信法》的"难产"正反映出对于信息网络的法律规制而言，应该秉持技术改善与技术监管

---

❶ 自主创新推进网络强国建设［EB/OL］.（2018-12-11）［2022-10-08］. http：//guo-qing. china. com. cn/2019zgxg/hdbd/2018-12/11/content_74262586. html? f=pad&a=true.

相权衡的原则。

（四）技术应用现实性与技术发展前瞻性相结合

一直以来，人们往往对从工业时代过渡到后工业时代或信息时代以及由此带来的法律规制思路的转变兴致浓厚。信息时代在经济模式方面与工业时代似乎没有什么不同，但需要注意，在信息时代，时间、空间与经济的关联度不断弱化。为此，我们需要结合信息时代的新特点，以法律的方式应对它所带来的新问题与新麻烦。也就是说，我们的信息网络立法既要照顾到网络的新特点，做出新的法律规定，又要避免与传统法律脱节，尤其是对基本的法学理念和法律原则应当予以继承，从而更好地保护人们在信息网络空间中的合法权益。例如，对于著作权法来说，大多数人对著作权表示担心，因为信息网络技术让"复制"变得更容易。其实，在数字化的世界里，我们需要担心的不只是复制到底容易到什么程度，还需要考虑一个事实：数字化拷贝在技术上可以做到完美复制原件，甚至经由清理、改进，去除原件中有缺陷的部分，拷贝件将变得比原件更完美。而且受众的接收方式也从线性的、连续式转变为共时性的、多层次的复杂方式。于是，对于信息网络时代的著作权保护问题，就一定非单纯规定"信息网络传播权"可以毕其功于一役的。信息网络技术日新月异，其应用也不断推陈出新，因而信息网络立法应当具有充分的前瞻性与预测性，既要在原则上把握住适当的发展方向，又不能凡事事无巨细，要留有发展的余地。有时，甚至需要我们站在所谓"后信息时代"的高度来思考信息时代的法律规制问题。

（五）法律部门相互协作、多个立法层面协同推进

由于信息网络法律涉及人们社会生活的各个层面，需要调整信息网络活动中的各种社会关系，单靠一个法律部门远远满足不了其法律规制的需求。信息网络空间不断产生新的社会关系，而且原有法律关系在信息网络环境下也发生了新变化，具有了新特点，往往会有多个法律部门牵涉其中，因而信息网络法律的建构需要多个法律部门之间协同作业、各展所长。近年来，我国加快了信息网络法律、法规的制定步伐，出台了一系列关于信息网络安全及惩处网络犯罪行为的法律法规，不仅包括信息网络领域的专门法律如《网络安全法》与

《电子商务法》等，还涉及诸多行政法规、部门规章及地方法规等，甚至《刑法》中也专门对信息网络犯罪问题做出了若干规定。

我国有关学者提出将整个信息网络立法划分为四个层面："最基础层是互联网信息的关键基础设施；基础层之上的是互联网中间平台，要制定《电子商务法》；平台之上的是互联网用户；用户之上就是互联网信息。这个基本架构是在2013年被国家信息网络立法规划全盘接受。……信息网络立法分层中属'地基'性的需要两部法律，《网络安全法》和正制定尚未出台的《电信法》。《电信法》解决的是传输问题，《网络安全法》的核心是解决关键信息基础设施安全，要维护网络数据的完整性、保密性和可用性。"❶ 信息网络立法分层中作为互联网中间平台的《中华人民共和国电子商务法》在2019年1月1日已经正式开始实施。国家统计局电子商务交易平台调查显示，"2021年全国电子商务交易额为42.3万亿元，同比增长19.6%"，两年平均增长10.2%，可以说，电子商务已经成为我国经济增长的新动力，但是诸如侵犯个人隐私、泄露个人信息、竞争无序等问题也日益突出。毋庸置疑，电子商务法规定的各项原则、举措以及相应的惩罚措施等，在规范、指导电子商务健康有序发展方面必将发挥重要的功用。当然，未来我们仍然会在补充与完善信息网络各个层面立法的道路上继续努力、勇往直前。

总结而言，在这个科技飞速发展的新时代，对各种科学技术类型的伦理认知与法律规制，早已成为一个非常必要且富有挑战性的行动。特别是当我们意图以法律手段，以道德上公正的方式控制科技力量、化解所谓"科技异化"现象或者技术伦理问题时，尤为如此。不可否认，尽管没有现代科技的生活已经变得不可想象，但传统的关于广义科技问题之"本质论"的探讨方式影响尚巨，有些传统理论的认识往往过于抽象化且流于隔靴搔痒，进而无法揭示当代新科技以何种崭新方式左右着人类的存在。因此，我们侧重讨论的不是"科技异化的本质"或者"科技的本质"，也不是"技术本身"，而是对与技术打交道以及对技术的后果和掌控的一种哲学反思。申言之，我们的主要目的不是形成最终

---

❶ 周汉华. 网络安全法解读：开启我国信息网络立法进程［EB/OL］.（2016-11-10）.［2022-08-01］. http：//www.npc.gov.cn/npc/lfzt/rlyw/2016/11/10/content_2002309.htm.

正确地化解"科技异化"现象、处理技术伦理问题的具体指南，而是基于一种"技术正义"的视角来反思就某个特定的技术而言的恰当价值，并由此探究如何利用法律方式规制科技活动。这样的检讨，一方面是在具体的行为范畴之中，关切的是具体科技的实际现状与未来发展；另一方面是在当前和未来人类发展过程中，以及在自然和技术、人和技术的关系改变过程中，对特定科技所扮演角色的总体思考。

第五章　技术正义视角下当代科技异化法律治理的中国方案

在当今全球化条件下，广义科技问题面临诸多挑战和问题，如跨文化的挑战、跨国家疆域的技术风险与责任问题（如全球气候变温）等。因此，倘若科技思想尤其是科技异化观念不想停留在其早期的雏形之中的话，那么，我们就必须基于中国实践用世界的眼光予以应对。不可否认，越来越多地朝着国际竞争水平发展的技术建设、技术创新和文化互渗过程正在当下中国发生着。一般认为，这一过程始自 19 世纪中叶，即 1840 年以来"西方的"科学、技术和社会模式对传统中国形成了各式各样的挑战与冲击，它们程度不等地影响并塑造着中国。无论这些跨文化挑战的强度有多大，中国都应该始终立足于自身实际，并且在开放包容中不断进取。具体就科技发展（科技异化）及其法律治理来说，中国所面临的挑战和问题，既不是全部来自西方世界，也不应当皆与经济发展捆绑在一起；在以治理为出发点的与技术打交道的制度构建上，新时期的中国已经探索出一条符合自身实际的、以科技立法活动为中心的道路，形成了相对完备的科技法律治理体系。

更明确地说，通过确立、改革和完善社会建制，包括政治制度、经济制度、法律制度以及文化伦理等一切与社会因素相关的社会存在和运行方式，来逐步化解科技异化现象；从人与人的关系，从不合理的社会制度层面去探究科技问题的根源。这是一条与马克思的思想相一致的、切实可行的道路，恰恰也是当代中国不遗余力地应对广义科技问题（包括科技异化问题）的策略与实践。

第一节　前期探索——当代中国科技法律治理的历程

马克思认为，用感伤和道德正义来阻挡资本主义经济是无济于事的，只有建立合理的社会制度，才能正确处理人与人之间的关系，才能建立人与自然的和谐关系，从而在根本上克服人的异化、技术的异化和社会的异化。❶ 在马克思、恩格斯看来，现代技术是与资本主义相伴而生的。他们在揭露资本主义条件下的技术异化时，并没有把科学技术本身当作产生非人道的根源，而是透过物（科学技术）对人的统治，进一步揭示人对人的统治，把批判的矛头对准资本主义制度本身。马克思、恩格斯认为，技术的逻辑服从资本的逻辑，只有在伟大的社会革命支配了资产阶级时代的成果，支配了世界市场和现代生产力，并且使一切都服从于最先进的民族的共同监督的时候，才能把技术从资本主义制度的控制下解放出来，才能彻底消除由于不合理的社会制度所导致的技术异化现象，让技术带给人类美好的未来。而在当代中国，一方面，人们遵循马克思主义观念，从根本上消灭了不合理的社会制度，建立了合作平等的人际关系，生产的目的（技术创新与应用的目的）是为了满足全体人民不断增长的物质文化生活需要。另一方面，面对技术不断重塑人类世界的现实，即技术不仅成为生产方式的主宰，也取得了对人和自然的绝对统治权，使"人类成为技术的产物"；或者用海德格尔的话来说则是，"技术作为工具的宇宙，它既可以增加人的弱点，又可以增加人的力量。在现阶段，人在他自己的机器设备面前也许比以往任何时候都更加软弱无力。"❷ 人们清醒地意识到，科技问题无法从科技的本身找到解决方案，这至少是因为技术的发展"对善和恶都带来无限的可能性"，而实现所谓"技术正义"的关键就在于制度建构，尤其是法律制度建构。申言之，当代中国应对广义科技发展（科技异化）问题的关键策略与实践就在于，大力开展科技立法活动、建立相对完备的科技法律治理体系。

一、科技立法的逐步推进

毋庸置疑，当代中国发展科技化解科技异化等问题既需要良法也需要善治。在一般意义上，法律对科技进行引导和控制的过程中，因其具有的规范性、一

---

❶　许良. 技术哲学 [M]. 上海：复旦大学出版社，2004：280.
❷　哈贝马斯. 作为"意识形态"的技术与科学 [M]. 李黎，郭官义，译. 上海：学林出版社，1999：39.

般性和强制性等特性而成为最关键和有效的方式。在当下这个技术已经获得统治地位的世界，人类已经亲眼见证了技术所带来的种种弊端甚至是灾难，我们就应该弱化法律的强制性，而强调法律的规范性和一般性，对技术活动增强规范和限制，从而实现"以人为本"和"技术正义"等价值理念。因此，科技立法指的是科学技术这个特定领域法律法规的制定、修改和废止工作，科技立法的目的在于以法治的方式对待和治理科学技术工作，即科技立法应当实现法律的工具性和目的性这两者的统一。我们认为，科技法律被选作对科技实行治理和规范的主要手段，除了仰赖其权威性和国家强制力之外，更重要的是寄望于通过普遍有效的理性法律规则在社会中的运行和实践，可以克服片面强调发展所忽视的社会基本价值诉求和价值理念的重要内容，关注人的发展的长远利益。即当代社会的科技立法应该在其立法精神中融会贯通科学精神和人文精神，既要尊重科学精神和技术发展规律，适时、适度地接受社会关系因技术进步而产生的变化并进行相应的调整，同时又要在调整中始终坚持"技术正义"的理念，并奉行"以人为本"的价值关怀。

在当代中国科技法律治理的历程中，更确切地说，当代中国科技立法（法律规制）的发展大致可以划分为三个时期：1949—1978 年的初建与磨砺时期、1978—1992 年的改革与发展时期，以及 1993 年以来的全面建构与完善时期等。

（一）1949—1978 年的初建与磨砺时期

新中国成立以后，为了鼓励发明创造和技术改进，国务院和有关部门颁发了一系列有关条例和规定，其中主要有：1950 年 8 月，为落实《共同纲领》第 43 条关于"奖励科学的发现和发明"的规定，中央人民政府政务院发布《关于奖励有关生产的发明、技术改进及合理化建议的决定》，批准实施《保障发明权与专利权暂行条例》；1954 年，政务院颁布《有关生产的发明、技术改造及合理化建议的奖励暂行条例》；1955 年，国务院颁布《中国科学院科学奖金暂行条例》；1963 年，国务院同时颁布《发明奖励条例》和《技术改进奖励条例》。❶

从这段时期我国颁布的科技条例和规定可以发现，在新中国成立初期，我

---

❶ 李宗辉. 近现代中国科技立法的变迁［J］. 科技与法律，2012（6）：68-74.

国的科技立法思路仍然沿袭了原解放区的做法，也就是对"科学发现""发明创造""技术改进"主要采取的是以奖励与保护为主的规制思路。为了调动科研人员的积极性，以法律的方式规定物质和精神奖励，推动我国科技事业的发展，为亟须科技支持的各项经济建设做出最大贡献。如东北解放区的哈尔滨市人民政府曾于1948年5月7日颁布《哈尔滨市优待专门技术人员暂行条例》，该条例指出，正是为了"发展生产，繁荣经济，为人民服务"而制定该条例。1955年《中国科学院科学奖金暂行条例》规定，一等奖奖金为1万元人民币。1957年1月，科学奖金进行了首次评审，有34项成果获1956年度奖。在当时，该条例对自然科学研究成果的奖励力度已经接近西方先进发达国家的水平。

"文化大革命"期间，我国科技法律的发展几乎停滞，这主要是因为当时人们对知识创造和科技创新产生了重大的认识偏差。"文化大革命"开始之后，不仅各级立法机关不再制定新的科技法律法规，而且已有的科技法律法规也被放弃实施。可以说，在此期间，我国科技事业的发展及其法制建设等都遭受重创，法治理念更是被抛诸脑后。

（二）1978—1992年的改革与发展时期

1978年党的十一届三中全会以后，随着改革的不断深化和对外开放的拓展，科技事业与法制工作逐步得到恢复并不断与时俱进。1978年全国科技大会也得以召开，这次大会明确提出了"科学技术是生产力"，科学技术现代化是四个现代化之关键的思想。一方面，我们从思想层面拨乱反正，努力恢复与摆正科学技术在我国经济社会发展中的作用以及科技工作者应该享有的地位；另一方面，我们从制度层面改革创新，激发与调动我国科技工作人员发明与创造的积极性和主动性，并且力争让科学技术为经济社会发展服务。科技立法在科学发明与技术进步奖励制度的重建与完善方面不断推陈出新，出台了一系列重要的法律法规。国务院于1978年10月18日重新发布了1963年11月制定的《技术改进奖励条例》，1978年12月出台了《中华人民共和国发明奖励条例》，1979年颁布了《中华人民共和国自然科学奖励条例》（以修订原《中国科学院科学奖金暂行条例》为基础），1982年颁布实施了《合理化建议和技术改进奖励条例》。需要特别强调的是，1982年《宪法》第20条规定，"国家发展自然科学和社会科学事业，普及科学和技术知识，奖励科学研究成果和技术发明创造"，这在国家根本法高度为我国科技法制现代化建设奠定了宪法基础，也为我国科技事业的未来发展指明了基本方向。

1984 年我国科技立法成果丰硕：3 月 12 日，全国人大常委会颁布《中华人民共和国专利法》，这是我国首次以知识产权这种权利形式来保护科研人员的发明创造成果，开创了我国科技立法以市场经济为导向的新局面；9 月 12 日，国务院颁布《中华人民共和国科学技术进步奖励条例》。1985 年 3 月 13 日，中共中央正式发布《关于科学技术体制改革的决定》（以下简称《决定》），确立了"经济建设必须依靠科学技术，科学技术工作必须面向经济建设"的战略方针。《决定》对研究机构的拨款制度、技术成果的商品化开拓、科学技术系统的组织结构和科学技术人员管理制度等方面的改革作出了原则性规定。《决定》摒弃了计划经济时代靠行政手段管理科学技术工作的做法，开始注意运用市场经济的调节思路，激发科学技术研究机构自主、自觉提升自身科研能力，并自动将其转化为市场经济发展的支柱与动力，方便与简化科学技术成果转化为生产能力的过程，促进研究开发机构与生产企业之间的协作，实现科学技术力量与资源的最优合理配置。这些科技立法为指导我国科技体制改革、科技事业发展并促进经济和社会发展提供了最基本的制度支持。

以这些方针和原则为指导，我国在此后几年间陆续颁布了《中华人民共和国科学技术进步奖励条例实施细则（试行）》（1986 年），奖励的目的是，"为进一步完善科技奖励制度，充分调动广大科技人员的积极性和创造性，有效地贯彻经济建设必须依靠科学技术、科学技术工作必须面向经济建设的方针，以加速社会主义现代化建设"。[1] 全国人大常委会、国务院和原国家科学技术委员会、原国家计划委员会等先后颁布了《技术市场管理暂行办法》（1986 年）、《国家星火奖励办法》（1987 年）、《中华人民共和国标准化法》（1988 年）、《关于加强技术市场管理工作的通知》（1989 年）、《国家重点企业技术开发计划管理办法》（1989 年）、《国家级重点新产品试产计划管理办法》（1989 年）、《科学事业费调节费管理办法》（1989 年）、《中华人民共和国标准化法实施条例》

---

[1] 国家科学技术进步奖评审委员会颁布的《中华人民共和国科学技术进步奖励条例实施细则（试行）》（1986 年）第 2 条。

（1990 年）等若干科技法律、法规和规章。

我国在这一时期的科技立法，重在恢复重建与改革创新。科技体制改革也在相关立法的引领下，由点及面、由浅入深，逐步建立起具有中国特色的、适应社会主义现代化建设的、满足市场经济改革与发展需要的现代化科技体制。可以说，科技体制的完善与科技法制建设的拓展和深化是相辅相成、互相促进的。

（三）1993 年以来的全面建构与完善时期

1993 年在我国科技立法发展历史上注定是具有里程碑意义的一年。这一年我国不仅修订了《中华人民共和国自然科学奖励条例》《中华人民共和国技术发明奖励条例》以及《中华人民共和国专利法》，还制定了我国第一部科技进步基本法，即《中华人民共和国科学技术进步法》。《科学技术进步法》坚持"科学技术是第一生产力"的战略指导思想，围绕市场经济和改革开放来确定我国科技体制改革的总体目标及模式，有针对性地解决研发机构的改革深化、科研人员积极性的调动和奖励制度的完善等关系科技与经济协调发展的主要问题，通过强化国际交流与合作来实现制度和实践层面与科技法的国际趋势接轨。在《科学技术进步法》颁布以后，我国的科技立法迈进一个繁荣发展时期。全国人大常委会、原国家科学技术委员会等先后制定了《中华人民共和国反不正当竞争法》（1993 年）、《中华人民共和国农业技术推广法》（1993 年）、《基因工程安全管理办法》（1993 年）、《科学技术成果鉴定办法》（1994 年）、《科学技术保密规定》（1995 年）等法律与规章。

1996 年第八届全国人大常委会通过《中华人民共和国促进科技成果转化法》，这是我国颁布的另一部科技基本法。该法第一条、第二条明确规定，旨在规范"为提高生产力水平而对科学研究与技术开发所产生的具有实用价值的科技成果所进行的后续试验、开发、应用、推广直至形成新产品、新工艺、新材料、新产品，发展新产业等"科技成果转化活动，"促进科技成果转化为现实生产力，规范科技成果转化活动，加速科学技术进步，推动经济建设和社会发展。"1999 年国务院颁发《国家科学技术奖励条例》，同年科学技术部颁发《国家科学技术奖励条例实施细则》，2001 年全国人大常委会通过《中华人民共和国著作权法》（修订），2001 年国务院制定《计算机软件保护条例》，2002 年科学技术部、财政部制定《关于科技型中小企业技术创新基金暂行规定》。2002年，"为了实施科教兴国战略和可持续发展战略，加强科学技术普及工作，提高公民的科学文化素质，推动经济发展和社会进步"，全国人大常委会通过《中华人民共和国科学技术普及法》，该法从组织管理、社会责任和保障措施等几个方面，为弘扬科学精神、普及科技知识和提高公民科学文化素质等作出了规范。2003年科学技术部颁发《科学技术评价办法（试行）》。2001年和2008年我国先后两次对《专利法》进行了修订，2007年为进一步激励和促进科技创新对《科学技术进步法》进行了第一次修订。

2006年2月9日，中共中央、国务院同时发布决定，公布施行《国家中长期科学和技术发展规划纲要（2006—2020年）》。这部纲要确定，到2020年，我国科学技术发展的总体目标是：自主创新能力显著增强，科技促进经济社会发展和保障国家安全的能力显著增强，为全面建设小康社会提供强有力的支撑；基础科学和前沿技术研究综合实力显著增强，取得一批在世界具有重大影响的科学技术成果，进入创新型国家行列，为在21世纪中叶成为世界科技强国奠定基础。为此，该纲要确定了重大专项的基本原则：一是紧密结合经济社会发展的重大需求，培育能形成具有核心自主知识产权、对企业自主创新能力的提高具有重大推动作用的战略性产业；二是突出对产业竞争力整体提升具有全局性影响、带动性强的关键共性技术；三是解决制约经济社会发展的重大瓶颈问题；四是体现军民结合、寓军于民，对保障国家安全和增强综合国力具有重大战略意义；五是切合我国国情，国力能够承受。

2021年12月24日第十三届全国人民代表大会常务委员会第三十二次会议通过对《科学技术进步法》的第二次修订，此次修订健全了科技创新保障措施，完善了国家创新体系，着力破除自主创新障碍因素，细化增加了科技伦理治理的相关要求，强化了科技伦理治理的法律支撑，为走中国特色自主创新道路，促进实现高水平科技自强自立提供了法治保障。

总结而言，《科学技术进步法》规定了适用于整个科技领域的法律原则和基本制度，这些原则和制度安排为制定更具体的科技法律、法规提供了法律的指导和依据，因此是当之无愧的科技立法体系中的基本法。而另一部科技基本法《促进科技成果转化法》的出台，则确保了"科技成果转化活动应当有利于加快实施创新驱动发展战略，促进科技与经济的结合，有利于提高经济效益、社会效益和保护环境、合理利用资源，有利于促进经济建设、社会发展和维护国家安全"。❶ 除此之外，1993 年以来，我国还制定了有关研发促进、科技奖励、成果转化和推广应用等多方面内容的科技行政法规和部门规章；与此同时，我国也加入了一系列重要的知识产权保护国际公约以及其他科技领域的国际公约，这使得我国的科技立法逐步向国际开放，大有兼收并蓄之势。可以说，20 世纪 90 年代以来，我国科技立法在保持国内强劲发展的同时，也实现了与世界的成功对接。

二、科技法律治理的主要成就

当今时代，科学技术的发展日新月异，俨然已经成为社会经济生活中具有引领作用的最活跃因素，推进并强化科技领域立法也成为改变不合理科技活动、改造不合理社会制度的不二选择。改革开放四十多年来，我国在科技立法实践方面取得了明显成效，制定并实施了多部科技领域的法律及其配套法规。毫不夸张地说，当代中国在科技创新的法治化建设方面已经取得了令人瞩目的成绩，为实现"科技强国"战略提供了坚实的法治基础与保障。当然，当代中国在应对科技问题治理实践的过程中，尤其是在科技立法方面也存在一些薄弱环节，还需要得到进一步健全与完善。以科技立法（法律规制）为中心的当代中国科技法律治理成就，为我国科技发展方式、科技成果转化、科技产品应用提供了充分的制度保障。科技进步服务于社会发展与人的生活这一总体宗旨，有效地抵御科技异化的潜在风险，为保障技术正义探索出了可行的治理经验。

（一）制定科技基本法并保障其实施

1993 年 7 月 2 日，我国首部科技进步基本法《中华人民共和国科学技术进步法》获得全国人大常务委员会通过，并于同年 10 月 10 日开始实施。这是一部总结经验、继往开来的法律，它汇集了科技领域改革开放经验、科技立法经

❶ 1996 年 5 月 15 日第八届全国人大常委会通过，自 1996 年 10 月 1 日起施行，2015 年 8 月 29 日第十二届全国人大常委会修正《中华人民共和国促进科技成果转化法》，第一章第三条。

验、科技事业发展经验以及经济发展经验，目标是为我国科技事业的发展进步提供基本保障和助力。它不仅立足于国内科技进步和科技事业的发展，而且着眼于开创国内与国际科技的交流与合作领域的新局面，同时，它也奠定了我国科技领域立法逐步向系统化与规模化方向发展的基础。《科学技术进步法》还在法律层面上确定了"科技是第一生产力和科技优先发展"在我国的战略地位以及相应的政策方针和原则等。《科学技术进步法》的颁布，书写了我国科技立法发展的新篇章。

1996年5月15日，全国人大常委会通过另一部科技基本法，即《中华人民共和国促进科技成果转化法》，该法自1996年10月1日起施行。这部法律旨在规范"为提高生产力水平而对科学研究与技术开发所产生的具有实用价值的科技成果所进行的后续试验、开发、应用、推广直至形成新产品、新工艺、新材料，发展新产业等"的科技成果转化活动。按照党的十八届三中全会关于促进科技成果资本化、产业化的总体要求，历时三年，2015年8月29日全国人大常委会第十六次会议审议通过了修正后的《促进科技成果转化法》。修正后的法案在完善科技成果信息发布制度、调动科研机构和科研人员从事科技成果转化的积极性、推进产学研结合、创造良好的科技成果转化服务环境等方面都进行了统筹考虑与规范。

（二）初步形成科技部门法律体系

改革开放以来，我国在科技领域的法制建设成效显著，已经基本实现有法可依，初步形成我国社会主义科技法律体系。我国的科技法制建设已初步形成具有鲜明中国特色和时代特征的，从宪法、法律到行政法规多层次的法律规范体系。迄今为止，我国已经颁布了上百部科技法律和有关科技法律问题的决定。甚至可以说，中国科技立法已初具规模，大体形成了由多层次、多效力等级、多领域的法律规范性文件构成的法律体系。同时，不仅科技法制的静态方面即法律和制度逐渐完备，其施行的动态活动以及监督活动等也得以协同开展。既有宪法这样的国家根本法，也有民法、行政法、经济法等其他基本法律对科技进步作出规范，更有科技开发、应用、成果保护、推广、转化、奖励等相关制度的立法尝试。

从科技立法的内容来讲，我国目前的科技法律部门框架已经初步搭建完成，它至少包括：科技工作组织管理方面的法律、法规和法律制度；科研机构的地位、作用及其管理方面的法律、法规和法律制度；科技人员管理方面的法律、法规和法律制度；科技经费与物资管理方面的法律、法规和法律制度；技术鉴定和技术标准方面的法律、法规和法律制度；科技奖励方面的法律、法规和法律制度；科技协作方面的法律、法规和法律制度；科技成果的管理和转化利用方面的法律、法规和法律制度；等等。

（三）不断完善科技创新与产业化的法规

在科技前沿领域，如人类基因组、纳米材料、超导材料等科研成果只有转化为可供人们使用的商品，才算实现了科技开发的终极目的，而法律相关制度如专利制度将使这种转化的周期大为缩短。科技领域的快速发展态势也为国家立法的跟进提出了不小的难题，这要求我们在立法方面既要快速反应，又不能操之过急，只有遵循法律的发展规律循序渐进，才有可能充分地运用好法律的手段，在激励创新的同时对创新作出有效规范，让科技的成果能够真正地为人类服务。

科技的创新发展和应用，技术自身的力量并不是决定性的，更重要的是我们需要提供有利于科技创新的各项制度安排。理性适度的科技法律制度安排，才是推动技术进步和技术创新的最强大动力。开拓技术市场，加速技术成果的商品化和产业化步伐，是科技体制改革的主要内容和目标。在这一方面，全国人大先后制定了《专利法》《技术合同法》等法律，以及在有关法律中就环境保护、食品卫生、医药安全、卫生检疫等方面作出技术标准规定；国务院先后发布或批准了《专利法实施细则》《技术合同法实施条例》《技术引进合同管理条例》及其《施行细则》、各类产品质量方面的管理法规等。除此以外，国务院有关主管部门还先后发布了《技术成果鉴定办法》《关于科学技术研究成果管理的规定》等若干重要的规章。

其中全国人民代表大会常务委员会于1996年5月15日发布，自1996年10月1日起施行，2015年8月29日修正的《中华人民共和国促进科技成果转化法》尤其具有代表性，该法案在总则部分开宗明义，"为了促进科技成果转化为现实生产力，规范科技成果转化活动，加速科学技术进步，推动经济建设和社会发展，制定本法"。建立技术成果转让制度，推动技术的市场化发展，可以使技术成果更快地应用到人们的生产生活中，促进了社会生产力的提高，合理地维护了个人、社会、国家等有关方面的权益。

（四）逐步拓展国际科技交流与合作

"科学无国界"，科学技术需要在国际竞争与合作中更好、更快地发展。首先，国际科技交流与合作是一个国家科技发展的必要条件。人类面对的诸如全球变暖、能源枯竭、环境污染等科技问题具有越来越明显的全球特征，这些问题的解决单独依靠某个或某些国家是无法完成的，需要全球各个国家和地区之间进行真诚的交流与合作。环境、资源和生态并不能被地理的界标分隔开，而是紧密相连的，这就决定了科技的开发和应用必然关系到世界上所有人类，甚至所有生命体的生存和发展。尤其是在经济全球化、经济一体化的今天，任何一个国家只有开展广泛和有效的国际交流与合作，才能够保证其与世界其他各国协同发展。其次，在这个经济全球化的时代，某一项科技创新成果也不可能长期为任何一个国家所垄断、所独享，当然，任何一个国家在封闭的状况下都难以长足发展并长期保持科技领先地位。为了有效解决在国际科技领域合作中可能出现的各种问题，只有通过法律的途径，先从国际科技合作立法开始逐步推进，才能避免全球科技资源流失与浪费，才能保证本国科技资源发挥出最大效用。

我国已经加入了许多重要的国际公约，国内的法律法规也逐渐与国际接轨，并且已同世界上90多个国家和地区签订了科技交流与合作协定。例如，在知识产权领域，目前，我国已先后加入了《成立世界知识产权组织公约》《保护工业产权巴黎公约》《录音制品公约》《专利合作条约》和《商标国际注册马德里协定》等国际公约。根据我国相关法律规定，这些国际条约不仅成为我国法律的一个组成部分，而且在处理涉外知识产权法律问题时得以优先适用。可以说，在知识产权法律制度方面，我国已经基本实现与国际接轨。

第二节　科学理念——把握"以人民为中心"的治理宗旨

"以人民为中心"的发展思想是新时代中国特色社会主义的价值取向。我们党始终坚持"以人民为中心"的执政理念，毛泽东同志提出"人民群众是历史的创造者"，邓小平同志提出并实践了"以经济建设为中心"等党在社会主义初级阶段的基本路线，目的是满足人民日益增长的物质文化需要。改革开放以来，从"解决温饱"到"小康水平"，从"全面建设小康社会"到"全面建成小康社会"，党中央着力于提高人民生活水平的努力，40多年来从未动摇。党的十八大以来，以习近平同志为核心的党中央将以人民为中心置于治国理政思想的重要地位，明确提出"把有利于提高人民的生活水平，作为总的出发点和检验标准"。

如果我们认真审视人类社会科技发展的历史，就不难发现人类因为对科技危害性的认识不足而曾经犯下的错误。西方的"先污染、后治理"经济发展模式就为我们提供了一个这方面的典型实例。我们应该在充分吸取西方科技发展道路经验教训的基础上，不断反思与检讨科学技术影响下的社会发展模式，清醒地认识并勇敢地面对、解决科技发展所带来的科技异化等诸多问题。具体到科技立法问题上，我们应该在新时代科技法律治理的指导思想之下，审慎选择、理性坚持当代中国科技法律治理的价值理念与基本原则，充分保证科技立法的人文关怀，由"技术正义"不断实现人类技术文明进步。基于对科学技术的以上认识，我们认为，在当前以科技立法为中心的法律治理应该坚守"可持续发展"和"以人为本"的核心理念，以此为根据，并结合我国目前科技立法的现状与问题加以综合考量，我们认为，我国当代科技法律治理（科技立法）应当坚持以下基本原则。

一、"宪法至上"：保障技术正义的根本遵循

当代中国科技要发展、要进步，但是人更要生存、要发展，生态系统要平衡，社会也要和谐安定。由此决定了科技的发展和应用应以科技的人文关怀为根据来确定其限度与克制，不可将地球生态系统破坏至无法自我恢复的失衡状态。因此，必须强调指出，在科技法律治理（尤其科技立法）中，我们应该始终坚守"宪法至上"的基本原则。坚持"宪法至上"，方能为技术的合理运用、服务于民提供根本保障，从而将技术正义的价值彰显出来。

宪法是我国的根本法，它集中体现了党和人民在治国理政方面的意志与智慧，它也是其他所有层级立法活动的最终依据。《中华人民共和国立法法》明确

规定，立法应当遵循宪法的基本原则。在各项立法工作中，要牢固树立宪法意识，自觉将立法活动限制在宪法和法律的框架内。从立法议题的调研与确立到法律议案的起草、征询意见和审议，再到法律的公布和实施，甚至是后续法律的修改与废止，始终都应该严格以宪法为基本依据，在立法工作的各个环节与过程中落实宪法规定，体现宪法精神，努力保证每一项立法都与宪法精神相契合。

科技立法事关国计民生，在国家经济建设、社会发展战略、民生服务和保障工程中具有举足轻重的作用，这更要求确保宪法在科技立法中至高无上的地位。这意味着，科技立法对内要确保科技事业规范有序、积极健康地发展，对外要从容应对国际上的科技竞争与挑战。为此，在科技立法中，必须首先明确政府在科技宏观管理中的作用，建构科学的、完备的、可操作的与具体化的科技管理体制。同时，需要不断发掘与依靠科技体制中的自治力量，尊重知识和科技人才，为科学研究、科技创新和科技成果的转化提供充分的制度支持。当前，面对国际科技竞争局面以及知识经济的巨大冲击，我们把握机遇和迎接严峻挑战的关键是，坚持法治国家理念，尤其是要加强科技领域的法治化建设，优化知识经济发展的政策和法律环境，树立自主知识产权的法律保护意识，加快推进科技进步需要的科技法律的制定工作，不断改革与完善具有中国特色的科技立法体系。只有这样，我们才有可能把握世界科技发展的大趋势，增强对科技前沿领域的重要立法的预见性和系统性，充分发挥科技在社会经济发展和人民生活改善等方面的巨大作用。

二、"实事求是"：明确技术发展的现实导向

我们从事一切工作都应当遵循实事求是、尊重客观规律的根本原则，我国科技立法工作当然也应当遵循这一原则。邓小平同志在党的十二大讲话中有一段著名的论述："我们的现代化建设，必须从中国的实际出发。无论是革命还是建设，都要注意学习和借鉴外国经验。但是，照搬照抄别国经验、别国模式，从来不能得到成功。这方面我们有不少教训。"❶ 我国科技立法工作的首要任务

---

❶ 1982 年 9 月 1 日，邓小平同志在中国共产党第十二次全国代表大会上的开幕词。

是保障和促进我国科学事业的发展，并最终实现造福人民、造福人类社会的宏伟目标，因此，首先要尊重我国科技发展的实际情况以及我国经济社会发展的根本需求，实事求是。与此同时，我国科技立法也应该具有世界的眼光，也要尊重国际上科技发展的现实状况，应结合世界科技最新的发展趋势，吸取其他国家或地区的教训，汲取他们的有益经验，尤其是在国际科技交流与合作方面的立法应当符合国际通行规范，顺应其基本趋势、遵循其基本规律，做好与有关国际规范接轨的工作。具体来说，这项原则要求我们在科技立法中应注意以下几个方面。

第一，科技立法应该尊重并贯彻科技自身的发展规律，理顺科技发展的规律与市场经济规律以及其他影响科技事业发展的社会规律之间的相互关系与影响。科技立法应当反映和符合从实践中总结提炼出来的、已经经受住了实践检验的客观规律，只有这样，才能确保制定出来的科技法律法规真正符合事实、符合社会发展的需要，并最终为保护人类的尊严与实现人们的幸福铺平道路。为此，我们需要根据科技发展的普遍规律探索出一条我国科技事业发展的独特规律。我们应该注意比较并总结我国科技立法与其他国家和地区在社会文化、经济发达程度、既有体制安排等各个方面的异同，以便实现中国的科技立法与国际科技法律规范的对接。各个国家因其市场经济发展程度的不同以及社会和人文环境等的不同，而在科技投入、科技人才、科技政策和科技创新的制度安排等方面有所不同。正是基于这些考虑，我国科技立法工作不能一味为了与国际接轨而忽视我国的基本国情，而是必须根据我国科技工作的现状及其未来发展的需要，在经过充分的论证与讨论后，才能开展某项法律的立法工作。

第二，科技立法应当符合我国基本国情。必须明确，如果我们希望我国的科技立法可以起到指引和调控科技事业发展的作用，那么就应当一切以我国国情为根本出发点。如果符合国际科技发展现实但不符合我国基本国情的科技立法得以出台，那么这极有可能无法助力科技事业的发展，相反还可能产生延缓甚至阻碍其发展的负面效果；如果这样的科技立法被毫无保留地实践，极有可能造成严重的社会后果。所谓科技立法符合我国国情，意指在各个层级的科技立法过程中，无论是法律条文的拟定，还是法律文本的起草、审议与通过，抑或法律体系的建构与完善，都应当充分考虑我国的基本国情。只有这样，才有可能建构出理念上合拍、规范上配套、执行上有据的科技立法体系，而不会造成立法资源的浪费。

第三，我国科技立法更要积极借鉴发达国家和地区的有益经验。我们必须认识到，科学技术遵循的是普遍的客观规律，不会因人而异，它本质上应该属于全世界、全人类，而不应该受到国界的限制，或者说它应该是"没有国界"的，这要求全人类应该共同合作促进科技的发展。而且当今世界互联互通的特性，使得任何国家和地区都不能脱离其他国家或地区而孤立存在与发展。因此，科技立法既要着眼于本国实际，又要具有前瞻性；既要关照当下中国的迫切需要，又要着眼于更大范围的实际，使立法具有国际可比性。为了实现与国际科技规范成功接轨，我国的科技立法需要重点借鉴科技发达国家的科技投入制度、科技税收减免制度、技术评估制度以及科技决策制度等。因此，我们应该尽量搜集、汇总、整理、分析、研究国外相关的科技立法资料、国际条约和惯例以及司法案例等，并努力总结出可以为我们借鉴与参考的经验。

三、"点面推进"：加强技术转化的立法规制

科技立法所涉范围甚广，我们需要兼顾系统推进与重点突破。为此，可以根据科技立法的调整对象，将科技立法划分为规范科技活动内部关系的法律与规范科技活动外部关系的法律。前者直接关涉科技研发、应用、推广等活动的开展，后者涉及与国家科技管理相关的一切领域，包括经济、文化、教育、国防等各个领域，甚至包括国际上的各种复杂关系。此外，还可以根据科技立法的层次将其区分为以下若干类别：首先是《宪法》中与科学技术有关的规范，如《宪法》第 20 条、第 47 条；其次是《科学技术进步法》等科学技术基本法；再次是一般的科学技术法律；还包括国务院及其各部委、各级地方人大、各级地方人民政府等所制定的法规、规章等。从这个角度而言，为了真正形成具有中国特色的科技法律体系，需要在立法实践中处理好一些基本问题。

第一，处理好立法的全面性和突出重点的问题。科技发展的社会化，决定了科技立法需要有一个总揽全局的全面性、系统性的立法。所谓全面性，是指我们应以宪法和科技基本法律为根本依据开展其他层级的科技立法工作，坚持从国家大局出发、从国家与人民的整体利益出发，建构我国的科技法律架构。

为此，需要各个不同层级科技立法互相之间的配合与协作，而不能指望毕其功于一役，即依靠某部基本法律解决所有的科技法律问题。这要求我们应该在科技活动的运作过程中，适时地推出"先试先行"的法规、规章等，待时机成熟时再制定科技法律，并最终实现科技法律体系的系统性建构。由此，我国的科技立法应以基本法为纲领，以单行法为重点，以其他法律、法规、规章等为先锋，进而逐步实现全面而系统的科技立法体系建构。只有注意解决科技立法过程中一些具体的难点、热点问题，才能达到突出重点的目的，才能使所制定的法律具有足够的效力。

第二，处理好立法的原则性和可操作性兼顾的问题。原则性的规定在任何法律中都是不可或缺并非常重要的，然而法律规定，尤其是其一些重要的内容更要明确具体、具有可操作性。法律条文的内容要明确、具体地作出规定，往往涉及需要量化好的时间、数量、税率的具体要求等，而这方面的规定又是法律草案审议过程中最容易产生分歧的内容。因此，科技立法中如何权衡法律的原则性和可操作性的问题十分棘手。对于我们而言，原则性与可操作性兼顾的问题主要表现为两者之间"度"的把握问题。例如，在立法时，尽量减少在法律条文中使用"及时""限期""增强""相关"等不确定的用语，尤其是在各部委及各地方的执行性立法中更是如此。因为一旦进入操作阶段，就会发现类似的法律条文很难为执法提供明确和清晰的依据。

第三，处理好立法的稳定性和前瞻性的问题。如同其他法律一样，稳定性与前瞻性的问题也是科技立法需要努力平衡的重要问题。也就是说，科技立法既要具有稳定性又要保持前瞻性，尤其是考虑到科技立法对我国经济社会等各个方面的发展都举足轻重。稳定性要求法律必须在相当长的时间内保持相对稳定，不能"朝令夕改"。这意味着只要各项立法条件成熟，立法者就应当制定出可作为人们行为根据的法律规则，以便稳定人们的行为，也稳定人们对彼此可能的行为的预期。由于立法是以现有的社会实践为基础的，一旦其被固定下来，很容易滞后于未来社会的发展。所以，我们同时需要保持科技立法的前瞻性。所谓前瞻性，是指虽然立法者无法精准地预测到未来人们的行为模式和社会发展，但是这并不影响立法者可以运用法律中的原则性安排对未来的行为加以规制；同时，立法中也应授权法官根据时代的特性对于法律规定予以适当的调整和补充，以便在立法没有迅速跟进的法律领域，司法上能够跟紧时代发展的步伐。具体就科技立法而言，由于科技的发展是日新月异的，科技创新往往会超乎预期而发生，这样即使是最称职的立法者也无法即刻洞察其全部要领并将其落实到立法规范中。因此在科技立法的法律诸价值中，前瞻性与灵活性应该被放在优先考虑的地位。在科技立法上，可以通过立法技术手段将法的稳定性与前瞻性安排妥当，不但要珍惜与保护已经取得的科技成果，而且要勇于为科技生产力要素发挥其最佳作用破除束缚、开辟道路，以确保科技法律法规确实起到保障与引领科技发展的作用。超前性立法可以防止法律为适应科技的飞速发展而不得不过于频繁地变动以致影响法律的信用与权威。只有进行超前立法，才能贯彻和实现科技法风险预防的理念，有效避免或减少科技的负面效应，更好地发挥科技法律对我国科技事业健康发展的良好保障作用。

我国科技立法的最终目标应该是建构起合理的、与时俱进的科技立法体系，既要进行整体把控意义上的全面综合考量，又要集中力量解决重点难点问题，两者缺一不可。即在建构我国科技立法体系时，应力求全面和系统，尽量将符合科技发展规律、科技立法规划的立法项目纳入科技立法体系，以体现立法体系的全面性；但同时又不能因为追求科技立法的体系化发展，而进行大而全的，甚至不着边际的、事无巨细的立法，这就要求我们的立法工作需要找准重点、有的放矢。总之，我国科技立法体系的构想，应该注意尽量与实际科技立法以及相应的司法、执法工作相结合，兼顾其理论性与实用性。

四、"奖惩结合"：引导技术成果的合理应用

技术成果的合理运用与否，事关技术发展的正义价值体现。倘若拥有先进的科学和发达的技术，却不能对其进行合理的应用，那么其带给人类的只有伤害和灾难，更遑论技术正义。为此，我们需要以激励措施来引导技术成果的合理运用，"奖惩结合"就不失为一项行之有效之举。

激励原则不仅是科技事业发展的强心剂，同时也应当是科技立法的一项重要指导原则。我国《宪法》第20条、第47条对此规定如下："国家发展自然科学和社会科学事业，普及科学和技术知识，奖励科学研究成果和技术发明创造。""中华人民共和国公民有进行科学研究、文学艺术创作和其他文化活

动的自由。国家对于从事教育、科学、技术、文学、艺术和其他文化事业的公民的有益于人民的创造性工作，给以鼓励和帮助。"科技法与一般法律相比，同样具有强制性，但更重要的是它的激励作用。为了激发人们积极投身科技事业的热情、信心和决心，科技立法需要建立起各项激励性的法律机制。这就要求在创制科技法律规范的时候，立法者应当多加考虑的是如何建构起正面肯定式的积极性法律后果，而且应当将激励原则作为科技立法的一项基本原则确定下来。在创制科技奖励法以及其他科技法律、法规的时候，应当始终遵循激励原则，因为这不仅是专门的科技奖励法需要完成的使命，而且是其他科技法无法推卸的责任。因此，可以说激励原则是科技立法的普遍性原则。自1984年以来，国务院先后制定或修改了以下奖励性法规：《发明奖励条例》《自然科学奖励条例》《科学技术进步奖励条例》《国家科学技术奖励条例》《合理化建议和技术改进奖励条例》《国家科学技术奖励条例实施细则》等。

但是，我国现行科技法律在遵循肯定与鼓励的调整方法时，也需要坚持法律的国家强制性调控方法。科技法这个法律部门确实具有侧重引导、激励、倡议等与其他法律部门相区别的调整方法，但是，为了使科技立法具有可操作性和可检查性等特征，要求我们务必在科技立法条文中纳入更多的硬性指标与标准，这样才能保证科技法是真正可以为人们所遵守与适用的法律，即"有法能依"。因此，应不遗余力地提高科技立法的质量，确保立法中采纳的各项规则具有可操作性，对科技领域各方的权利义务关系都能够进行合理调整，切实解决科技事业发展中不得不面对的实际问题，以有效保障和促进科技事业健康安全高效发展。举例而言，在知识产权（专利）领域，我们在立法保护知识产权主体的权利与利益的同时，对于严重失信行为的主体实施者也要加以惩戒。为此，2018年11月21日，国家发展改革委、中国人民银行、国家知识产权局等联合印发《关于对知识产权（专利）领域严重失信主体开展联合惩戒的合作备忘录》的通知。其中对重复专利侵权行为、不依法执行行为、专利代理严重违法行为、专利代理人资格证书挂靠行为、非正常申请专利行为和提供虚假文件行为六类知识产权（专利）领域严重失信行为规定了详细的联合惩戒措施。

第三节　行动路径——基于科技发展需求抓好 法律治理关键工作

我国科技立法要始终坚持以人民为中心，尊重人民的意愿，保障人民的利益，目标是使人民的生活更幸福美好。科技立法工作中坚持以人民为中心，核心就是法律要体现人民利益，更好地满足公众日益增长的美好生活需要。同时也应该鼓励公众通过参与我国科技立法工作，参与科技法治建设来感受和体验对美好生活的获得感、幸福感，使科技立法拥有公众广泛支持的社会基础。

一、强化科技立法的社会价值

当代中国的科技法律治理，既是解决科技发展问题的需要，又是应对外部压力与挑战的结果。正如整个中国的法治事业一样，中国科技法律治理也存在一个自外而内与自内而外双向努力互动的作用过程。即中国之所以被裹挟进世界近代化的进程中，很大程度上是迫于西方国家的压力，因为近代性因素很难在短时间内由我国社会内部自生自发地培育出来。在面对外部的压力与挑战时，我们别无选择，只能加速前进与时间赛跑，不管是现代的法治事业还是现代的科技法律治理体系，都需要我们尽可能创造条件迎头赶上。这也决定了中国的现代化只能是一种政府推进型的社会发展，是在不断摸索中创新、在不断总结经验基础上改进的。

科技立法的价值取向或价值目标，体现的是立法主体对科技发展的珍视程度和终极追求，是主体对科技立法价值选择上的要求与盼望，科技立法应该最大化科技对主体利益的满足。科技立法价值取向，究其本质是人类在利益追求过程中的取舍问题，即当采用法律的方式来规范科技发展时，人们所追求的究竟是眼前利益还是长期利益、是局部利益还是整体利益。科技立法价值取向，具体表现为科技发展与应用所引发的社会伦理问题，如由生物技术的创新发展及其应用于人类所引发的有关克隆人、试管婴儿、安乐死、代孕等相关技术蕴含的伦理争议；它还表现为科技的创新发展也带来了生态伦理问题，如环境污染、资源与能源危机、核战争等。

上述科技立法的伦理难题之所以会产生，主要是因为所谓技术理性与价值理性之间的张力所致。技术理性是一种"实践理性"，用于指导人类的科学技术发明与应用，人们运用它可以提高改造自然和利用自然的能力，最终是为了使自然为人类所用。但是，技术理性极易膨胀与扩张，狂妄到可以为所欲为，如果人类没有有效措施来控制技术理性，则后果不堪设想。美国的国家导弹防御计划就为我们提供了说明这种困境的典型例子。实际上，"导弹防御计划在技术上并不成熟，但美国政府和军方却要强行推行，政治和军事目的使它成为一种非理智的行为。"❶ 因此，在科技立法的过程中，强调科技立法的价值取向选择，事实上就是在科技伦理的价值坐标上定位科技法律的价值目标，使科技立法尊重和反映科技伦理，这样的科技立法才能更多地基于伦理学的立场、运用价值理性来选择其价值目标，给予自然、社会及人本身以更多的人文关怀。科技立法的最好结果是科技伦理指导科技立法，科技立法融会科技伦理，最终实现以"技术正义"为导向的科技发展。

二、推动科技创新与立法的协调发展

当前，科技立法存在较大提升空间，比如没有科技投入法、科技人员权益法等，这就使得现实生活中进行的部分科学技术活动没有相应的法律来进行调整，造成一些科技活动无法可依。随着高新技术的应用，其引发的法律问题日益增多，尤其是人工智能、人类基因保护、克隆技术等所引发的伦理与道德困境，都需要由法律来予以调整。例如，2017 年，美国国会提出了三部涉及人工智能的法案，包括《2017 创新团法案》《2017 全民计算机科学法案》《2017 在科学技术工程及数学领域中的计算机科学法案》。这三部法案分别关注人工智能技术对美国人生活质量的改善价值及可能对部分工作的替代作用，并要求商务、教育等部门加强有关职业培训或者中学生的计算机科学教育。目前，我国尚未出台相关人工智能的法律法规。针对人工智能行业的立法，既需要有一部体系和结构上相对完整的"人工智能法"，也需要有不同领域的相关法律加以配合与

❶ 杨丽娟，陈凡. 科学、技术混同立法的时代终结 ［J］. 科学学与科学技术管理，2005（2）：37-42.

补充，而将人工智能提升至国家战略层面，毫无疑问将有助于立法迈出重要的一步。科技立法应该优先考虑对人们生活已经有影响的领域。因此，在自动驾驶、服务类机器人领域，应该率先启动立法立项工作。

同时，科技立法存在法律法规互相"配合失调"的问题。具体来讲，科技法律、部门规章与地方性法规之间存在矛盾和冲突；科技地方性法规与国家科技法律之间不一致；科技部门规章与国家科技法律之间不统一。长此以往，科技法律法规配合失调将不可避免产生不利后果。它既会给公众服从科技法律带来困惑、增加使用科技法律的难度，也容易造成严重的"制度陷阱"；同时，法律的不统一会导致执法人员的自由裁量权扩张，进而危及制度的权威和执法人员的公信力。因此，科技立法要层次分明，保证各个层级的科技法律管辖范围明确。比如，在加大中央层级尤其是全国人大常委会在科技基本立法方面的统领作用的前提下，也要注意尊重并发挥地方科技立法的灵活性与针对性强等特点，让它们能够共同为科技法律部门的发展与完善提供助力。在此过程中，要适时精简与统一既有的科技法律法规，消除其中不一致和相冲突的内容，不断删除、修改、补充有关内容以适应时代的新需求，进一步增强我国科技法律的系统性、协调性与可操作性。

在建构与完善我国科技法律部门的过程中，尤为关键的一个问题可以借用韩大元在 2018 年 4 月所作的一篇演讲来说明。他认为，法学的使命不是赞赏科技发展带来的辉煌成就，而是要审视"科技可能带来非理性的后果，以及如何通过法治降低科技发展可能带来的风险与非理性，如何通过宪法控制科技对人类文明、尊严与未来的威胁。在当代这样一个价值多元化、科技发展具有不确定性的世界面前，我们要更加珍惜人类文明的价值，更加重视宪法功能和宪法价值，更加强化宪法的价值共识——人类共同体的价值和人的尊严的价值，让宪法真正成为这个时代最具有价值共识的最高法、高级法"。❶ 即宪法正是我们强调并在科技立法中践行人的价值及尊严的最高也是最好的保障。在此前提下，我们才有可能厘清科技研发与应用领域的各种法律关系，尊重科技发展的要求，建构一套协调统一、彼此配合的科技法律体系。为此，我们需要统筹与协调各

---

❶ 韩大元. 当代科技发展的宪法界限［J］. 法治现代化研究，2018（5）：1-12.

个立法部门的工作，既不偏离宪法所指明的航向，又可以细致具体地处理和把握航程中的大风小浪。

三、从行政监管向法律治理的效能转变

2017 年 6 月，中国人民银行印发的《中国金融业信息技术"十三五"发展规划》强调指出"要加强金融科技和监管科技研究与应用"。2018 年在中美贸易争端的大背景下，金融市场环境更加复杂多变，外部环境的不确定性与金融风险的增高，需要监管机构运用科技的手段去应对科技的难题。同时，监管机构也需要借助科技来应对新时代的各种技术难题，提高处理效率和监管效能，因为当下金融业务相互交织，错综复杂，大数据、云计算、人工智能等技术已经深度嵌入金融领域，金融市场的繁复程度远非以往，因而要引导各行业机构积极学习并运用人工智能、大数据、云计算和区块链等现代信息技术，促进并规范监管科技健康发展，不断改进监管的技术手段，逐渐探索出一条监管科技的制度化和体制化的道路。

与此同时，科技的监管也会给人类社会带来意想不到的负面影响。以人工智能为例，随着人工智能的高度智能化，其会对社会治理、政府监管乃至社会伦理（尤其是婚姻制度、家庭伦理等）等产生负面影响，并引发社会的担忧。这就必然要求通过立法来调整因人工智能等新技术的发展所产生的这些新型社会关系，以避免社会陷入混乱。只有具备相应的法律进行调整，才能保证社会秩序的稳定，并为公平公正提供保障。我们需要意识到，对人工智能等进行立法监管，不仅可以控制和减少人工智能崛起过程中带来的各种风险，而且会对其发展给予制度上的保障和促进，并最终有利于维持社会的公平、自由、秩序等。这样一种对监管科技本身进行监管的科技立法，强调的是科技发展的"实质目标"（如对科技信息的实时监测，以便尽快发现、及时处置违法违规行为），以及对于相关科技法令的严格遵守与执行。

然而，科技监管立法过多地将目标聚焦于被监管者，而忽视了监管者自身的问题以及监管者与被监管者之间的交流与互动。如果科技立法要突破传统科技监管的单向路径，实现监管者与被监管者同时在线、同频共振、沟通合作、相互学习，则需要引进科技治理的立法思路。治理指的是治理的全部过程，无

论是由政府、市场还是网络进行的，也无论是对家庭、集体、正式或非正式的组织或领土，还是通过有组织的社会的法律、规范、权力或语言来进行。它们都涉及"导致创造、加强或复制社会规范和制度的集体问题的参与者之间的相互作用和决策过程"。❶ 例如，全球治理委员会将"治理"定义为"公共和私人的个人和机构管理其共同事务的多种方式的总和"。❷ 这是一个持续不断的过程，通过这个过程，冲突的或不同的利益可以被容纳和调和，并使人们可以采取合作行动的持续过程。科技立法从监管向治理的转变，意味着权威主体不再是单一的监管机构，而是参与过程的各个利益相关方；法律调控的方式也将缓和其强制性而突出其协商性；而科技法律本身也将向着契约与软法的方向发展。我们深信，在当今世界科学技术日新月异的时代，监管机构需要勇于迎接各种挑战，不断寻求创新与应变，只有这样，才能积极回应这个科技变革的伟大时代。

总结而言，当代科学技术问题及其法律治理，不是一蹴而就或一劳永逸的事情，而是随着科学技术的发展和人们对其潜在后果认识的加深，需要不断地去努力的事情。法律治理是动态的，它所依赖的事实部分总是不断更新。为了有效地避免灾难性后果，我们对科学技术的理解通常应当与科学技术的性能同步发展。如果我们等到技术开发出来，那么避免"灾难性的后果"可能为时已晚。对法律治理问题的理解必须随着科学技术的发展而发展。这将是动态的，部分是反应性的即解决已经显现出来的问题，部分是主动性的，不断地回到科学技术上来，了解它是如何发展的以及它的实际或可能的后果是什么。立法者、政策制定者以及政治决策者必须与伦理学家、科学家和技术专家合作，预测未来的问题领域。鉴于预测的不确定性，这当然充满了危险和风险，但如果谨慎行事，它将是一项有用且重要的活动。当代科学技术问题，不是因为未来的危险或者传统理解上的"异化"就不去使用某项技术，而是要追问，以某种扩展方式使用某项技术在道义上有责任吗？如何设计这种技术来减轻危险？需要制

---

❶ Marc Hufty. Investigating Policy Processes：The Governance Analytical Framework ［C］// U. Wiesmann，H. Hurni，et al. Research for Sustainable Development：Foundations，Experiences，and Perspectives（2011）. Bern：Geographica Bernensia，2011：403－424.

❷ Commission on Global Governance. Our Global Neighbourhood ［M］. Oxford：Oxford University Press，1995：2.

定什么样的法规来控制技术的使用？这些都是重要的牵涉"技术正义"的问题，它们的答案应该被纳入广泛的有关未来使用科学技术的政策决策与法律治理中。总之，在当代科学技术背景下，出现了不同于以往的"科技异化"问题，一方面，技术创新不断向人们承诺着美好生活；另一方面，它们又引起了各种各样的问题，经济的、政治的和生态的诸多难题。对待这些问题，包括中国在内的许多国家都应该遵循这样的实践策略：一是对技术中的不安全和风险的程度以正式法律手段加以限制与防范；二是积极创新法律治理模式来实现能够适应未来社会发展的技术创新。

四、部门问责与公众参与的双向发力

我国科技法律治理是一种政府主导型的实践模式，即依靠政府的制度设计和强力推动才能在总结经验教训的基础上，快速解决问题、实现科技法律治理的良性发展。具体就我国科技法律治理（立法）的经验来说，单纯地忽视或夸大科学技术的风险并非理性的选择，因为忽视风险可能导致疏于管理，从而导致风险真正发生并扩散；夸大风险则可能导致延迟乃至拒绝利用科学技术，从而不能让社会及时受益于科学技术的发展，继而可能让社会或国家在新技术时代错失发展机遇。因此，如何理性地对待科学技术及其治理就是当今社会需面对的重要问题。就此而言，我们必须首先正视我国当下科技立法工作中可能存在问题并亟须进一步完善与改进之处，然后才有可能开展富有针对性与合理性的立法。

科技管理部门可以通过民意测验、专家评议组、专题小组、听证会和网络测评等多种方式让民众有机会对重大科学议题发表意见，尤其是对于受到民众广泛质疑的科技进程，更应该加强政府与民众之间的对话与协商，通过科学论证来澄清科学技术可能带来的负面影响，并将民众的有益建议吸收进相关政策的制定中。同时，需要保证民众的参与能够得到制度上的支持，摸索出我国民众参与科学事务的有效模式，真诚欢迎并积极鼓励民众参与到重大科学议题的讨论和决策中。任何没有制度保证的权利给予都是无法稳定持续的，因此，必须通过制度化的建构以及专门的机构来负责推动执行相关安排。此外，政府本身要确保信息开放，对于那些不涉密的科技活动应当向公众公开。科学技术在当今时代越来越多地参与到人们的日常工作和生活中，政府有义务保障公民的知情权，满足民众对自己也参与其中的科技发展及其各种影响的日益关注。公众对科技发展与创新的理解与支持应当是科技发展的基本要求。生态环境部于2018 年 5 月 28 日发布的《关于加强生态环境监测机构监督管理工作的通知》中明确规定了公众的监督作用。"创新社会监督方式，畅通社会监督渠道，积极鼓励公众广泛参与。生态环境部门举报电话'12369'和市场监督管理部门举报电话'12365'受理生态环境监测数据弄虚作假行为的举报。行业协会应制定行业自律公约、团体标准等自律规范，组织开展行业信用等级评价，建立健全信用档案，推动行业自律结果的采信，努力形成良好的环境和氛围。"❶

与鼓励公众参与到科技立法工作中相对应，科技立法还应该落实对政府相关部门的问责机制。例如，《关于加强生态环境监测机构监督管理工作的通知》指出，"生态环境监测机构要严格执行国家和地方的法律法规、标准和技术规范。……采样人员、分析人员、审核与授权签字人对监测原始数据、监测报告的真实性终身负责。生态环境监测机构负责人对监测数据的真实性和准确性负责。生态环境监测机构应对监测原始记录和报告归档留存，保证其具有可追溯性。"❷ 如果没有对科技法的实施给予强有力的监督，则很容易把科技法变成"软法"。再则，科技管理部门规制的对象是国家、政府这样的主体，也导致其执法主体地位难以落实。此外，人大有权对科技法的实施进行监督，然而，由于科技法本身兼具科技与法律双重知识属性，决定了人大监督亦需要精通科技与法律知识的专门人士来执行，这无疑大大增加了人大监督的难度。这些都是科技立法确立政府相关部门问责机制时需要考虑与解决的现实问题。

第四节　综合保障——加强科技法律治理的条件建设

提升科技法律治理能力，特别重要的一点就是，要做好权威、正确、可靠的治理战略部署，为科学决策、科学施策提供必要的参考和依据。习近平总书

---

❶ 《关于加强生态环境监测机构监督管理工作的通知》第二节第七款。

❷ 《关于加强生态环境监测机构监督管理工作的通知》第一节第三款。

记指出："现在，我国既处于发展的重要战略机遇期，也处于社会矛盾凸显期，在社会稳定中推进改革发展尤为重要。我们要坚持把改革的力度、发展的速度和社会可承受的程度统一起来，把改善人民生活作为正确处理改革发展稳定关系的结合点，在保持社会稳定中推进改革发展，通过改革发展促进社会稳定。要增强改革措施、发展措施、稳定措施的协调性，把握好当前利益和长远利益、局部利益和全局利益、个人利益和集体利益的关系，既着力解决关系群众切身利益的问题，又着力引导群众正确处理各种利益关系、理性合法表达利益诉求，营造安定团结的社会氛围。"❶ 在很大程度上，我们认为，科技法律治理工作与社会治理工作一脉相通，都必须按照习近平总书记的要求增强治理工作的主动性和前瞻性。

一、思想建设：以"人的发展"引领科技发展

科技进步最终是要以人为根本出发点与根本目标，为了人民的生活幸福和社会和谐而努力，可以说，"以人为本"正是科技发展题中应有之意。"以人为本"首先要以科研人员为本，以法律的方式鼓励并保障科研人员进行发明创造并将其成果社会化，践行"人才强国"战略。"以人为本"的另一层含义是要以人民群众为本，将人民群众的权利保障纳入法律的调控范围，避免人民群众沦为科技企业巨大商业利益的牺牲品。因而，我们应在各个层级科技立法中都贯彻"以人为本"的理念，保护人性尊严以及人类所赖以生存的环境。

据此，在科技发展的进程中，要树立"以人为本"的理念，确立"人性尊严"的价值。在科技发展的大背景下，我们既要充分肯定科技发展给人类文明带来的积极作用，同时也要反思科技可能给人类带来什么样的非理性的后果，如何通过科技立法来降低科技发展的风险与减少不利后果，尽可能消除科技对人类文明、尊严与未来的威胁。而在此过程中，如何坚持人性尊严这一价值立场就是科技法治的根本出发点。

以基因科技为例，随着基因科技的飞速发展，人类对自身及自然的干预造

---

❶ 中共中央党校. 习近平新时代中国特色社会主义思想基本问题［M］. 北京：人民出版社，中共中央党校出版社，2020：189.

成日益严重的技术危机，基因科技对人的生命权、健康权、财产权、人格权等基本权利都造成巨大冲击，无一不是对人性尊严的挑战。为此，联合国大会于1998 年通过《世界人类基因与人权宣言》，其中提及，"意识到生命科学的迅速发展以及其中某些应用对人类的尊严和个人的权利和自由所产生的伦理问题"，谋求在尊重基本人权和人人获益的情况下促进生物学和遗传学的科技进步；2005 年联合国教科文组织制定的《世界生物伦理和人权宣言》中规定的首要原则就是人的尊严和人权："鉴于科学技术的飞速发展正在日益影响我们对生活及生命本身的认识，为此非常有必要在全球范围内应对这一发展所带来的伦理影响，认识到在研究科学飞速发展和技术应用所带来的伦理问题时，应当充分尊重人的尊严，普遍尊重并遵守人权和基本自由，决定国际社会有必要及时提出一些普遍原则，为应对科技发展给人类及其所处环境带来的日益增多的难题和矛盾奠定解决问题的基础……"基因科技确实威胁着人类的某些基本权利，但无法否认的是，它为人的自由开拓了更广阔的空间，为人的基本权利赋予了更丰富的内涵，为了确保基因科技更好地为人类服务，控制它可能给人类带来毁灭性灾难的可能性，基因科技立法的宗旨始终应该是"维护人性尊严，促进人的全面发展"。

在我们将人性尊严确定为科技立法的核心理念与基础之后，棘手的问题是在法律上如何实现该理念，以使我们所制定的科技法律以及由此而建立的科技法律制度更加完善。如何明确人性尊严的内涵，使其能够成为法学上容易操作的概念，就成为将人性尊严作为科技立法核心价值的关键问题。对于人性尊严的理解，可以借用康德的一段经典表述："每个人都不能被他人当作纯粹的工具使用，而必须同时当作目的看待。"❶ 我们可以将其进一步解读为：人本身即是目的，任何人在任何时候、任何地点都不能成为国家、社会或他人实现自己目的的工具，这意味着，人人都有资格享有人性尊严。由于法律的制定不可能总是赶得上科技日新月异的发展，而科技的发展又需要法律的保障与指引，因此，如果要加快科技立法的步伐，并且时时刻刻保证科技法律具有一定的前瞻性，那么秉持某种志存高远的追求将事半功倍，而人性尊严的核心理念恰如一盏指

---

❶ 康德. 道德的形而上学 [M]. 伦敦：牛津大学出版社，1996：209.

路明灯，为科技立法指明了前进的道路，只要以它为指引，就可以保证科技本身的发展与应用不会迷失方向。

面向人的发展这一目标，要严格控制科学技术的不当利用。所谓科学技术的不当利用，并非意指故意或过失利用科学技术伤害他人和社会的行为，而是指在正常合规的技术使用和操作过程中产生危害结果的行为；科学技术的不当利用主要是指在人类能力控制范围之外的或人们的伦理观念无法接受的有害行为。苏联杰出的化学家、苏联建国后第一个诺贝尔奖获得者尼古拉依·尼古拉那维奇·谢苗诺夫早就指出科学的社会功能越大，科学家的社会责任也就越大。他说："一个科学家不能是一个'纯粹的'数学家、'纯粹的'生物学家或'纯粹的'社会学家，因为他不能对他工作的成果究竟对人类有用还是有害漠不关心，也不能对科学应用的后果究竟使人民境况变好还是变坏采取漠不关心的态度。不然，他不是在犯罪，就是一种玩世不恭。"❶ 在科技立法中，要严格控制科学技术的不当利用，为此，法律仅仅规定对既成侵害行为的惩罚措施是远远不够的，还要规定对可能出现的有害后果进行合理预防的条款。

二、能力建设：以治理能力现代化保障科技创新

2019 年 5 月 26 日，习近平总书记在向中国国际大数据产业博览会所致的贺信中明确指出："当前，以互联网、大数据、人工智能为代表的新一代信息技术蓬勃发展，对各国经济发展、社会进步、人民生活带来重大而深远的影响。各国需要加强合作，深化交流，共同把握好数字化、网络化、智能化发展机遇，处理好大数据发展在法律、安全、政府治理等方面挑战。"❷ 进一步讲，当代科技创新活动及其成果，既是引领高质量社会全面发展的第一动力，又为国家治理体系和治理能力现代化建设提供了不可或缺的技术支撑，同时还提出了与其相关的法律治理新挑战。这一挑战在党的十九届四中全会通过的《中共中央关于坚持和完善中国特色社会主义制度　推进国家治理体系和治理能力现代化若

---

❶ 戈德史密斯，马凯. 科学的科学：技术时代的社会 [M]. 赵红州，蒋国华，译. 北京：科学出版社，1985：27.

❷ 习近平向 2019 中国国际大数据产业博览会致贺信 [EB/OL].（2019-05-26）[2022-09-25]. http：//www. gov. cn/xinwen/2019-05/26/content_5394881. htm.

干重大问题的决定》（以下简称《决定》）中，具体在"坚持和完善社会主义基本经济制度，推动经济高质量发展"这一小节，已经被明确表述出来。即我们要"完善科技创新体制机制"，其中包括特别重要的一个环节——"健全科技伦理治理体制"。这些内容为当代中国科技法律治理奠定了坚实指导思想，指明了崭新实践方向。依据《习近平新时代中国特色社会主义学习纲要》，笔者认为，习近平新时代中国特色社会主义思想有关科技治理问题的思想主要包含以下几个方面的内容。

当代中国科技法律治理活动要遵循党的十九届四中全会通过的《决定》要求，成为保障科技创新、高质量社会全面发展的强劲力量。新时代，我们应当紧紧抓住科技发展的机遇，不断克服科技发展中的挑战，开创科技治理新局面。习近平总书记指出："在新时代的征程上，全党同志一定要适应新时代中国特色社会主义事业发展进程，牢牢把握完善和发展中国特色社会主义制度、推进国家治理体系和治理能力现代化的总目标，统筹推进各领域各方面改革，不断推进理论创新、制度创新、科技创新、文化创新以及其他各方面创新，坚决破除一切不合时宜的思想观念和体制机制弊端，突破利益固化的藩篱，为决胜全面建成小康社会、开启全面建设社会主义现代化国家新征程提供强大动力。"❶ 换言之，加强制度创新、搞好顶层设计是中国特色社会主义事业的一项重要内容，我们尤其要加强科技法律治理体系的顶层设计，切实为科技创新服务，把科技治理主动权牢牢掌握在自己的手里。

科技投入的多少在很大程度上决定了一个国家科技事业发展进步的速度。在科技投入方面，我国财政的支持力度还有待提高。科技开发研究以及最终科技成果的面世都需要一定的物质保障，这意味着国家财政大量的资金投入。2021年我国研发经费投入达27864亿元，比上年增长14.2%，增速比上年加快4个百分点，延续了"十三五"以来两位数的增长态势。按不变价计算，研发经费增长9.4%，高于"十四五"规划提出的年均增长不低于7%（不变价）的预期目标。

由此可见，我国在科技事业发展方面总体投入不足，这与国民经济发展过

---

❶ 习近平．习近平谈治国理政：第三卷［M］．北京：外文出版社，2020：61．

程中对科技研发与应用的需求不相匹配，还存在研发经费投入体系不够合理，以及其使用尚待规范等问题。究其原因，我国科技投入的方式主要是国家财政按照计划经济模式来运行，这导致科技投入与产出效率并不高。效率不高是因为科技计划的制订，无论是国家层面还是地方层面，并不能够完全以科技项目本身的经济与社会效益为目标，反而要权衡与顾及中央和地方的、地方不同地域的各种因素。

这意味着我国需要制定专门的科技法律来保证对科技事业的经费投入，完善科技项目立项与评估程序以及相应的监督机制，以法治的方式推动科技投入的规范化、科学化与社会效益最大化。例如，我们应该抓紧制定科技投入领域的基本法律即"国家科技投入法"，对国家科技经费的投入、适用与管理进行规范与控制，使国家事关科技经费投入和使用的各项工作都有法可依。

三、队伍建设：以专业治理人才推进树立法治意识

新时代我国科技创新管理的新使命就是为加快建设创新型国家、世界科技强国和社会主义现代化强国提供全方位、高效率、高水平的科技创新服务与支撑。习近平总书记于 2020 年 9 月 12 日在科学家座谈会上提出"四个面向"，要求"坚持面向世界科技前沿、面向经济主战场、面向国家重大需求、面向人民生命健康"，这既是对科技部门的新定位、新要求，也为我们落实向创新服务转变的要求指明了方向。从战略、规划、政策到服务，具有严密的递进逻辑关系，一环扣一环，一环也不能少。科技创新管理必须向"四抓"转型，补短板，强实效，着力提升科技创新战略谋划、重大科技任务布局、政策法规制定和落实、科技公共服务等方面的能力，重构新型科技创新管理体系，顺应创新主体多元、活动多样、路径多变的新趋势，推动政府职能从研发管理向创新服务转变，努力推进国家治理体系和治理能力现代化。而科技创新绝对离不开科技创新人才的支撑与服务，因此，推进科技治理专门人才队伍建设迫在眉睫。

加强和创新当代中国科技法律治理工作，关键在于体制创新，核心是人才队伍建设，只有聚集人才并且发挥人才的主动性和积极性，才能真正实现科技法律治理的质的飞跃。科技法律治理的重心必须落实到各层级人才队伍的建设上，必须完善各项人才队伍保障措施，这会为激励人才、留住优秀人才发挥重

要作用。同时，我们必须继续推动法规政策落地，完善人才激励机制，进一步明确职责权限，使法规政策界定更加清晰、操作性更强。总之，"治理和管理一字之差，体现的是系统治理、依法治理、源头治理、综合施策"，科技法律治理也是其中一门重要的学问，要着力提高人才队伍素质，把培养一批专家型干部作为重要任务，用科学态度、先进理念、专业知识去解决科技治理问题。

引领科学技术实现突破，促进科技创新成果产出，必须根据习近平新时代中国特色社会主义思想做好科技法律治理规范标准的制定工作。实际上，这就是要运用法治思维和法治方式推进科技法律治理体系建设。具体地讲，我们要充分发挥法治的引导、规范、保障、惩戒作用，做到科学立法、依据法规规范科技活动，紧紧围绕加强科技法律治理体系建设的总体需要，推动相关法律法规的立、改、废、释和相关政策的制定完善工作。我们应该不断加强和改进科技法规的法治宣传教育工作，着力增强科技法规的法治宣传教育的针对性和实效性，推动全社会树立科技治理的法治意识，增强全民科技治理的法治观念，促进科技法治的最终实现。

四、环境建设：以"德法共治"优化治理空间

党的十八届四中全会通过的《关于全面推进依法治国若干重大问题的决定》指出："国家和社会治理需要法律和道德共同发挥作用。"历史地看，"礼法共治"、德治与法治相结合，这样的悠久法律文化传统既是中国经验，也是中国治国理政思想文化的基因密码。法治与德治是相辅相成、相得益彰的，在国家社会治理过程中，包括在当今时代的科技治理过程中，它们同样各自发挥着独特的、不可替代的作用。法律是成文的道德，道德是内心的法律；没有道德的法律难成良法，没有法律推行的道德难成善治。坚持法治与德治相结合落实科技治理举措，就是要发挥法律对人的行为的规范作用，通过法律对人行为的指引、评价、教育、预测、惩罚等功能，去促进和褒奖高尚的道德行为，而对那些有损科技伦理的丑恶之行则运用法治手段进行治理。同时，这也是要发挥好道德的教化作用，以德育人，以道德滋养法治精神，强化道德对法治的支撑作用，通过弘扬符合时代潮流的科技伦理，为依法治理科技问题创造良好的人文环境。

正如党的十九大报告指出的那样，习近平新时代中国特色社会主义思想

"是党和人民实践经验和集体智慧的结晶，……是全党全国人民为实现中华民族伟大复兴而奋斗的行动指南，必须长期坚持并不断发展"。申言之，这从指导实践发展的角度，指出了习近平新时代中国特色社会主义思想在我们党和国家实践发展中作为指导思想的历史地位。所以说，如同毛泽东思想、邓小平理论等马克思主义中国化的伟大成果一样，习近平新时代中国特色社会主义思想是推进我国社会主义现代化建设、实现中华民族伟大复兴的伟大旗帜和根本指南，也是当代中国科技法律治理的根本指导思想。

当代中国科技法律治理，一是要避免科技对人类外在自然的破坏，为此需要坚持可持续发展的道路。资源日益短缺、环境污染问题依然严重、生态恢复工作仍然任重而道远、非和平利用核能技术、无节制发展克隆技术等，这些都使人类自身不断面临各种风险与威胁。二是要努力挣脱科技对人的内在自然的控制。科技对人的内在自然的控制程度也在不断加强并且最终有可能超出人类自身的管控。举例而言，人类对财富的向往和追求，在科技力量的支配之下早已内化为人们的思维和行为准则，这就形成了所谓"技术统治下的社会意识"。这种意识对人类的长期统治，已经在人们身上产生了很多始料未及的负面效应，科学技术俨然已经成为毁灭人类的最可怕的潜在威胁。

结束语

当代科学技术的发展与进步，的确极大地改变了人类生存状况，人类对大自然和自身文明的依赖形式与程度也在不断发生变化。面对当今这样一个由技术所形成的人造世界，一个正逐步将以往人们所熟知、所理解的"自然"排挤出去的生活世界，笔者认为，我们关于技术、技术正义以及科技异化法律治理的理论研究与具体实践，必须伴随着技术发展而不断进行深刻伦理反思和适度法律规制调整。

在理论反思上，德国当代哲学家汉斯·约纳斯为我们开辟了一个关于技术问题的极具启发性的思想视域。在约纳斯那里，异化、科技异化区别于传统异化理论中的界定。因为当代技术塑造着的生活世界充满了新风险和不确定性，自由的大自然遭到无处不在的城市的排挤，即"被人造的空间所吞噬"，"危险……更多的是在于［技术］的成功之中，而非在于失败之中（比如事故和灾难）"，因此，技术就有了一种"内在多义性"和无法消除的矛盾性；"人类的'形象'确然已经岌岌可危，而人类这个物种（或大部分人）的生存也很可能濒临险境。"❶ 简而言之，由于人类太多的技术成就，培根式的进步理想反倒变成了真正的威胁。对此，一个影响深远的伦理判断就呈现出来——在当今技术文明时代，道德的正确性取决于长远未来的责任性，责任概念应被当作伦理学的中心议题。鉴于此，笔者认为，必须结合当代技术实践来发展异化理论，阐释一种广义的关于科技问题的观念：其一，从当代科技发展与进步状况来看，"技术"不应该被僵化地当作需要伦理限制（法律规制）的侵犯性力量，而是应该作为需要借助它们来合理地影响人类存在品质的媒介；其二，当代"科技异化"

---

❶ 约纳斯. 走向技术哲学［C］//吴国盛. 技术哲学经典读本. 上海：上海交通大学出版社，2008：335.

问题，在根本上就是以"人类是技术的产物"为问题导向的，其症结并不在于确保技术不能对人类有害，或者人类能否以道德上公正的方式控制技术，而是如何使"技术正义"成为当代科技发展的一个显性要素；其三，所谓"技术正义"，主要牵涉如何处理技术创新和应用所带来的利益、责任及风险的分配正义问题，但它并不是纯粹从外部立场（比如经济利益分配）去评估技术能从伦理或法律上被调整到什么程度，也绝不是某一个固定的绝对客观的标准或价值，它应该总是就某个特定的技术而言的恰当价值。总之，我们不应再视技术为对人类本真性的一种威胁、一种压迫性力量，我们应该不断对与实际技术实践和发展相联系的具体伦理与法律问题做出评判。

马克思在《1844 年经济学哲学手稿》中深刻地指出："作为完成了的自然主义等于人道主义，作为完成了的人道主义等于自然主义。它是人和自然界之间、人和人之间矛盾的真正解决，是存在和本质、对象化和自我确证、自由和必然、个体和种类之间的斗争的真正解决。"● 在具体实践上，马克思认为，只有建立合理的社会制度，才能正确处理人与人之间的关系，才能建立人与自然的和谐关系，从而在根本上克服人的异化、技术的异化和社会的异化。进一步讲，在当代的具体技术实践过程中，作为"技术存在的人"与各种实际技术的复杂联系，事实上是以互相建构的方式不断彼此影响的。鉴于此，笔者通过考察多个领域关于技术的伦理问题与法律规制现状，特别是中国关于科技立法的实践等，明确主张必须大力开展一种以"法律治理"为中心的、体现"技术正义"的制度建设。总之，要解决当代技术所带来的各种实际问题，并不能全都仰仗以技术创新来化解，也应该不断探究如何实现合理的伦理规范与法律规制；绝不能迷失于西方世界的经验与模式，而应该立足于中国实际、着眼于人类未来，在具体制度构建上不断开拓创新。党的十九大报告指出："经过长期努力，中国特色社会主义进入了新时代，这是我国发展新的历史方位。"要在新时代推进科技创新，就需要在全社会弘扬正确、积极的科技伦理观，明确科技创新活动的价值取向，为科技造福人类社会提供保障。

● 马克思，恩格斯．马克思恩格斯全集：第 1 卷[M]．北京：人民出版社，2009：185-186.

参考文献

一、经典著作

[1] 马克思，恩格斯 . 马克思恩格斯选集：第 2 卷 [M]. 北京：人民出版社，1995.

[2] 马克思，恩格斯 . 马克思恩格斯选集：第 3 卷 [M]. 北京：人民出版社，1995.

[3] 马克思，恩格斯 . 马克思恩格斯选集：第 4 卷 [M]. 北京：人民出版社，1995.

[4] 马克思，恩格斯 . 马克思恩格斯全集：第 23 卷 [M]. 北京：人民出版社，1972.

[5] 马克思，恩格斯 . 马克思恩格斯全集：第 25 卷 [M]. 北京：人民出版社，1972.

[6] 马克思，恩格斯 . 马克思恩格斯全集：第 42 卷 [M]. 北京：人民出版社，1972.

[7] 马克思 . 1844 年经济学哲学手稿 [M]. 北京：人民出版社，2002.

[8] 马克思，恩格斯 . 德意志意识形态 [M]. 北京：人民出版社，2018.

[9] 恩格斯 . 自然辩证法 [M]. 北京：人民出版社，2018.

[10] 列宁 . 列宁全集：第 25 卷 [M]. 北京：人民出版社，1988.

[11] 邓小平 . 邓小平文选：第 1 卷 [M]. 北京：人民出版社，1989.

[12] 邓小平 . 邓小平文选：第 2 卷 [M]. 北京：人民出版社，1993.

[13] 邓小平 . 邓小平文选：第 3 卷 [M]. 北京：人民出版社，1993.

[14] 习近平 . 习近平谈治国理政：第 1 卷 [M]. 北京：外文出版社，2014.

［15］习近平.习近平谈治国理政：第2卷[M].北京：外文出版社，2017.

［16］习近平.习近平谈治国理政：第3卷[M].北京：外文出版社，2020.

二、中文译著

［1］柏拉图.政治家［M］.黄克剑，译.北京：北京广播学院出版社，1994.

［2］亚里士多德.尼各马可伦理学［M］.廖申白，译注.北京：商务印书馆，2003.

［3］卢梭.论科学与艺术［M］.何兆武，译.北京：商务印书馆，1963.

［4］贝尔纳.历史上的科学［M］.伍况甫，等译.北京：科学出版社，1959.

［5］米都斯，等.增长的极限：罗马俱乐部关于人类困境的研究报告［M］.2版.李宝恒，译.成都：四川人民出版社，1984.

［6］拉普.技术哲学导论［M］.刘武，译.沈阳：辽宁科学技术出版社，1986.

［7］胡塞尔.欧洲科学危机和超验现象学［M］.张庆熊，译.上海：上海译文出版社，1988.

［8］罗尔斯.正义论［M］.何怀宏，何包钢，廖申白，译.北京：中国社会科学出版社，1988.

［9］霍克海默.批判理论［M］.李小兵，等译.重庆：重庆出版社，1989.

［10］哈贝马斯.作为"意识形态"的技术与科学［M］.李黎，郭官义，译.上海：学林出版社，1999.

［11］贝尔.资本主义文化矛盾［M］.赵一凡，蒲隆，任晓晋，译.北京：生活·读书·新知三联书店，1989.

［12］萨顿.科学史和新人文主义［M］.陈恒六，刘兵，仲继光，译.北京：华夏出版社，1989.

［13］拉特利尔.科学和技术对文化的挑战［M］.吕乃基，王卓君，林晓宇，译.北京：商务印书馆，1997.

［14］布罗代尔.资本主义论丛［M］.顾良，张慧君，译.北京：中央编译

出版社，1997.

[15] 法理学：法律哲学与法律方法 ［M］. 邓正来，译. 北京：中国政法大学出版社，1999.

[16] 格里芬. 后现代科学：科学魅力的再现 ［M］. 马季芳，译. 北京：中央编译出版社，1998.

[17] 米切姆. 技术哲学概论 ［M］. 殷登祥，曹南燕，等译. 天津：天津科学技术出版社，1999.

[18] 默顿. 十七世纪英格兰的科学、技术与社会 ［M］. 范巧年，吴忠，蒋孝东，译. 北京：商务印书馆，2000.

[19] 麦金太尔. 追寻美德：伦理理论研究 ［M］. 宋继杰，译. 南京：译林出版社，2003.

[20] 鲍尔格曼. 跨越后现代的分界线 ［M］. 孟庆时，译. 北京：商务印书馆，2003.

[21] 斯诺. 两种文化 ［M］. 陈克艰，秦小虎，译. 上海：上海科学技术出版社，2003.

[22] 拉伦茨. 法学方法论 ［M］. 陈爱娥，译. 北京：商务印书馆，2003.

[23] 贝克. 风险社会 ［M］. 何博闻，译. 南京：译林出版社，2004.

[24] 贝尔纳. 科学的社会功能 ［M］. 陈体芳，译. 桂林：广西师范大学出版社，2003.

[25] 库恩. 科学革命的结构 ［M］. 金吾伦，胡新和，译. 北京：北京大学出版社，2004.

[26] 芬伯格. 可选择的现代性 ［M］. 陆俊，严耕，等译. 北京：中国社会科学出版社，2003.

[27] 芬伯格. 技术批判理论 ［M］. 韩连庆，曹观法，译. 北京：北京大学出版社，2005.

[28] 拉图尔. 科学在行动：怎样在社会中跟随科学家和工程师 ［M］. 刘文旋，译. 北京：东方出版社，2005.

[29] 拉图尔. 我们从未现代过 ［M］. 刘鹏，安涅思，译. 苏州：苏州大学出版社，2010.

[30] 福雷斯特，佩里·莫里森．计算机伦理学：计算机学中的警示与伦理困境 ［M］．陆成，译．阮笛，校．北京：北京大学出版社，2006.

[31] 马尔库塞．单向度的人：发达工业社会意识形态研究 ［M］．刘继，译．上海：上海译文出版社，2008.

[32] 加斯顿．科学的社会运行 ［M］．顾昕，译．北京：光明日报出版社，1988.

[33] 斯金纳．科学与人类行为 ［M］．谭力海，王翠翔，王工斌，译．北京：华夏出版社，1989.

[34] 特纳．技术的报复：墨菲法则和事与愿违 ［M］．徐俊培，钟季康，姚时宗，译．上海：上海技教育出版社，1999.

[35] 默顿．科学社会学 ［M］．鲁旭东，林聚任，译．北京：商务印书馆，2003.

[36] 古莱特．靠不住的承诺：技术迁移中的价值冲突 ［M］．邝立志，译．北京：社会科学文献出版社，2004.

[37] 波兰尼．科学、信仰与社会 ［M］．王靖华，译．南京：南京大学出版社，2004.

[38] 阿伽西．科学与文化 ［M］．邬晓燕，译．北京：中国人民大学出版社，2006.

[39] 波斯曼．技术垄断：文明向技术投降 ［M］．蔡金栋，梁薇，译．北京：机械工业出版社，2013.

[40] 约纳斯．技术、医学与伦理学：责任原理的实践 ［M］．张荣，译．上海：上海译文出版社，2008.

[41] 约纳斯．责任原理：技术文明时代的伦理学探索 ［M］．方秋明，译．香港：世纪出版社，2013.

[42] 伊德．技术与生活世界 ［M］．韩连庆，译．北京：北京大学出版社，2012.

[43] 伊德．技术哲学导论 ［M］．骆月明，欧阳光明，译．上海：上海大学出版社，2017.

[44] 皮特．技术思考：技术哲学的基础 ［M］．马会端，陈凡，译．沈阳：

辽宁人民出版社，2012.

[45] 阿瑟 . 技术的本质：技术是什么，它是如何进化的 [M]. 曹东溟，王健，译 . 杭州：浙江人民出版，2014.

[46] 温纳 . 自主性技术：作为政治思想主题的失控技术 [M]. 杨海燕，译 . 北京：北京大学出版社，2014.

[47] 桑德尔 . 反对完美：科技与人性的正义之战 [M]. 黄慧慧，译 . 北京：中信出版社，2014.

[48] 霍文，约翰·维克特 . 信息技术与道德哲学 [M]. 赵迎欢，宋吉鑫，张勤，译 . 北京：科学出版社，2013.

[49] 维贝克 . 将技术道德化：理解与设计物的道德 [M]. 闫宏秀，杨庆峰，译 . 上海：上海交通大学出版社，2016.

[50] 莫兰 . 复杂思想：自觉的科学 [M]. 陈一壮，译 . 北京：北京大学出版社，2001.

[51] 柯瓦雷 . 伽利略研究 [M]. 刘胜利，译 . 北京：北京大学出版社，2008.

[52] 瑟罗 . 资本主义的未来 [M]. 周晓钟，译 . 北京：中国社会科学出版社，1998.

[53] 马丁，舒曼 . 全球化陷阱 [M]. 张世鹏，王锡君，王学东，等译 . 北京：中央编译出版社，1998.

[54] 维伯，比阿特里斯·维伯：资本主义文明的衰亡 [M]. 秋水，译 . 上海：上海人民出版社，2001.

[55] 泰勒 . 现代性之隐忧 [M]. 程炼，译 . 北京：中央编译出版社，2001.

[56] 汉金斯 . 科学与启蒙运动 [M]. 任定成，张爱珍，译 . 上海：复旦大学出版社，2000.

[57] 威廉斯 . 技术史：第六卷[M]. 姜振寰，赵毓琴，主译 . 上海：上海科技教育出版社，2004.

[58] 鲍林 . 告别战争：我们的未来设想 [M]. 吴万仟，译 . 长沙：湖南出版社，1992.

[59] 斯皮内洛．世纪道德：信息技术的伦理方面［M］．刘钢，译．北京：中央编译出版社，1999.

[60] 托夫勒．未来的冲击［M］．孟广均，吴宣豪，黄炎林，等译．北京：新华出版社，1996.

[61] 尼葛洛庞帝．数字化生存［M］．胡泳，范海燕，译．海口：海南出版社，1997.

[62] 弗劳尔．网络经济：数字化商业时代的来临［M］．梁维娜，译．呼和浩特：内蒙古人民出版社，1997.

[63] 戴森．全方位的无限：生命为什么如此复杂［M］．李笃中，译．北京：生活·读书·新知三联书店，1998.

[64] 吉登斯．现代性的后果［M］．田禾，译．南京：译林出版社，2000.

[65] 昆．世界伦理构想［M］．周艺，译．北京：生活·读书·新知三联书店，2002.

[66] 孔汉思，库舍尔．全球伦理［M］．何光沪，译．成都：四川人民出版社，1997.

[67] 拜尔茨．基因伦理学：人的繁殖技术化带来的问题［M］．马怀琪，译．北京：华夏出版社，2000.

[68] 盖伦．技术时代的人类心灵［M］．何兆武，何冰，译．上海：上海科技教育出版社，2003.

[69] 麦克基本．自然的终结［M］．孙晓春，马树林，译．长春：吉林人民出版社，2000.

[70] 哈里斯，普里查德，雷宾斯．工程伦理：概念与案例（第三版）［M］．丛杭青，沈琪，等译．北京：北京理工大学出版社，2006.

[71] 佩罗．高风险技术与"正常"事故［M］．寒窗，译．北京：科学技术文献出版社，1998.

[72] 贾丁斯．环境伦理学［M］．林官明，杨爱民，译．北京：北京大学出版社，2002.

[73] 戈德史密斯．科学的科学：技术时代的社会［M］．宋祖良，译．北京：中国社会科学出版社，1985.

［74］刘易斯．技术与风险［M］．杨健，缪建兴，译．北京：中国对外翻译出版公司，1994.

［75］科恩．马克思的历史理论：一种辩护［M］．段忠桥，译．北京：高等教育出版社，2008.

［76］舒斯特．科学史与科学哲学导论［M］．安维复，译．上海：上海科技教育出版社，2013.

［77］格伦瓦尔德．技术伦理学手册［M］．吴宁，译．北京：社会科学文献出版社，2017.

［78］海德格尔．存在与时间［M］．陈嘉映，王庆节，译．北京：生活·读书·新知三联出版社，2006.

［79］海德格尔．演讲与论文集［M］．孙周兴，译．北京：生活·读书·新知三联书店，2005.

［80］海德格尔．存在的天命：海德格尔技术哲学文选［M］．孙周兴，编译．北京：中国美术出版社，2018.

三、中文著作

［1］许良英，赵中立，张宣三．爱因斯坦文集：第三卷［M］．北京：商务印书馆，1979.

［2］李德顺．价值论［M］．北京：中国人民大学出版社，1987.

［3］陈振明．法兰克福学派与科学技术哲学［M］．北京：中国人民大学出版社，1992.

［4］高亮华．人文主义视野中的技术［M］．北京：中国社会科学出版社，1996.

［5］罗玉中．科学技术进步法［M］．北京：高等教育出版社，1996.

［6］王卫国．过错责任原则：第三次勃兴［M］．北京：中国法制出版社，2000.

［7］郑成思．知识产权论［M］．北京：法律出版社，2007.

［8］孟建伟．论科学的人文价值［M］．北京：中国社会科学出版社，2000.

［9］余谋昌．高科技挑战道德［M］．天津：天津科学技术出版社，2000.

［10］肖峰．论科学与人文的当代融通［M］.南京：江苏人民出版社，2001.

［11］乔瑞金．马克思技术哲学纲要［M］.北京：人民出版社，2002.

［12］王前．技术现代化的文化制约［M］.沈阳：东北大学出版社，2002.

［13］赵万里．科学的社会建构：科学知识社会学的理论与实践［M］.天津：天津人民出版社，2002.

［14］孙正聿．马克思辩证法理论的当代反思［M］.北京：人民出版社，2002.

［15］赵敦华．西方哲学的中国式解读［M］.哈尔滨：黑龙江人民出版社，2002.

［16］杨耕．为马克思辩护［M］.哈尔滨：黑龙江人民出版社，2002.

［17］万俊人．现代性的伦理话语［M］.哈尔滨：黑龙江人民出版社，2002.

［18］牟焕森．马克思技术哲学思想的国际反响［M］.沈阳：东北大学出版社，2003.

［19］吴文新．科技与人性［M］.北京：北京师范大学出版社，2003.

［20］郭冲辰．技术异化论［M］.沈阳：东北大学出版社，2004.

［21］许良．技术哲学［M］.上海：复旦大学出版社，2004.

［22］林德宏．科技哲学十五讲［M］.北京：北京大学出版社，2004.

［23］张一兵，蒙木桂．神会马克思：马克思哲学原生态的当代阐释［M］.北京：中国人民大学出版社，2004.

［24］俞吾金．从康德到马克思［M］.桂林：广西师范大学出版社，2004.

［25］张成岗．现代技术问题研究［M］.北京：清华大学出版社，2005.

［26］戴艳军．科技管理伦理导论［M］.北京：人民出版社，2005.

［27］韩孝成．科学面临危机［M］.北京：中国社会科学出版社，2005.

［28］颜厥安．法与实践理性［M］.北京：中国政法大学出版社，2003.

［29］颜厥安．鼠肝与虫臂的管制：法理学与生命伦理探究［M］.北京：北京大学出版社，2006.

［30］邱仁宗，翟晓梅．生命伦理学概论［M］.北京：中国协和医科大学出

版社，2003.

[31] 陈嘉映. 哲学 科学 常识 ［M］. 北京：东方出版社，2007.

[32] 刘大椿，等. 在真与善之间：科技时代的伦理问题与道德抉择 ［M］. 北京：中国社会科学出版社，2000.

[33] 刘大椿. 自然辩证法概论 ［M］. 北京：中国人民大学出版社，2008.

[34] 吴国盛. 科学的历程 ［M］. 北京：北京大学出版社，2002.

[35] 吴国盛. 技术哲学经典读本 ［M］. 上海：上海交通大学出版社，2008.

[36] 甘绍平. 应用伦理学教程 ［M］. 北京：中国社会科学出版社，2008.

[37] 王雨辰. 生态批判与绿色乌托邦：生态学马克思主义理论研究 ［M］. 北京：人民出版社，2009.

[38] 倪世雄. 战争与道义：核伦理学的兴起 ［M］. 长沙：湖南出版社，1992.

[39] 徐飞，张秉伦，胡化凯，等. 科技文明的代价：科技发展的负面效应与对策研究 ［M］. 济南：山东教育出版社，1999.

[40] 聂永丰. 废处理工程技术手册：固体废物卷［M］. 北京：化学工业出版社，2000.

[41] 朱勇，崔玉明. 新医疗处遇的法律问题与研究 ［M］. 北京：中国经济出版社，2005.

[42] 程现昆. 科技伦理研究论纲 ［M］. 北京：北京师范大学出版社，2011.

[43] 李桂花. 科技哲思：科技异化问题研究 ［M］. 长春：吉林大学出版社，2011.

[44] 胡翌霖. 过时的智慧：科学通史十五讲 ［M］. 上海：上海教育出版社，2016.

[45] 陈昌曙. 技术哲学引论 ［M］. 北京：科学出版社，1999.

[46] 陈翠芳. 科技异化与科学发展观 ［M］. 北京：中国社会科学出版社，2007.

[47] 李征坤. 西方科技价值观的嬗变 ［M］. 桂林：广西师范大学出版

社，2004.

［48］洪晓楠．科学文化哲学研究［M］．上海：上海文化出版社，2005.

［49］卢风，肖巍．应用伦理学概论［M］．北京：中国人民大学出版社，2008.

［50］韩东屏．疑难与前沿：科技伦理问题研究［M］．北京：人民出版社，2010.

［51］王前．技术伦理通论［M］．北京：中国人民大学出版社，2011.

［52］余谋昌．生态哲学［M］．西安：陕西人民出版社，2012.

［53］米丹．风险社会与反思性科技价值体系［M］．北京：中国社会科学出版社，2013.

［54］姜振寰．技术通史［M］．北京：中国社会科学出版社，2017.

四、中文期刊

［1］王钰，程海东．人工智能技术伦理治理内在路径解析［J］．自然辩证法通讯，2019，41（8）：87-93.

［2］舒红跃，张清喆．生命技术哲学：一种新的技术哲学研究范式［J］．湖北大学学报（哲学社会科学版），2019，46（4）：138-144，177.

［3］王宏健．存在论与诠释学视域下的技术哲学：海德格尔论技术的本质［J］．自然辩证法研究，2019，35（5）：15-20.

［4］陈飞．技术与人的存在：阿伦特技术哲学探微［J］．上海交通大学学报（哲学社会科学版），2019，27（2）：108-114.

［5］李乖宁．从符号到信息：技术哲学与信息哲学的比较［J］．系统科学学报，2019，27（3）：20-25.

［6］闫坤如．技术哲学的价值论转向透视［J］．学术研究，2019（3）：12-17，177.

［7］张春艳，郭岩峰．大数据技术伦理难题怎么破解［J］．人民论坛，2019（2）：72-73.

［8］潘建红．基因编辑技术伦理亟待从共识走向共律［J］．中国科技论坛，2019（1）：5-7.

［9］陈子薇，马力．纳米技术伦理问题与对策研究［J］．科技管理研究，2018，38（24）：255-260.

［10］顾世春．斯威斯卓预判性技术伦理研究［J］．自然辩证法研究，2018，34（12）：29-33.

［11］敬狄，安东尼·伊瓦拉．二十世纪现代科学技术哲学在西班牙的兴起与发展［J］．自然辩证法通讯，2018，40（12）：41-49.

［12］王嘉．技术决定论与马克思技术哲学及其当代效应［J］．广西大学学报（哲学社会科学版），2018，40（6）：13-18.

［13］陈多闻，曾华锋．我国技术哲学的生态路径演进研究［J］．自然辩证法研究，2018，34（7）：22-27.

［14］侯剑华，周莉娟，杨秀财．技术伦理研究范式演化的知识图谱［J］．科技管理研究，2018，38（12）：260-266.

［15］刘宝杰．简论杜尔宾的技术哲学思想［J］．科学技术哲学研究，2018，35（3）：57-62.

［16］陈明宽．外在化的技术物体与技术物体的个性化——论斯蒂格勒技术哲学的内在张力［J］．科学技术哲学研究，2018，35（3）：63-69.

［17］张琪，张磊．技术伦理视角：信息碎片化传播对人生存状态的影响［J］．中学政治教学参考，2018（15）：34-36.

［18］顾世春．荷兰预判性技术伦理思潮研究［J］．大连理工大学学报（社会科学版），2018，39（4）：114-119.

［19］张卫．藏礼于器：内在主义技术伦理的中国路径［J］．大连理工大学学报（社会科学版），2018，39（3）：116-121.

［20］张一兵．斯蒂格勒：西方技术哲学的评论：《技术与时间》解读［J］．理论探讨，2017（4）：57-63.

［21］张志会，王前．关于技术哲学的国际视野和中国特色的思考：王前教授访谈录［J］．哲学分析，2017，8（3）：162-172.

［22］谢晓娟，王颖．网络科技异化及其治理［J］．思想政治教育研究，2017，33（3）：145-149.

［23］易显飞，黎昔柒．信息技术哲学认识论研究：现状与评析［J］．科技

管理研究，2017，37（1）：257-261.

[24] 侯剑华，周莉娟．中西方技术伦理研究前沿的可视化分析与比较
[J]．科学与社会，2016，6（4）：72-85.

[25] 韩兴．专利制度危机背景下的技术正义原则研究[J]．知识产权，
2016（11）：71-76.

[26] 高尚荣．论技术伦理审查[J]．科技管理研究，2016，36（22）：
255-260.

[27] 吴国盛．技术哲学讲演录[J]．中国人民大学学报，2016，30
（6）：157.

[28] 吴国林．论分析技术哲学的可能进路[J]．中国社会科学，2016
（10）：29-51，202.

[29] 艾凉琼．对基因编辑技术伦理争议的思考[J]．科学与社会，2016，
6（3）：53-59.

[30] 王野林．科技异化：人与自然关系异化的直接动因[J]．人民论坛，
2016（25）：112-113.

[31] 刘宝杰．荷兰技术哲学之"思""路"[J]．自然辩证法通讯，2016，
38（4）：125-130.

[32] 刘铮．"硬技术"与"软技术"：论米歇尔·福柯的技术哲学[J]．
自然辩证法研究，2016，32（5）：28-33.

[33] 万长松．从工具主义到人本主义：俄罗斯技术哲学100年发展轨迹回
溯[J]．自然辩证法研究，2016，32（5）：89-94.

[34] 沈国琴．卡西尔的技术哲学思想初探[J]．自然辩证法通讯，2016，
38（3）：66-71.

[35] 罗智舜，彭福扬．技术哲学语境下德鲁克制度创新思想及启示[J]．
人民论坛，2016（8）：226-228.

[36] 高尚荣．现象学视域下的技术伦理构建[J]．科技管理研究，2016，
36（2）：244-248.

[37] 潘建红，韩鹏煜．应然与实然：现代技术伦理风险的文化治理能力提
升[J]．自然辩证法研究，2015，31（11）：61-66.

［38］何士青，翟凯．论科技异化的司法矫治［J］．湖北大学学报（哲学社会科学版），2015，42（5）：104-108，149.

［39］万长松．俄罗斯科学技术哲学的范式转换研究［J］．自然辩证法研究，2015，31（8）：90-95.

［40］郦平．技术伦理研究范式探新：杜威技术伦理的方法论及其价值［J］．自然辩证法研究，2015，31（6）：66-71.

［41］魏巍，刘伟，张慧颖．科技的生态化重塑与人性的归复：一种消解科技异化的新通路［J］．科技管理研究，2015，35（11）：246-250.

［42］曹玉涛．交往视野中的技术正义［J］．哲学动态，2015（5）：68-74.

［43］吴宁宁．技术中介经验的自身觉知：对伊德技术哲学的现象学批评［J］．东北大学学报（社会科学版），2015，17（3）：232-239.

［44］徐祥运，庞丹．马克思与杜威的科学技术哲学思想比较［J］．自然辩证法研究，2015，31（4）：58-63.

［45］郝伟，李桂花．马克思"生存论"视域下的科技异化探析［J］．社会科学家，2015（4）：27-31.

［46］肖峰．基于技术哲学视野的信息文明特征［J］．东北大学学报（社会科学版），2015，17（1）：1-7.

［47］郭佳楠．技术哲学视野下的创造观探析［J］．技术经济与管理研究，2014（11）：31-34.

［48］潘恩荣．马克思技术哲学思想研究的思维惯性［J］．浙江社会科学，2014（11）：100-105，158.

［49］吴国林，李小平，李君亮．技术哲学的内在逻辑分析［J］．东北大学学报（社会科学版），2014，16（5）：441-446.

［50］李君亮，吴国林．从技术哲学研究传统看技术哲学研究纲领［J］．广西社会科学，2014（8）：62-66.

［51］郝伟，李桂花．科技异化克服的文化选择探析：基于马克思"现实的人"的研究［J］．广西社会科学，2014（8）：177-181.

［52］孙红艳．对现代人文主义技术哲学的反思［J］．湖北社会科学，2014（5）：98-100.

［53］潘恩荣．技术哲学经验转向纲领与自然主义［J］．自然辩证法研究，
2014，30（3）：41-46，64.

［54］陈凡，程海东．科学技术哲学在中国的发展状况及趋势［J］．中国人
民大学学报，2014，28（1）：145-153.

［55］吕乃基．一体两翼：一种技术哲学的研究纲领［J］．东南大学学报
（哲学社会科学版），2013，15（6）：5-8，21，134.

［56］王金柱，房静雅．殊途同归：人文主义技术哲学思想的比较研究：以
刘易斯·芒福德和阿诺德·盖伦为例［J］．科学技术哲学研究，
2013，30（5）：77-81.

［57］陈雪瑶，陈俊．马尔库塞技术哲学思想的限度及其超越［J］．武汉理
工大学学报（社会科学版），2013，26（4）：643-647.

［58］赵丹．荷兰的科学技术哲学研究状况及特征［J］．科学技术哲学研
究，2013，30（4）：19-23.

［59］顾世春，文成伟．人—技术—世界：现象学技术哲学的理论源点
［J］．北方论丛，2013（3）：115-118.

［60］何士青，段勇．论科技异化的立法应对［J］．河南财经政法大学学
报，2013，28（3）：56-61.

［61］陈佳，杨艳明．技术会聚：技术哲学研究应当关注的新对象［J］．东
北大学学报（社会科学版），2013，15（2）：111-115.

［62］管锦绣．马克思技术哲学对于当代工业社会发展的启示：兼论西方马
克思主义的科学主义流派的解读［J］．湖北社会科学，2013（2）：
12-15.

［63］陈首珠，刘宝杰，夏保华．论"技术—伦理实践"在场的合法性：对
荷兰学派技术哲学研究的一种思考［J］．东北大学学报（社会科学
版），2013，15（1）：14-18.

［64］周志娟．科技异化、科技价值与科学家责任［J］．福州大学学报（哲
学社会科学版），2013，27（1）：83-87.

［65］何继江．从邦格技术定义的发展看技术哲学［J］．自然辩证法研究，
2012，28（12）：36-40.

[66] 艾亚玮，刘爱文．技术哲学根基的历时之变［J］．广西社会科学，2012（11）：44-47．

[67] 于雪，王前．机体主义视角的技术哲学探析［J］．自然辩证法研究，2012，28（11）：30-35．

[68] 肖玲．马克思主义人学思想对技术哲学元问题研究的价值［J］．马克思主义研究，2012（11）：95-100，160．

[69] 黄欣荣．卡普技术哲学的三个基本问题［J］．自然辩证法研究，2012，28（8）：27-31．

[70] 盛国荣，葛莉．数字时代的技术认知：保罗·莱文森技术哲学思想解析［J］．科学技术哲学研究，2012，29（4）：58-63．

[71] 刘宝杰．试论技术哲学的荷兰学派［J］．科学技术哲学研究，2012，29（4）：64-68．

[72] 林慧岳，丁雪．技术哲学从经验转向到文化转向的发展及其展望［J］．湖南师范大学社会科学学报，2012，41（4）：31-35．

[73] 刘宝杰，谈克华．试论技术哲学的经验转向范式［J］．自然辩证法研究，2012，28（7）：25-29．

[74] 李桂花，张媛媛．超越单向度的人：论马尔库塞的科技异化批判理论［J］．社会科学战线，2012（7）：30-32．

[75] 何士青．论科技异化法律治理中的政府责任［J］．学习论坛，2012，28（2）：73-75．

[76] 潘恩荣．技术哲学的两种经验转向及其问题［J］．哲学研究，2012（1）：98-105，128．

[77] 李慧青．马尔库塞科技异化思想的现代性反思［J］．社会科学辑刊，2012（1）：36-38．

[78] 杨慧民，王飞．柏格森的技术伦理思想研究［J］．前沿，2011（24）：55-57．

[79] 林慧岳，夏凡．经验转向后的荷兰技术哲学：特文特模式及其后现象学纲领［J］．自然辩证法研究，2011，27（10）：17-21．

[80] 耿阳，洪晓楠，张学昕．技术之本质问题的探究：比较海德格尔与杜

威技术哲学思想 [J]. 自然辩证法研究, 2011, 27 (10): 27-32.

[81] 张秀华. 工程技术哲学的走向与进展 [J]. 学习与探索, 2011 (5): 29-32.

[82] 郑晓松. 技术哲学维度下的人与自然和谐 [J]. 科学经济社会, 2011, 29 (3): 95-99.

[83] 乔瑞金, 师文兵. 从人的解放看马克思主义技术哲学传统的多重意蕴 [J]. 科学技术哲学研究, 2011, 28 (3): 56-62.

[84] 袁红梅, 杨舒杰, 金丹凤. 海德格尔技术伦理思想初探 [J]. 科技管理研究, 2011, 31 (9): 202-204.

[85] 卫才胜. 政治视角的西方信息技术哲学: 论温纳的信息技术政治思想 [J]. 河南社会科学, 2011, 19 (3): 66-68, 218.

[86] 朱春艳, 陈凡. 语境论与技术哲学发展的当代特征 [J]. 科学技术哲学研究, 2011, 28 (2): 21-25.

[87] 周立秋. 科技异化对人类生存意义的消解 [J]. 长白学刊, 2011 (2): 15-19.

[88] 斯文·欧威·汉森, 张秋成. 技术哲学视阈中的风险和安全 [J]. 东北大学学报 (社会科学版), 2011, 13 (1): 1-6.

[89] 高尚荣. 马克思的技术伦理思想及其当代价值 [J]. 云南师范大学学报 (哲学社会科学版), 2011, 43 (1): 105-110.

[90] 高亮华. 当代技术哲学的代际嬗变、研究进路与整合化趋势 [J]. 学术月刊, 2010, 42 (12): 54-59.

[91] 夏保华. 卡普、德克斯与技术哲学谱系 [J]. 自然辩证法通讯, 2010, 32 (6): 61-68, 127.

[92] 朱海林. 技术伦理、利益伦理与责任伦理: 工程伦理的三个基本维度 [J]. 科学技术哲学研究, 2010, 27 (6): 61-64.

[93] 芦文龙, 文成伟. 技术伦理位阶探析 [J]. 科学技术哲学研究, 2010, 27 (6): 69-72.

[94] 盛国荣. 技术思想史: 一个值得关注的技术哲学研究领域 [J]. 自然辩证法研究, 2010, 26 (11): 19-25.

［95］ 孙秀云．实践思维方式视野中的科技异化问题研究 ［J］．学习与探索，2010（6）：37-39．

［96］ 郭明哲．拉图尔和海德格尔技术哲学比较研究 ［J］．兰州学刊，2010（9）：1-4．

［97］ 管锦绣，田辉玉．马克思技术哲学的人本主义技术观与唯物史观的技术观之整合 ［J］．理论月刊，2010（9）：12-14．

［98］ 林慧岳，黄柏恒．荷兰技术哲学的经验转向及其当代启示 ［J］．自然辩证法研究，2010，26（7）：31-36．

［99］ 盛国荣．作为当代西方技术哲学问题域之一的技术伦理：兼谈技术伦理的控制目标 ［J］．科技管理研究，2010，30（10）：231-234．

［100］ 朱继胜．现代技术伦理困惑的反思与求解 ［J］．前沿，2010（7）：61-65．

［101］ 盛国荣．启蒙运动时期卢梭的技术伦理批判及其技术观 ［J］．理论月刊，2010（2）：47-50．

［102］ 盛国荣．技术的道德化：现代技术问题的后现代解决之道：齐格蒙特·鲍曼技术哲学思想研究 ［J］．自然辩证法研究，2009，25（11）：56-62．

［103］ 兰登·温纳，安军．当代技术哲学与社会批判 ［J］．科学技术哲学研究，2009，26（5）：1-5．

［104］ 杨伟宏．风险社会视域下的技术伦理 ［J］．学术交流，2009（10）：42-45．

［105］ 卫羚．兰登·温纳技术哲学思想的解读：技术决定论与社会决定论的桥梁 ［J］．福建论坛（人文社会科学版），2009（9）：72-74．

［106］ 郭晓晖．技术现象学视野中的人性结构：斯蒂格勒技术哲学思想述评 ［J］．自然辩证法研究，2009，25（7）：37-42．

［107］ 谢美环，刘同舫．马克思的技术哲学及其理论延伸 ［J］．前沿，2009（7）：33-36．

［108］ 管晓刚．论芒福德技术哲学的研究视角 ［J］．科学技术与辩证法，2009，26（3）：53-57．

［109］李富君．科技异化与自然的解放：马尔库塞的生态思想论析［J］．河南师范大学学报（哲学社会科学版），2009，36（3）：6-10．

［110］杨宝贵，沈菊琴．科技异化的当代探析［J］．求索，2009（3）：74-76．

［111］吴致远．技术哲学经验转向的后现代解析［J］．广西民族大学学报（哲学社会科学版），2009，31（2）：106-110．

［112］苏建，陈凡．论法律与技术政策、技术伦理的协同对策：以技术法律控制边界为视角［J］．科技进步与对策，2009，26（5）：85-88．

［113］王绪琴．科学技术哲学的伦理诉求与现代生机［J］．求索，2009（2）：114-116．

［114］高亮华．论当代技术哲学的经验转向：兼论分析技术哲学的兴起［J］．哲学研究，2009（2）：110-115，129．

［115］孔明安．生产方式与现代技术的责任分析：鲍德里亚的现代技术伦理思想述评［J］．教学与研究，2009（2）：43-50．

［116］陈凡，陈多闻．技术使用者：技术哲学应该关注的一个对象［J］．东北大学学报（社会科学版），2008（6）：471-475．

［117］陈翠芳．马克思主义与当代资本主义科技异化研究［J］．马克思主义研究，2008（10）：108-114．

［118］盛国荣．西方技术哲学研究中的路径及其演变［J］．自然辩证法通讯，2008（5）：38-43，111．

［119］王飞．萨克塞技术伦理思想及其启示［J］．科学技术与辩证法，2008（5）：75-79，112．

［120］郑明，李洋．论技术伦理的存在之基［J］．技术经济与管理研究，2008（5）：34-36．

［121］刘魁，李遥．建设性后现代视角下的技术伦理观［J］．扬州大学学报（人文社会科学版），2008（5）：42-45．

［122］陈翠芳．科技异化的历史轨迹［J］．理论月刊，2008（9）：75-78．

［123］樊春良，张新庆，陈琦．关于我国生命科学技术伦理治理机制的探讨［J］．中国软科学，2008（8）：58-65．

[124] 白建民，张洪根．马克思主义技术伦理思想的当代发展探讨［J］．当代世界与社会主义，2008（4）：14-17．

[125] 王华英．技术哲学研究方法的转向：一种系统的整体方法的进路［J］．系统科学学报，2008（3）：82-88．

[126] 史少博．抑制"科技异化"的途径［J］．天府新论，2008（4）：26-30．

[127] 吴致远．对福柯的又一种解读：从技术哲学的角度［J］．哲学动态，2008（6）：62-67．

[128] 马会端，陈凡．国际技术哲学研究的动向与进展［J］．自然辩证法研究，2008（6）：104-107．

[129] 史少博．功利主义与科技异化［J］．理论学刊，2008（6）：59-61．

[130] 陈翠芳．论全球化与科技异化［J］．当代世界与社会主义，2008（3）：109-113．

[131] 肖德武．科学技术伦理何以可能［J］．山东师范大学学报（人文社会科学版），2008（3）：76-82．

[132] 计海庆．亚里士多德技术观与两种技术伦理悖论的解析［J］．自然辩证法研究，2008（4）：44-48．

[133] 王飞．伦克的技术伦理思想评介［J］．自然辩证法研究，2008（3）：57-63．

[134] 盛国荣．弗兰西斯·培根的技术哲学思想探微［J］．自然辩证法研究，2008（2）：54-58．

[135] 陈翠芳，龚丽娜．论科技异化与劳动异化的区别［J］．湖北社会科学，2008（2）：19-21．

[136] 梅其君，陆劲松．从自主的技术到自由的伦理：埃吕尔的技术伦理思想初探［J］．科学技术与辩证法，2008（1）：71-75．

[137] 潘晴燕．导致科技异化的政治、经济、观念因素［J］．兰州学刊，2008（1）：24-27．

[138] 盛国荣．技术预见的内涵、理论依据及其面临的问题：一种技术哲学的视野［J］．科技管理研究，2008（1）：254-256，259．

[139] 吴国盛．芒福德的技术哲学［J］．北京大学学报（哲学社会科学

版），2007（6）：30-35.

[140] 吴致远．经典技术哲学阶段性特征探析［J］．自然辩证法研究，2007（11）：61-65.

[141] 王健，王秋菊．现代技术伦理原则间的冲突与整合［J］．社会科学辑刊，2007（6）：48-52.

[142] 王建设．技术哲学与技术社会学：可否划界？［J］．科学技术与辩证法，2007（5）：79-82.

[143] 盛国荣．技术不可控问题的技术哲学解读［J］．科技进步与对策，2007（9）：53-57.

[144] 盛国荣．西方技术哲学研究中的路径及其演变［J］．自然辩证法研究，2007（7）：60-64，73.

[145] 王国豫，胡比希，刘则渊．社会-技术系统框架下的技术伦理学：论罗波尔的功利主义技术伦理观［J］．哲学研究，2007（6）：78-85，129.

[146] 盛国荣．技术控制主义：技术哲学发展的新阶段［J］．哲学动态，2007（5）：36-42.

[147] 尚东涛．技术伦理的效应限度因试解［J］．自然辩证法研究，2007（5）：56-60.

[148] 盛国荣，金钟哲．论技术发展的"拟人律"现象：一种技术哲学的视野［J］．科技进步与对策，2007（4）：172-176.

[149] 谢先江，张国骥．马克思技术哲学核心思想探析［J］．求索，2007（2）：122-124.

[150] 刘大椿．关于技术哲学的两个传统［J］．教学与研究，2007（1）：33-37.

[151] 盛国荣．关于马克思主义技术哲学思想的几个问题［J］．理论探讨，2007（1）：45-48.

[152] 张培富，孙毅．从科学哲学学科的发展看技术哲学学科的进路［J］．科学技术与辩证法，2006（6）：66-70，111.

[153] 王健．现代技术伦理规约的制度安排［J］．科学技术与辩证法，

2006（6）：71-74，118，111.

[154] 王健. 现代技术伦理规约的特性 [J]. 自然辩证法研究，2006（11）：54-57.

[155] 陈朝余. 论生物技术伦理原则 [J]. 科技进步与对策，2006（8）：133-135.

[156] 李桂花，张雅琪. 论科技异化与科技人化 [J]. 科学管理研究，2006（4）：18-21.

[157] 朱春艳，陈凡. 社会建构论对技术哲学研究范式的影响 [J]. 自然辩证法研究，2006（8）：59-63，66.

[158] 郭贵春，成素梅，邢如萍. 中国科学技术哲学的演进与定位 [J]. 自然辩证法研究，2006（8）：99-103.

[159] 王健. 现代技术伦理规约的困境及其消解 [J]. 华中科技大学学报（社会科学版），2006（4）：82-87.

[160] 陆素菊. 技术伦理教育的必要性及其基本问题：来自美日国家的经验 [J]. 全球教育展望，2006，35（7）：52-55.

[161] 舒红跃. 伊德技术哲学："人—技术—世界"的相关性研究 [J]. 湖北大学学报（哲学社会科学版），2006（3）：276-278.

[162] 许良. 劳动、技术与人类解放：恩格斯技术哲学思想探析 [J]. 自然辩证法研究，2006（4）：45-47，60.

[163] 杨庆峰. 马克思主义当代性问题与马克思技术哲学 [J]. 科学技术与辩证法，2006（2）：63-65，111.

[164] 李刚. 恩格斯对科学技术哲学的重大贡献 [J]. 西南大学学报（人文社会科学版），2006（2）：84-88.

[165] 李艳红，张培富. 技术形成与技术伦理 [J]. 科学管理研究，2005（6）：39-42.

[166] 李桂花. 论马克思恩格斯的科技异化思想 [J]. 科学技术与辩证法，2005（6）：20-23.

[167] 管晓刚. 马克思技术哲学思想的系统整体特征 [J]. 科学技术与辩证法，2005（6）：69-72.

［168］ 李宏伟．现代生物技术伦理价值冲突的哲学思考［J］．自然辩证法通讯，2005（6）：5-7．

［169］ 赵大宇，田鹏颖．马克斯·韦伯的社会技术哲学思想述评［J］．社会科学辑刊，2005（6）：29-33．

［170］ 李文潮．技术伦理面临的困境［J］．自然辩证法研究，2005（11）：43-48．

［171］ 卢彪．技术哲学研究路径与转向之透视［J］．科学技术与辩证法，2005（4）：82-85．

［172］ 王国豫．德国技术哲学的伦理转向［J］．哲学研究，2005（5）：94-100．

［173］ 朱春艳．实用主义和技术批判理论：对技术哲学界一段争论的探究［J］．哲学动态，2005（4）：19-25．

［174］ 田鹏颖．从技术的思想到技术的伦理学转向：卡尔·米切姆技术哲学思想述评［J］．哲学动态，2005（4）：26-30．

［175］ 舒红跃．技术哲学的两次还原［J］．哲学动态，2005（3）：50-55．

［176］ 吴跃平．技术传统与技术哲学视界［J］．自然辩证法研究，2005（3）：52-56．

［177］ 樊国忠．论科技异化的当代代价及其对策分析［J］．科技进步与对策，2005（2）：81-83．

［178］ 李三虎．马克思的技术伦理思想及其地位［J］．哲学研究，2005（2）：3-11，127．

［179］ 田鹏颖．社会技术：科学技术哲学的新视域［J］．社会科学辑刊，2004（6）：12-15．

［180］ 王大洲，关士续．技术哲学、技术实践与技术理性［J］．哲学研究，2004（11）：55-60．

［181］ 文成伟，刘则渊．文艺复兴时期乐观主义的技术哲学思想［J］．自然辩证法研究，2004（10）：70-74．

［182］ 盛卫国．科技异化：马克思等人的观点［J］．自然辩证法通讯，2004（5）：3-6．

[183] 陈凡，朱春艳，李权时. 试论欧美技术哲学的特点及经验转向 [J]. 自然辩证法通讯，2004（5）：25-29，110.

[184] 张慧敏，陈凡. 从自主的技术到技术的政治：L. 温纳（Langdon Winner）的技术哲学思想及启示 [J]. 自然辩证法研究，2004（8）：61-64.

[185] 夏保华. 技术哲学研究的定位及关键 [J]. 科学技术与辩证法，2004（4）：42-45.

[186] 舒红跃. 伯格曼的技术哲学及其启示 [J]. 自然辩证法研究，2004（5）：53-56，114.

[187] 张黎夫. 技术哲学：两种传统的较量 [J]. 自然辩证法研究，2004（4）：31-33，88.

[188] 李勇. 技术哲学诞生的历史背景分析 [J]. 科学技术与辩证法，2004（2）：54-57.

[189] 韩连庆. 技术哲学研究中应该注意的三个问题 [J]. 自然辩证法研究，2004（1）：56-59，94.

[190] 李桂花. 科技异化与科技人化 [J]. 哲学研究，2004（1）：83-87.

[191] 黄欣荣. 论奥特加的技术哲学 [J]. 科学技术与辩证法，2003（6）：41-45.

[192] 臧灿甲. 马克思之技术哲学基本思想初探：兼谈作为技术决定论的马克思之技术哲学 [J]. 自然辩证法通讯，2003（5）：23-28，110.

[193] 马会端，陈凡. "技术思考"的哲学反思：J. C. 皮特技术哲学思想评析及启示 [J]. 自然辩证法研究，2003（7）：46-50.

[194] 孔明安. 鲍德里亚后期的技术哲学思想 [J]. 自然辩证法研究，2003（5）：25-28，53.

[195] 赵丽，王良滨. 评马尔库塞的技术哲学观 [J]. 科学技术与辩证法，2003（1）：69-71.

[196] 黄欣荣. 论芒福德的技术哲学 [J]. 自然辩证法研究，2003（2）：54-57，62.

[197] 陈凡，朱春艳. 技术认识论：国外技术哲学研究的新动向 [J]. 自

然辩证法研究，2003（2）：85-86.

[198] 安维复．从社会建构主义看科学哲学、技术哲学和社会哲学［J］.
自然辩证法研究，2002（12）：36-39.

[199] 陈凡，朱春艳，邢怀滨，等．技术知识：国外技术认识论研究的新
进展：荷兰"技术知识：哲学的反思"国际技术哲学会议述评［J］.
自然辩证法通讯，2002（5）：91-94.

[200] 田鹏颖，陈凡．当前技术哲学研究中的一个理论缺失［J］.求是学
刊，2002（4）：20-26.

[201] 牟焕森．国外学者视野中的马克思技术哲学思想［J］.自然辩证法
研究，2002（2）：23-27.

[202] 李立生．试论"科技异化"［J］.科学技术与辩证法，2001（2）：
10-12.

[203] 张志永．全球化与当代科学技术哲学观［J］.南昌大学学报（人文
社会科学版），2001（4）：5-11.

[204] 高亮华．"技术转向"与技术哲学［J］.哲学研究，2001（1）：24-
26，80.

[205] 朱葆伟．科学技术伦理：公正和责任［J］.哲学动态，2000（10）：
9-11.

五、外文著作及期刊

[1] Stephen Hawking. Brief Answers to the Big Questions ［M］. London：
Hodder & Stoughton and Bantam Books，2018.

[2] Dana Neacsu. Technology，Alienation，and the Future of Litigation-Based
Social Change ［J］. Temple Political & Civil Rights Law Review，2014
（3）：70-89.

[3] Williams Henry Smith. A History of Science ［M］. Hardpress Publishing，
2013.

[4] Deborah G Douglas，Wiebe E Bijker. The Social Construction of
Technological Systems：New Directions in the Sociology and History of

Technology［M］. Cambridge：MIT Press，2012.

［5］ Paul Feyerabend，Ian Hacking. Against Method［M］. NewYork：Verso，2010.

［6］ Amy E Wendling. Karl Marx on Technology and Alienation［M］. NewYork：Palgrave Macmillan，2009.

［7］ Langdon Winner. Democracy in a Technological Society［J］. Springer Netherlands，2009（9）.

［8］ Paul Weithman. John Rawls and the Task of Political Philosophy［J］. The Review of Politics，2009（1）：122-124.

［9］ Cohen G A. Rescuing Justice and Equality［M］. Chicago：Harvard University Press，2008.

［10］ Steve Fuller. Philosophy of Science and Technology Studies［M］. London：Routledge，2005.

［11］ Thomas Nagel. The Problem of Global Justice［J］. Philosophy and Public Affairs，2005（2）：113-147.

［12］ Aihwa Ong，Stephen Collier. Global Assemblages：Technology，Politics，and Ethics as Anthropological Problems［M］. Wiley-Blackwell，2004.

［13］ P. P. Verbeek. What Things Do：Philosophical Reflections on Technology，Agency，and Design［M］. University Park：Pennsylvania State University Press，2005.

［14］ Hans Harbers. Inside the Politics of Technology：Agency and Normativity in the Co-Production of Technology and Society［M］. Amsterdam：Amsterdam University Press，2005.

［15］ Robert C Tucker. Philosophy & Myth in Karl Marx［M］. Transaction Pub，2001.

［16］ Thomas W Pogge. Global Justice［M］. Blackwell，2001.

［17］ John Rawls. The Law of Peoples［M］. Chicago：Harvard University Press，1999.

［18］ Bruno Latour. Pandora's Hope［M］. Cambridge，Massachusetts：Harvard

University Press，1999.

[19] Albert Borgmann. Holding on to Reality：The Nature of Information at the Turn of the Millennium ［M］. Chicago：University of Chicago Press，1999.

[20] Jerome R Ravetz. Scientific Knowledge and its Social Problems ［M］. New Brunswick，1996.

[21] Carl Mitcham. Thinking through Technology ［M］. Chicago：University of Chicago Press，1994.

[22] Frederick Ferre. Philosophy of Technology ［M］. Athens：University of Georgia Press，1995.

[23] Herbert Marcuse. One－Dimensional Man：Studies in the Ideology of Advanced Industrial Society ［M］. Boston：Beacon Press，1991

[24] Jacques Ellul. The Technological Society ［M］. Continuun，1980.

[25] Mackey. Philosophy and Technology，Reading in the Philosophical Problem of Technology ［M］. New York：The Free Press，1972.

致　　谢

　　写作难免不期而遇繁忙与琐碎，所幸自己始终谦恭、坚持，终于可以提笔撰写后记。此刻最深切的感受是，希望用简短的文字串联起厚爱和帮助我的每一个人。

　　学其成时念吾师，2005 年我入职南京理工大学，董新凯教授就是我的新进教师指导老师，十余年来蒙受董老师深厚的关怀和帮助。老师待人谦逊宽博，生活平和睿智，对学术问题严谨精思，对社会现实洞察深邃，对学生仁爱宽和。老师的言传身教，于我，不仅是学业上的引导启发，更是人生中的点滴示范。老师总会在艰难时刻，春风化雨般地提点我、激励我，让我重拾继续写作的决心。师恩难忘，感激之情书不尽言。

　　我的同事徐升权老师，是位优秀的"青椒"，他总能用工作热情感染我、激励我，他和马克思主义学院的卢德友老师都给我的写作提出了非常关键而宝贵的意见。还要特别感谢南加州大学的汪勇祥教授、上海交通大学的吴月华老师、上海对外经贸大学的徐寿福老师、南京审计大学的王进猛老师、天津工业大学的杜立婷老师、南京理工大学公共事务学院的刘米娜老师以及南京理工大学外国语学院的陆雷娜老师，他们既是我的好友与伙伴，更是我的榜样，他们在生活中与我交心，在学术中不吝交流，使我受益良多。

　　最后要感谢我的家人。自儿时起，我的父母就对我既有期许也有尊重。当我入职南京理工大学成为一名高校教师的时候，他们有着无比自豪的兴奋。当我多年未有科研突破的时候，他们有着深切的忧虑。当我在职攻读博士学位时，他们毫不犹豫地接手了我大多数的生活琐事。此生，最大的幸福莫过于拥有这样一对宽容有爱的父母。愿我的父母健康长久。我的爱人费淞，是我最坚实的后盾，我们已携手走过十余年光阴，因为有他的背书，无论何时何地何处境，我都充满着勇气和力量。他更是我最忠实的情绪垃圾桶，总能用超于年龄的智慧劝慰我学会放下，归于通达，唯愿执子之手与子偕老。我的儿子费泽钜是我人生中最好的礼物，因为他的出现，我的生命有了完全不同的意义，抚育他的每一天我都充满了幸福感，因为他，我希望成为更好的自己，希望成为他引以为傲的母亲，希望成为他童年的美好记忆。正是他不经意的期待，最终促使我克服困难完成写作。

在写作期间，压力时刻在肩，完成之时，仿佛可以松一口气。但此时全无轻松的感觉，囿于自身的学识和可及的资料，文稿的粗陋显而易见，甚至可能存在谬误，后期仍需进一步修改补正，以求完整厚实。